保育の計画と評価

―― 豊富な例で1からわかる

宮川萬寿美 編著

野津直樹

内山絵美子

他

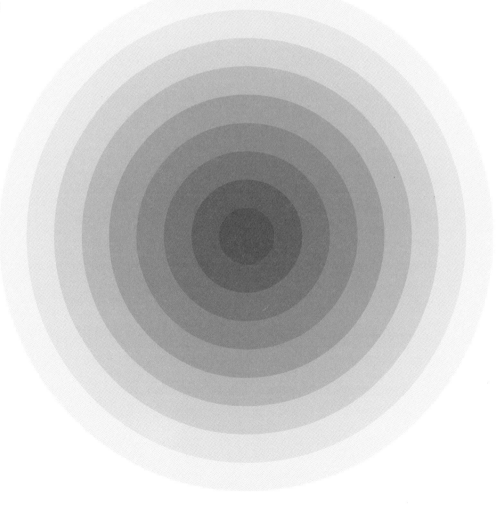

萌文書林

はじめに

　2017 年に、幼稚園教育要領、保育所保育指針、幼保連携型認定こども園教育・保育要領が同時に改訂（定）されました。それぞれの法令において、生活の場はそれぞれに異なっても、就学前の子どもの育ちに関して、一定の方向性が示されています。乳幼児期は、子どもの健全な発達の基礎を培う重要な時期です。その時期の生活の場である幼稚園、保育所、認定こども園では、子どもの最善の利益を優先すること、養護と教育が一体となった保育を展開することを基本にし、乳児保育・幼児教育としての保育実践を行っています。

　日々の保育実践に際しては、子どもの発達を見通し、保育内容を組織的・計画的に行う必要があります。今日は天気がよいから散歩に行こうとか、明日は七夕だから短冊を書こうといった保育者のその日の思い付きや、毎年行っているので今年も同じように運動会をやろうといった経験知で保育を行うことは、ほとんどありません。幼稚園では「教育課程」、保育所では保育の「全体的な計画」、認定こども園では、「教育及び保育の内容並びに子育て支援等に関する全体的な計画」を作成します。そして、それらの教育課程や全体的な計画を基盤に、指導計画を立てて、実践を行うのです。

　この教科書では、教育課程・全体的な計画に関する基本の考え方、指導計画を立てるときの要件について学びます。保育士養成課程および教職課程コアカリキュラムも視野に入れた内容になっていますが、本書の特色として、具体的に学べるように、実際の園の事例などを多く提示しました。子ども理解を進め、自分で保育を構想・構成できるように、指導計画案も示しました。実習のときのみでなく現場に立ったときにも、ぜひ役立ててください。

本書の構成

　この本の構成は以下の通りです。園での生活を想像しながら、具体的に保育構想し実践展開できることがこの本のねらいです。

1) 教育課程・全体的な計画に関して基本の姿勢を学びます。乳幼児期特有のカリキュラムについて理解しましょう。

2) 教育課程・全体的な計画の事例を調べます。幼稚園の教育課程の編成について、具体例を示しました。子どもの遊びと生活を通して環境に働きかけていくことの重要性を理解しましょう。

3) 指導計画の作成について、3 歳未満児と 3 歳以上児の指導計画について理解しましょう。集団と個が相互に関わりながら発達する子どもの姿と保育者の環境構成について学びます。

4) 指導計画の実際について学びます。事例がたくさんありますが、基本的な視点を学ぶことが重要です。

5) 保育の記録と保育実践の評価と反省について学びます。「評価」をすることで実践を省察し、次に生かすという考え方を身に付けましょう。

はじめに

用語について

　この教科書は、保育士、幼稚園教諭を目指す学生を対象に編成しています。そこで、幼稚園、保育所、認定こども園等で行われている就学前の活動全般を「保育」と記述し、保育に携わる人という意味で、幼稚園教諭、保育士を実践者として「保育者」と表記しました。ただし、前後の文脈から「保育士」「教師（幼稚園教諭）」とした箇所もあります。

　また、法律で使われている漢字であることから「子ども」「障害」と表しています。

　保育所保育指針については、2008年より改訂ではなく「改定」の語が使われているため、「改訂（定）」と表記した箇所があります。

　年齢の表記について、保育所保育指針では「3歳児」、幼保連携型認定こども園教育・保育要領では「満3歳児」という違いがありますが、本書では、3歳未満児（0・1・2歳児）、3歳以上児（3・4・5歳児）としています。

　この教科書を作成するにあたり、各園のみなさん、関係者のみなさんなど、ご一緒に後輩の保育者を育てていただいている方々から資料を提供していただきました。たいへん力強く思い、心から感謝いたします。

2024年1月　宮川萬寿美

目　次

はじめに i

「教職課程コアカリキュラム」「保育士養成課程を構成する各教科目の
目標及び教授内容」と本書の対応表 vi

第1章　教育・保育の計画と評価の基本 1

1. 教育・保育における計画と評価の意義 2
2. カリキュラムの基礎理論 4
3. 教育・保育のカリキュラムの変遷 6
4. 基準の改訂と社会的背景 12
5. 計画と評価における子どもの理解 17

コラム　非認知的能力

第2章　幼稚園、保育所、認定こども園における教育・保育の計画 21

1. 幼稚園の教育課程 22
2. 保育所の全体的な計画 26
3. 幼保連携型認定こども園の教育及び保育の内容並びに子育て支援等に
　 関する全体的な計画 30
4. 保育における全体的な計画と指導計画のつながり 33

第3章　教育課程および全体的な計画等の編成の実際 37

1. 教育・保育の理念に基づいた編成 38
2. 編成の手順 40
3. 実態の捉え方 41
4. 教育課程・保育の全体的な計画の実際 42

コラム　研究会とは？

コラム　3歳児クラスの満3歳児

iii

目　次

第4章　教育・保育の指導計画の作成にあたって ……………… 67

1. 教育・保育の指導計画　基本の考え ……………………… 68
2. 保育内容のねらいと内容、内容の取扱い ………………… 71
3. 保育の5領域 ………………………………………………… 72
4. 計画に基づく保育の柔軟な展開 …………………………… 78
5. 指導計画作成上の留意事項 ………………………………… 78

コラム　学習のレディネス

第5章　指導計画（長期的・短期的）の作成 …………………… 85

1. 指導計画の編成 ……………………………………………… 86
2. 長期的な指導計画の編成 …………………………………… 87
3. 短期的な指導計画の編成 …………………………………… 95
4. 3歳未満児の指導計画の作成 ……………………………… 101
5. 食育・預かり保育・子育て支援などの計画 …………… 104

コラム　避難訓練の計画

第6章　指導計画の実際 …………………………………………… 115

1. 指導計画を立てるときの基本の考え …………………… 116
2. 音楽表現を教材にした部分実習指導計画案 …………… 119
3. 身体表現を教材にした部分実習指導計画案 …………… 129
4. 造形表現を教材にした部分実習指導計画案 …………… 137
5. 言語表現を教材にした部分実習指導計画案 …………… 147
6. 食育活動の部分実習指導計画案と展開 ………………… 155
7. 総合的な展開　行事と指導計画 ………………………… 160
8. 指導計画をもとにした模擬保育の展開 ………………… 166

第7章　教育・保育の記録と省察 ………………………………… 171

1. 保育の記録とは ……………………………………………… 172
2. 保育の省察とは ……………………………………………… 173
3. 保育日誌 ……………………………………………………… 174
4. 生活と発達の連続性を踏まえた要録 …………………… 176
5. 記録のいろいろ ……………………………………………… 188

第8章　教育・保育の評価と改善 191

1. 計画、実践、記録、省察、評価、改善の過程の循環による
　 保育の質の向上 192

2. 保育の評価 194

3. 教育・保育の改善の実際 201

　コラム　保育日誌を活かしたカンファレンスによるミニ研修

索引 210

執筆分担 213

「教職課程コアカリキュラム」「保育士養成課程を構成する各教科目の目標及び教授内容」と本書の対応表

教職課程コアカリキュラム		保育士養成課程を構成する各教科目の目標及び教授内容	
各教科に含めることが必要な事項	教育課程の意義及び編成の方法（カリキュラム・マネジメントを含む。）	科目名	保育の計画と評価
全体目標	学習指導要領を基準として各学校において編成される教育課程について、その意義や編成の方法を理解するとともに、各学校の実情に合わせてカリキュラム・マネジメントを行うことの意義を理解する。		

本書の該当章	教職課程コアカリキュラム		保育士養成課程を構成する各教科目の目標及び教授内容		本書の該当章
1, 2	一般目標	1．教育課程の意義 学校教育において教育課程が有する役割・機能・意義を理解する。	目標	1．保育の内容の充実と質の向上に資する保育の計画及び評価について理解する。	1
3		2．教育課程の編成の方法 教育課程編成の基本原理及び学校の教育実践に即した教育課程編成の方法を理解する。		2．全体的な計画と指導計画の作成について、その意義と方法を理解する。	2, 3, 4, 5
8		3．カリキュラム・マネジメント 教科・領域・学年をまたいでカリキュラムを把握し、学校教育課程全体をマネジメントすることの意義を理解する。		3．子どもの理解に基づく保育の過程（計画・実践・記録・省察・評価・改善）について、その全体構造を捉え、理解する。	8
1, 2	到達目標	1．教育課程の意義 (1) 学習指導要領・幼稚園教育要領の性格及び位置付け並びに教育課程編成の目的を理解している。	内容	1．保育の計画と評価の基本 (1) カリキュラムの基礎理論	1
1		(2) 学習指導要領・幼稚園教育要領の改訂の変遷及び主な改訂内容並びにその社会的背景を理解している。		(2) 保育における計画と評価の意義	1
1		(3) 教育課程が社会において果たしている役割や機能を理解している。		(3) 子どもの理解に基づく保育の過程（計画・実践・記録・省察・評価・改善）の循環による保育の質の向上	8
2, 3		2．教育課程の編成の方法 (1) 教育課程編成の基本原理を理解している。		2．保育所における保育の計画 (1) 保育所保育指針、幼稚園教育要領、幼保連携型認定こども園教育・保育要領の内容及び社会的背景	1, 2
4, 6		(2) 教科・領域を横断して教育内容を選択・配列する方法を例示することができる。		(2) 保育所保育指針における保育の目標と計画の基本的考え方	2

本書の該当章	教職課程コアカリキュラム		保育士養成課程を構成する各教科目の目標及び教授内容		本書の該当章
3, 4, 5, 6	到達目標	2. (3) 単元・学期・学年をまたいだ長期的な視野から、また幼児、児童及び生徒や学校・地域の実態を踏まえて教育課程や指導計画を検討することの重要性を理解している。	内容	2. (3) <u>全体的な計画と指導計画の関係性</u>	2
				(4) <u>全体的な計画の作成</u>	3
				(5) 指導計画（長期的・短期的）の作成	5, 6
				(6) 指導計画作成上の留意事項	4
				(7) 計画に基づく保育の柔軟な展開	4, 6
8		3．カリキュラム・マネジメント (1) 学習指導要領に規定するカリキュラム・マネジメントの意義や重要性を理解している。		3．保育所における保育の評価 (1) 保育の記録及び省察	7
8		(2) カリキュラム評価の基礎的な考え方を理解している。		(2) <u>保育士及び保育所の自己評価</u>	8
				(3) 保育の質向上に向けた改善の取組	8
				(4) 生活と発達の連続性を踏まえた保育所児童要録	7

〈留意点〉
教職課程コアカリキュラムの「教育課程の意義及び編成の方法（カリキュラム・マネジメントを含む）」の科目と保育士養成課程の「保育の計画と評価」を両課程に共通する科目とする際には、下線部分に配慮すること。

〈文 献〉

・日本保育者養成教育学会・保育教諭養成課程研究会（2018）．幼稚園教諭養成課程と保育士養成課程を併設する際の担当者及びシラバスについて　日本保育者養成教育学会，pp.9-10
　http://www.h-yousei-edu.jp/download/20180518_doc.pdf　（2023/11/18）

第1章
教育・保育の計画と評価の基本

学習のねらい

　園における保育とは、子どもと遊び、生活の世話をすることでしょうか。正確にいえば、答えは「NO」です。保育者は遊びや生活を通して、子どもが自分の力で身のまわりのことができ、自ら学び成長していけるように、その土台づくりのための働きかけを行っています。つまり、保育には目的があり、その達成のために、保育者は意図的、計画的に遊びや環境を用意する必要があります。さらに、日々の実践を振り返り、一人一人の子どもの育ちを見極めながら、保育の再構成や改善を行います。このように、適切なカリキュラム・マネジメントの下で保育が行われなければなりません。

　本章では、幼児期にはどのような体験や学び、保育者の働きかけが必要と考えられてきたのか、保育内容の歴史的な変遷を学びます。そして、保育における計画とは何か、なぜ計画や評価が必要なのかを考えていきます。

第1章　教育・保育の計画と評価の基本

1. 教育・保育における計画と評価の意義

（1）幼稚園・保育所・認定こども園の役割

　なぜ、幼稚園や保育所などで行われる教育・保育には計画と評価が必要なのでしょうか。それには大きく2つの理由をあげることができます。第1に、子どもの発達と充実した生活を確実に保障するためです。第2に、1つめにあげたことを行うことを通して、幼稚園や保育所などが社会的に期待されている役割（責任）を果たすということがあります。

　その果たすべき役割は法令に「目的」として示されています（第2章で詳述）。幼稚園は、「義務教育及びその後の教育の基礎を培うものとして、幼児を保育し、幼児の健やかな成長のために適当な環境を与えて、その心身の発達を助長すること」を目的としています（学校教育法　第22条）。一方、保育所は「保護者の労働又は疾病その他の事由により」「保育を必要とする乳児・幼児を日々保護者の下から通わせて保育を行」い、「健全な心身の発達を図ること」を目的としています（児童福祉法 第24条、第39条、保育所保育指針 第1章 総則　1（1）ア）。共通しているのは、家庭外において子どもの生活を保障し、その心身の発達を促すこと＝「保育」することです。

　「保育」とは、一人一人の子どもが快適に生活でき、健康で安全に、そして安心して過ごすことができるように援助する「養護」と、子どもが生活に必要な基本的な習慣や態度、自己の認識や他者と関わる力を身に付け、自然や社会など環境に対する興味や関心をもつとともに、言語表現、感性や創造性を培っていくために働きかける「教育」を行うことです。特に長時間、園で過ごす子どもが多く、0歳～2歳児のいる保育所では「養護」の視点がより重要となります。一方、満3歳～5歳児が保育所よりも短い時間を過ごす幼稚園では、養護を前提としたうえで家庭外での様々な経験をするという「教育」の視点が重視されます。それぞれの施設の果たす役割によって、重点は異なりますが、どちらか一方ではなく養護と教育は一体的に行われます。

（2）保育における計画と評価

　では、「保育」とは、子どものどのような成長や発達を目指し、具体的には何をどのように行っていけばよいのでしょうか。保育者がその場の思い付きや、ひとりよがりな思いだけで保育してよいはずがありません。そこで、目的・目標を達成するための方法や手順、期間を時間軸に沿って配列した「計画」が必要になります。各園・施設で行われる保育（援助や働きかけ）が、子どもの発達に応じて適切に行われるようにするためです。小学校以上の教育のように、教科などすでに学ぶべきことがある程度順序立てられ、整理されたことを教えることとは違い、子どもの自発的な活動である遊びや生活を中心として行われる場合、その計画が特に重要になります。

　各園・施設において、子どもの発達に応じて必要な経験と充実した生活を確実に保

障する計画を作成できるよう、法令において目的や目標が定められているほか、教育・保育内容に関わる全国的な基準が定められています。それが、「幼稚園教育要領」「保育所保育指針」「幼保連携型認定こども園教育・保育要領」（以下、3つを併せて「要領・指針」と表記する）です[1]。

　また、計画は実施されたのち、評価される必要があります。計画を実施した結果、子どもの発達は促され、充実した生活が送れたのでしょうか。その観点から見て、実施された計画はよいものだったのでしょうか。評価は保育を改善し、よりよいものにしていく、すなわち保育の質の向上を図るためにもとても重要です（第8章参照）。園・施設の運営に関する評価の実施は、法令にも定められています。幼稚園については、学校教育法において、園による自己評価の実施義務と保護者や地域住民などによる学校関係者評価の努力義務が課されています（学校教育法 第42条、同法施行規則 第39条、第66条、第67条）。保育所については、児童福祉施設の設備及び運営に関する基準において、業務の質について自己評価の実施義務と定期的な外部の者による評価の努力義務が規定されています（第36条の2）。認定こども園には、就学前の子どもに関する教育、保育等の総合的な提供の推進に関する法律（以下、認定こども園法とする）において、運営の状況に関する評価の努力義務が課されています（第23条）。

（3）児童福祉施設における評価

　評価は、上記の園・施設だけでなく、その他の児童福祉施設においても求められています。児童福祉施設は、利用者が施設を選択できず、競争的環境のない「措置制度」[2]であるため、利用者の視点からのサービスの改善が難しいことが従来から課題とされてきました。そこで、行政監査や自己評価だけでなく第三者による評価が重要となります。特に社会的養護関係施設（児童養護施設、乳児院、児童心理治療施設、児童自立支援施設および母子生活支援施設）では、子どもが利用者であり、また、施設長による親権代行等の規定もあることから、子どもの最善の利益の実現のために施設運営の質の評価が一層重要とされています。

　2012（平成24）年度より、社会的養護施設においては第三者評価の実施と結果の公表が義務付けられています（児童福祉施設の設備及び運営に関する基準〈昭和23年厚生省令第63号〉第24条の3、第29条の3、第45条の3、第76条の2および第84条の3）。

　こうした評価制度によってサービスの質の向上を図ることで、各園・施設が子どもの発達や生活を適切に保障し、社会的な責任を果たしていくことができるのです。

---

1) これらの要領・指針は「告示」の形式で出されたものです。「告示」とは、公の機関が広く一般に対してある一定の内容を知らせることであり、通常、法的な拘束力はありませんが、要領・指針については各園・施設が基づかなければならないものとされており、法的基準性を有すると解されています。

2) 措置制度とは、サービスを提供する側（行政）が、サービスを受ける側（申請者）について、サービスを受ける条件を満たしているかどうかや、どのようなサービスが必要なのかを判断し、サービスを受ける資格の認定を行ったり具体的なサービスの内容を決める制度をいいます。

2. カリキュラムの基礎理論

　特に保育や教育における計画を「カリキュラム」といいます。何を、いつ、どのように体験・学習させるのかという保育や教育の内容・方法・順序・教材などを目的に沿って組み立てたものです。カリキュラム（curriculum）の語源は、ラテン語のクレーレ（currere）といわれています。これは競技場のコースや走ることを意味するもので、それが「学習の道筋」というカリキュラムの意味につながっています。

　学校（幼稚園）における教育のカリキュラムを「教育課程」といいます。そして、これまで保育施設におけるカリキュラムを「保育課程」といってきました。ただし、現在は「保育課程」という言葉は用いられていません（p.15 参照）。

（1）経験カリキュラムと教科カリキュラム

　カリキュラムは、教育内容について分化されているか、統合されているかという観点から大きく2つに類型化できます。教えるべき知識を分類し体系的に学習することを重視した「教科カリキュラム」と、あらゆる知識が統合された生活経験を通して学習することを重視した「経験カリキュラム」です（図表1-1）。

　たとえば、小学校以上の学校では、知識は国語、算数、理科などの「教科」に分けられ、その教科内で学ぶ内容（単元）と時間、順序を決め、必要な教材を用意する「教科カリキュラム」によって教育が行われています。一方、幼稚園や保育所等では、教科のような、あらかじめ分類整理された知識を学ぶのではなく、現実の生活や出来事を通して学びます。様々な体験とそれに必要な素材が子どもの発達の順序に応じて計画されている「経験カリキュラム」です。幼児期は「自発的な活動としての遊び」を中心に指導を展開する経験カリキュラムによる学びが適しているといえます。遊びや生活体験の中で子どもが様々なことを感じ、学び、身に付けていくことがその後の教育の基礎となると考えられています。なお、小学校以上の教育においても「経験カリキュラム」によって学習する場面や学校はあります。

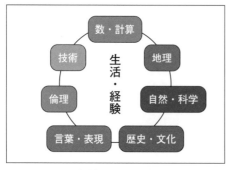
経験カリキュラム

教科カリキュラム

図表1-1　経験カリキュラムと教科カリキュラムのイメージ　　　　（筆者作成）

2. カリキュラムの基礎理論

　経験カリキュラムは、子どもが興味や関心をもちやすいテーマとなり、学習意欲が喚起されやすいという長所がある一方で、子どもの関心に沿ったものだけでは浅い学習に終わる可能性や、修得する知識・技能に偏りが生まれる可能性があること、子どもの自主性を尊重するあまり教師の指導性が失われることが短所としてあげられます。教科カリキュラムは、知識を順序立てて学習しやすく、教える側が学ばせたい内容を選択できるという長所がある一方で、文化遺産の発展とともに学ぶ内容が肥大化することや、知識伝達が主となり暗記中心の学びになること、子どもの興味や関心に沿わない教育になりやすいこと、教科が細分化されており知識統合が難しいといった短所があります。目的に適したカリキュラムを選択していくことが望ましいでしょう。

（2）潜在的カリキュラム（隠れたカリキュラム）

　また、子どもは風土や伝統、教室の雰囲気、教師の何気ない発言から、知らず知らずのうちに何かを学んだり、影響を受けたりします。それを「潜在的カリキュラム（隠れたカリキュラム）」といいます。ここまで説明してきた、教える側の意図が明示的なカリキュラム（顕在的カリキュラム）に対し、その意図が隠されていたり、もともと意図されていないことが伝達されたりする場合を指します。それは、ポジティブに作用したり、ネガティブに作用したりします。

　たとえば、園では製作の際、女の子の使う画用紙は赤系の色、男の子が使う画用紙は青系の色とすることがあります。そうした性別によって色を使い分けたり、性別で活動を分けたりということが積み重なると、赤系の色に女の子らしい、青系の色に男の子らしいイメージをもったり、女の子と男の子は分けて考えるものだということが身に付いたりすることがあります。ほかにも、保育者が子どもには「物を投げてはいけない」と教えているにもかかわらず、人がいない所で物を投げて片付けていた場面を子どもが見ることがあれば、子どもは「人がいない所では、してはいけないこともすることができる」ということを学んでしまう、といった例も考えられます。

　保育者が意図して教えたことではなくても、自然に行動様式や考え方が身に付いていきます。子どもは、教えられること以外にも、教える側の行動や、無意識に使っている言葉、置かれている環境などから様々な信号を受け取っているのです。

　保育にとって、この潜在的カリキュラムは非常に重要となります。それは、「環境」を通して行うという特徴があるからです。子どもが自ら何かを感じたり、考えたり、進んで行動したりすることが重要であり、保育者が必要と思われることを子どもに強制することは望ましい保育のあり方ではないと考えられています。

　たとえば、「片付け」は生活において重要な事柄ですが、保育者は「片付けをしなさい」と言ってさせるのではなく、子どもが片付けを進んでできるように環境を整えます。身のまわりが清潔で、整理整頓されていることの気持ちよさを感じられるようにしたり、片付けしやすいように手順や物の配置を教えたりします。そうして、子どもの意欲や気持ちを育むのです。

第1章　教育・保育の計画と評価の基本

3. 教育・保育のカリキュラムの変遷

　保育のカリキュラムについて全国的な基準を定めたものが、幼稚園教育要領、保育所保育指針、幼保連携型認定こども園教育・保育要領です。幼稚園教育要領は幼稚園における教育課程の基準を、保育所保育指針は保育所における保育内容の基準を、幼保連携型認定こども園教育・保育要領は認定こども園における教育・保育の計画の基準を示しています。これらの基準の変遷をたどると、幼稚園や保育所の教育・保育にどのようなことが求められてきたのかが分かります。

（1）小学校の準備教育としての保育

　そもそも、幼稚園は 1872（明治 5）年、日本において学校制度を初めて導入した「学制」が発布された際、「幼稚小学」という学齢未満児を教育する機関として位置付けられたものに端を発します。しかし当初は、西欧の保育施設が形式的に導入されたにすぎませんでした（柴崎，2016，p.147）。

　体系的な保育内容を有して開設した最初の幼稚園は、東京女子師範学校（現在のお茶の水女子大学）附属幼稚園で、フレーベルの恩物に基づいた教育[3]が取り入れられました。開設当時、「保育科目」として、恩物を中心に「第一物品科」「第二美麗科」「第三知識科」を内容とし[4]、午前 10 時から午後 2 時まで、小学校と同様、時間割に基づいて行われました。その後 1881（明治 14）年に教育課程の改正を行った際には、保護者や小学校側からの要望により「読み方」「書き方」「数え方」が導入されています（柴崎，2016，pp.150 - 151）。当時は、小学校の準備教育としての役割を期待されていたことが分かります。東京女子師範学校附属幼稚園のカリキュラムは、その後各地で設立された幼稚園に広がりました。また、幼稚園の利用者は授業料を支払うことができる裕福な家庭の子どもが多かったとされています。

（2）幼児期に適した保育の模索

　そうした中で 1884（明治 17）年には文部省（当時）が、小学校的な内容であった「体操」に関して、学齢未満の幼児は幼稚園の方法によって保育するように通達を出しています。その後 1890 年代になると、女子高等師範学校（東京女子師範学校から改称）

---

3)　幼稚園の創始者とされているフレーベル（1782-1852）は、子どもの活動衝動や形成衝動を発達の源泉ととらえ、遊びを重視しました。そして、その衝動を保護し指導することが教育であると考え、球、円筒、立方体など幾何学的な基本で構成された恩物（Gabe）と呼ばれる遊具を開発しました。これを用いた活動（遊び）を通して、世界の秩序を体験的に理解させることを目指しました。

4)　「第一物品科」は「日用ノ器物即チ椅子机或ハ禽獣花果等ニツキ其性質或ハ形状等ヲ示ス」、「第二美麗科」は、「美麗トシ好愛スル物即チ彩色等ヲ示ス」、「第三知識科」は、「観玩ニ由テ知識ヲ開ク即チ立方体ハ幾個ノ端線平面幾個ノ角ヨリ成リ其形ハ如何ナルカ等ヲ示ス」とされていました。

附属幼稚園において、幼児期に教えるものとしてふさわしくないとして「読み方」「書き方」「数え方」が廃止され、それに全国の幼稚園が続きました。幼稚園の導入当初は、各地で「幼児に適した」保育内容が模索された時期とされています（柴崎，2016，p.152）。

　政府が保育内容に関して初めて定めた基準が「幼稚園保育及設備規程」です。1899（明治32）年に文部省令として出されました。そこでは保育は「遊嬉」「唱歌」「談話」「手技」の4項目を中心に行うものとされました。その後、幼稚園が増加するに従い、現場で保育内容の改善に取り組むようになります。次第に「遊戯」や「戸外遊び」が重要視されるようになっていきました。フレーベルの恩物主義からの転換が図られ、子どもの自由な発想や遊びの展開を重視することに価値が置かれるようになっていったのです（柴崎，2016，p.155）。

　大正期に入ると、小学校以上で体力の増進が重視されるようになったことの影響を受け、幼稚園においても身体の育成に関心が向けられるようになりました。戸外遊びのほか、遠足などの園外保育や運動会の普及が促進されました。その過程で、自然や生き物に子どもが触れるといったことも保育内容として関心が寄せられるようになりました（柴崎，2016，p.157）。

　幼稚園数が増加し、子どもの主体性を重視した様々な保育実践が模索される中で、1926（大正15）年に「幼稚園令」が制定され、小学校から独立した教育機関としての位置付けが明確になりました。幼稚園令施行規則では、保育内容は「遊戯、唱歌、観察、談話、手技等」とされました。「観察」が新しく加えられたこと、「等」とされたことは、自然体験などの子どもの直接経験を重視するなど、多様な幼稚園の取り組みの実態を踏まえたものとなったと考えられています（柴崎，2016，p.161）。また、生活を主題とする保育に変化したことで、月を単位としたカリキュラムや、さらには全体の見通しをもつために年間カリキュラムを編成する園が増え、全国的に広がっていったのもこの時期です（柴崎，1993）。

（3）保育所の保育

　一方、保育所は、保護者の出稼ぎ労働やきょうだいの就学で世話をする家族がいない子どもや、戦災孤児を預かる託児施設が始まりです。1890（明治23）年に赤沢鍾美の「新潟静修学校」に附設された託児施設（現在の赤沢保育園）や、1900（明治33）年に野口幽香と森島峰が設立した二葉幼稚園（1916〈大正5〉年に二葉保育園に改称）などが、初期の託児施設としてあげられます。明治時代後半には、工業の発達により工場の従業員が増える中で、大規模工場に併設される託児所も生まれました。

　こうした託児所が昭和に入ると急速に数を伸ばすとともに、公立の託児所も設置されるようになりました。それが戦後、公立保育所として整備されています。

　託児所の保育内容をみると、幼稚園の教育内容を参考にしたものが多く、たとえば二葉幼稚園の保育は1日7〜8時間で、内容は「遊戯、唱歌、談話、手技」の4項目で、1899（明治32）年の幼稚園保育及設備規程と合致するものでした（柴崎，2016，p.163）。

第 1 章　教育・保育の計画と評価の基本

（4）幼保二元体制とカリキュラムの基準

　戦前は幼稚園に対する内容の規定があり、その保育内容を保育所が参考にする形で行われてきましたが、戦後は、幼稚園を文部省（当時）が、保育所を厚生省（当時）が管轄し、それぞれにおいて施設の役割や特性に応じたカリキュラムの基準を定めていきます（幼保二元体制）。ただし、1948（昭和 23）年に最初に作られた「保育要領」は、文部省だけでなく厚生省関係者も参加して、幼稚園、保育所、家庭の乳幼児をも対象とした手引書でした。保育内容は「楽しい幼児の経験」として、次のような 12 項目に分けて示されており、幼児期の発達の特質、生活指導、生活環境等や、幼稚園と家庭との連携のあり方について解説されています。

　六　幼児の保育内容　―楽しい幼児の経験―

　　1 見学，2 リズム，3 休息，4 自由遊び，5 音楽，6 お話，7 絵画，8 製作，

　　9 自然観察，10 ごっこ遊び・劇遊び・人形芝居，11 健康保育，12 年中行事

　その後この保育要領をもとに、保育所については、1948（昭和 23）年に「児童福祉施設最低基準」（以下、最低基準とする）[5]、1950（昭和 25）年に「保育所運営要領」[6]が出されました。そして 1951（昭和 26）年には、児童福祉法の改正により、「保育に欠けるものを保育所に入所させる」こととされ、保育所の役割が明確化されています。

　保育所独自の指針が求められた背景として、①当時、戦災孤児や浮浪児など子どもの保護が必要とされている中で保育要領の内容が実態にそぐわなかったこと、②様々な質の施設が混在していたことから児童福祉施設として運営や保育内容を適正化する必要があったこと、③保育士養成や行政担当者など関係者の保育所保育への理解を深めるテキストが必要とされていたこと、などが指摘されています（亀崎，2011，p.34）。

　なお当時、最低基準では、第 55 条で保育所における保育所の内容を次のように規定しています。これは 1987（昭和 62）年の改正まで続きました。

　（保育の内容）

　第 55 条　保育所における保育の内容は、健康状態の観察、個別検査、自由遊び及び午睡の他、第 13 条第 1 項に規定する健康診断を含むものとする。

　（2）健康状態の観察は、顔ぼう、体温、皮膚の異常の有無及び清潔状態につき毎日登所するときにこれを行う。

　（3）個別検査は、清潔、外傷、服装等の異常の有無につき毎日退所するときにこれを行う。

　（4）健康状態の観察及び個別検査を行ったときには、必要に応じ適当な措置をとらなければならない。

5）　2011（平成 23）年に題名改正され、「児童福祉施設の設備及び運営に関する基準」となりました。

6）　保育所運営要領は、最低基準の解説書として位置付けられていました。

（5）自由遊びは、音楽、リズム、絵画、製作、お話、自然観察、社会観察、集団遊び等を含むものとする。

　一方、幼稚園については、小学校以上の教育との整合性を図り「幼稚園教育要領」（1956〈昭和31〉年）が発行されました。

　こうした二元体制によって、保育現場においては保育内容に関して混乱が生じていたことが指摘されています（柴崎，1996）。こうした状況に対し、1963（昭和38）年には文部省と厚生省が共同通知として「幼稚園と保育所の関係について」を発出しました。これは保育内容の面では一元化を図ることを趣旨としており、保育所における教育に関するものは幼稚園教育要領に準じることが望ましいことが示されています。その後、この通知を根拠として、1965（昭和40）年以降、幼稚園教育要領と保育所保育指針における3歳児以上の保育内容が共通化されるようになりました（図表1-2）。内容面の共通化（一元化）は早くから目指されてきましたが、制度上や行政

図表1-2　幼稚園教育要領・保育所保育指針の変遷（1960年代まで）

幼稚園教育要領	保育所保育指針
1956（昭和31）年　「幼稚園教育要領」刊行 ・学校教育法に掲げる目的・目標に従って、教育内容を「望ましい経験」として示す ・「望ましい経験」を6つの「領域」に分類整理し、指導計画の作成を容易にするとともに、各領域に示す内容を総合的に経験させることとして小学校以上における教科との違いを明示 【内容】 健康、社会、自然、言語、音楽リズム、絵画製作	1952（昭和27）年　「保育指針」刊行 ・保育の目標や保育者の機能と使命を明確化 ・身体の発達、精神の発達、生活指導に分けて指針を明記 ・家庭や養護施設における子どもも対象としている ・保育計画の作成や評価について記載 【内容】 登所、自由遊び（音楽、リズム、絵画、製作、自然観察、社会観察、集団遊び）、集会、戸外遊び、用便・手洗い・うがい、間食、休息、午睡、個別検査等
1964（昭和39）年　第1次改訂　告示 ・幼稚園教育の課程の基準として告示化 ・教育内容を精選し、幼稚園修了までに達成することが「望ましいねらい」として明示 ・6つの領域にとらわれない総合的な経験や活動によって「ねらい」が達成されるものであることを明示 ・幼稚園教育の基本的な考え方および教育課程の編成の方針、指導および指導計画作成上の留意事項を示し、幼稚園教育の独自性を一層明確化 【内容】 健康、社会、自然、言語、音楽リズム、絵画製作	1965（昭和40）年　「保育所保育指針」通知 ・児童福祉施設としての役割を明確化（乳幼児が安定感を持って活動できること、心身の諸能力が健全で調和的に育成されることを重視） ・保育所保育は養護と教育を一体的に行うものとされた ・4歳児以上の保育は幼稚園教育要領に準じて行う ・年齢別に発達上の主な特徴、保育のねらい・望ましいおもな活動・指導上の留意事項が記載されている 【内容】 1歳3か月未満：生活・遊び 1歳3か月〜2歳：生活・遊び 2歳：健康、社会、遊び 3歳：健康、社会、言語、遊び 4歳〜6歳：健康、社会、自然、言語、音楽、造形

第1章　教育・保育の計画と評価の基本

上の一元化が議論されるは1980年代になってからです（図表1-3）。この時期は、幼児の減少や政府の財政赤字により公的な福祉サービスの縮小が目指されました。一方では1985（昭和60）年に男女雇用機会均等法を公布し、子育ての男女共同化の支援や乳児保育、一時預かり、保育時間の延長など女性の社会進出を後押しする政策も打ち出しました。こうした財政効率化と保育ニーズへの対応の必要性から、1990年代になると幼稚園・保育所の施設の共用化や幼稚園における預かり保育など制度の弾力的運用が求められるようになります。幼稚園に保育所的な機能を求める動きです。2000年代に入ると、保育所・幼稚園制度の一元化、幼稚園・保育所の総合施設化に議論が発展します。それが結実したのが、認定こども園制度です。

　2006（平成18）年には認定こども園法の成立により、認定こども園が導入されました。これは幼稚園と保育所の機能を併せもつ施設で、保護者の就労の有無に関わらず利用することができ、地域の子育て支援も担う施設です。認定こども園が導入され

図表1-3　幼稚園教育要領・保育所保育指針の変遷（1990年代まで）

幼稚園教育要領	保育所保育指針
1989（平成元）年　第2次改訂　告示 ・「幼稚園教育は環境を通して行うものである」ことを「幼稚園教育の基本」として明示 ・ねらいや内容を幼児の発達の側面からまとめて、5つの領域を編成（5領域：健康・人間関係・環境・言葉・表現） ・幼稚園生活の全体を通してねらいが総合的に達成されるよう「ねらい」と「内容」の関係を明確化 【内容】 健康、人間関係、環境、言葉、表現	1990（平成2）年　第1次改訂　通知 ・養護と教育の一体性を基調としつつ、養護的機能を明確化するため、全年齢を通じて入所児童の生命の保持、情緒の安定に関わる事項（基礎的事項）を記載 ・乳児保育の普及に対応するため、保育内容の年齢区分を細分化するとともに、障害児保育に関する記述を明記 ・保育内容について、幼稚園教育要領との整合性を図るため従来の6領域から5領域に改正 【内容】 2歳児まで：下記内容を一括して記載 3歳～6歳：基礎的事項（養護）、健康、人間関係、環境、言葉、表現
1998（平成10）年　第3次改訂　告示 ・教育課程を編成する際には、自我の芽生えや他者の存在を意識し、自己を抑制する気持ちが生まれる幼児期の発達の特性を踏まえることを明示 ・指導計画作成上の留意事項に、小学校との連携、子育て支援活動、預かり保育について明示 【内容】 健康、人間関係、環境、言葉、表現	1999（平成11）年　第2次改訂　通知 ・地域の子育て家庭に対する支援機能を新たに位置付けた ・研修を通じた専門性の向上、守秘義務の徹底、体罰等の禁止、性別による固定的な役割分業意識を植え付けることのないような配慮など、保育士の保育姿勢に関する事項を新設 ・乳幼児突然死症候群の予防、アトピー性皮膚炎対策、児童虐待等への対応など、「12章健康安全に関する留意事項」において新たな項目を設けた ・「生きる力の基礎を育てる」「自然体験、社会体験の重視」等、幼稚園教育要領の改正内容との整合性を図った 【内容】 2歳児まで：下記内容を一括して記載 3歳～6歳：基礎的事項、健康、人間関係、環境、言葉、表現

図表1-4　幼稚園教育要領・保育所保育指針の変遷（2008年）

幼稚園教育要領	保育所保育指針
2008（平成20）年　第4次改訂　告示 ・幼小の円滑な接続に向けて、規範意識や思考力の芽生えに関する指導を充実 ・家庭生活との連続性に配慮した指導、保護者の幼児教育への理解を深める活動を重視 ・預かり保育の留意事項、子育て支援の活動を例示 【内容】 健康、人間関係、環境、言葉、表現	2008（平成20）年　第3次改定　告示 ・保育所の役割（目的・理念、子どもの保育と保護者への支援など）、保育士の業務、保育所の社会的責任の明確化 ・誕生から就学まで長期的視野での子どもの発達の道筋 ・健康・安全および食育の重要性 ・保育の内容の工夫、小学校との積極的な連携、子どもの育ちを支えるための資料の送付・活用 ・保育実践の組織性計画性を高める「保育課程」の編成 ・自己評価の重要性、評価結果の公表 【内容】 養護：生命の保持、情緒の安定 教育：健康、人間関係、環境、言葉、表現

た背景には、少子化、共働き世帯の増加による待機児童の問題などがあります。しかし、導入当初は行政が二元体制であるために、運営や補助金の手続きが煩雑で、普及が進みませんでした。2008（平成20）年の改訂（定）では、保育の質の向上の観点から保育所保育指針が、厚生労働省による告示となり、最低基準として法的拘束力を有するものとなりました（図表1-4）。

　待機児童問題が深刻化する中で、認定こども園の設置を推進し、保護者の多様な保育ニーズに対応するとともに、全ての子どもに質の高い幼児期の学校教育および保育の総合的な提供を行うために、2015（平成27）年4月から「子ども・子育て支援新制度」（以下、新制度）が実施されました。これは、幼稚園、保育所、認定こども園のすべてを対象とする財政支援の仕組みを構築し、その所管も内閣府に一本化しようというものです。なお、この子ども・子育て支援新制度をはじめ、厚生労働省が所管してきた児童福祉、子育て支援にかかわる事務は、2023年4月より、内閣府の外局として新たに設置されたこども家庭庁に移管されています。

　新制度の実施に伴い、2014（平成26）年には認定こども園を対象とした新しいカリキュラムの基準が策定されました。それが「幼保連携型認定こども園教育・保育要領」（以下、認定こども園教育・保育要領とする）です。幼稚園教育要領および保育所保育指針と整合性が確保されたものとなっています。また、幼保連携型認定こども園として特に配慮すべき事項について記載されています（第2章 p.32 参照）。

　2017（平成29）年の改訂（定）では、要領・指針のさらなる共通化が図られています（図表1-5、本章第4項）。

第1章　教育・保育の計画と評価の基本

図表1-5　幼稚園教育要領・保育所保育指針の変遷（2017年代まで）

幼稚園教育要領	保育所保育指針
2017（平成29）年　第5次改訂　告示 ・幼稚園教育において育みたい資質・能力の明確化 ・幼児理解に基づく評価の実施を明示 ・幼小の接続を一層推進し、「幼児期の終わりまでに育ってほしい姿」を明確化 【内容】 健康、人間関係、環境、言葉、表現	2017（平成29）年　第4次改定　告示 ・乳児や1歳以上3歳未満児の保育に関する記載の充実 ・保育所保育における幼児教育の積極的な位置付け（幼児教育を行う施設として育みたい資質・能力の明確化、「幼児期の終わりまでに育ってほしい姿」の共通化） ・子どもの育ちを巡る環境の変化を踏まえた「健康及び安全」の記載の見直し 【内容】 乳児：基本的事項、健やかに伸び伸びと育つ、身近な人と気持ちが通じ合う、身近なものと関わり感性が育つ 1歳以上～3歳未満：基本的事項、健康、人間関係、環境、言葉、表現 3歳以上：基本的事項、健康、人間関係、環境、言葉、表現

4. 基準の改訂と社会的背景

（1）改訂（定）の社会的背景

　要領・指針は、子どもを取り巻く社会環境の変化やそれに伴って必要とされる教育・保育のあり方を踏まえて、定期的に改訂（定）されています。最近では、小学校以上の教育課程の基準である学習指導要領の改訂と同時に、2017（平成29）年に改訂（定）されました。

　まず、保育所保育指針および認定こども園教育・保育要領に関しては、今次の改訂（定）の社会的背景として、大きく以下の3点があげられます。

　第1に、2015（平成27）年の「子ども・子育て支援新制度」（以下、新制度）の施行です。新制度は、少子化の進展、共働き世帯の増加、待機児童の解消の必要性など、子どもや子育て家庭を取り巻く環境の変化に対応し、子どもの年齢や親の就労状況など多様なニーズに応じて質の高い支援を実現するため、消費税財源を活用し、幼児期の学校教育・保育、地域の子ども・子育て支援を総合的に推進することを主旨としたものです。具体的には、

　① 認定こども園、幼稚園、保育所を通じた共通の給付（施設型給付）、および小規模保育等への給付（「地域型保育給付」）の創設

　② 地域子育て支援拠点、一時預かり等、13の支援メニューを設定した「地域子ども・子育て支援事業」の創設

　③ 幼保連携型認定こども園の認可・指導監督を一本化するなど認定こども園制度の改善

4. 基準の改訂と社会的背景

などが行われました。特に、3歳未満児を中心に保育所利用児童数が増加したことに対応しています。1・2歳児の保育所利用率は2008（平成20）年から2015（平成27）年の間に率27.6％から38.1％に上昇しました。こうした状況を踏まえ、新制度では、主に3歳未満児を対象とした「地域型保育事業」[7]を児童福祉法に位置付けたうえで、補助金給付の対象とし、多様な施設や事業の中から利用者が選択できるようにしました。2023（令和5）年4月現在では、1・2歳児の保育所利用率は56.0％になっています（こども家庭庁，2023）。

　第2に、子育て世帯における子育ての負担や孤立感の高まり、児童虐待相談件数の増加があります。核家族化や地域のつながりの希薄化により、身近な人々から子育てに対する協力や助言を得られにくい状況に置かれている家庭も多いことが指摘されています（厚生労働省，2018）。2022（令和4）年度における児童相談所の児童虐待相談対応件数（速報値）は、219,170件で増加の一途をたどっており（こども家庭庁，2023b）、対策が求められています。

　第3に、家庭や地域における生活環境や生活経験の変化・多様化に伴い、食物アレルギー疾患への対応などの健康支援や食育の必要性が増していること、2011（平成23）年の東日本大震災以降、安全や防災への意識が高まっていることがあげられます。

　こうした背景の下、2017（平成29）年改訂（定）の保育所保育指針、幼保連携型認定こども園教育・保育要領では、3歳以上児とは別に、乳児・3歳未満児保育に関する項目を設け、記載の充実が図られました。そして、保護者との連携や、地域における子育て支援がより重要になっていることから、「保護者に対する支援」を「子育て支援」の章に改め、内容を充実させています。また、食育の推進や安全な保育環境の確保、保育中の事故防止や危機管理体制づくり、関係機関との連携などに関する記載内容の見直しが行われました。

　さらに、幼稚園教育要領を含めた3つの要領・指針に共通した背景として、乳幼児期の社会情動的側面における育ちの重要性が認識されてきたことがあります（p.19コラム参照）。変化が急速で予測困難な時代に、子どもが、変化に向き合い、他者と協働して課題を解決していくことや、知識の概念的な理解だけでなく、様々な情報を見極め再構築して新たな価値につなげていくこと、複雑な状況変化の中で目的を再構築していくことといった新しい時代に求められる資質・能力を身に付けられるようにすることが求められています（文部科学省，2018）。

　新しい幼稚園教育要領では、よりよい社会を創るという目標や子どもに求められる資質・能力とは何かを社会と共有し、連携して取り組む「社会に開かれた教育課程」の実現を目指す方向性が示されました。そして保育所保育指針では、保育所保育に「幼児教育」を積極的に位置付け、教育に関わる側面のねらいや内容に関して幼稚園教育要領との整合性が図られています。

7）　利用定員6人以上19人以下の「小規模保育」、利用定員5人以下の「家庭的保育」、保育を必要とする子どもの居宅で保育を実施する「居宅訪問型保育」、主として従業員の子どものほか、地域において保育を必要とする子どもにも保育を提供する「事業所内保育」があります。

第1章　教育・保育の計画と評価の基本

（2）共通化された主な改訂（定）内容

　特に注目したいのは、要領・指針の間で、幼児教育を行う施設として「育みたい資質・能力」、「幼児期の終わりまでに育ってほしい姿」、教育・保育の「全体的な計画」が共通化されたことです。

　「育みたい資質・能力」については、特に3歳以上の子どもの「生きる力の基礎を育む」ため、「次に掲げる資質・能力を一体的に育むよう努めるものとする」として3つの資質・能力があげられています。そしてこれらは、各要領・指針の「ねらい及び内容に基づく活動全体によって育むものである」とされています。

（1）豊かな体験を通じて、感じたり、気付いたり、分かったり、できるようになったりする「知識及び技能の基礎」

（2）気付いたことや、できるようになったことなどを使い、考えたり、試したり、工夫したり、表現したりする「思考力、判断力、表現力等の基礎」

（3）心情、意欲、態度が育つ中で、よりよい生活を営もうとする「学びに向かう力、人間性等」

　また「幼児期の終わりまでに育ってほしい姿」として、3つの資質・能力を園の修了時までに育ってほしい幼児の具体的な姿に明確化し、10項目にわたって示しました。保育者が指導する際に考慮するものとされています。

（1）健康な心と体
　　園生活の中で、充実感をもって自分のやりたいことに向かって心と体を十分に働かせ、見通しをもって行動し、自ら健康で安全な生活をつくり出すようになる。
（2）自立心
　　身近な環境に主体的に関わり様々な活動を楽しむ中で、しなければならないことを自覚し、自分の力で行うために考えたり、工夫したりしながら、諦めずにやり遂げることで達成感を味わい、自信をもって行動するようになる。
（3）協同性
　　友達と関わる中で、互いの思いや考えなどを共有し、共通の目的の実現に向けて、考えたり、工夫したり、協力したりし、充実感をもってやり遂げるようになる。
（4）道徳性・規範意識の芽生え
　　友達と様々な体験を重ねる中で、してよいことや悪いことが分かり、自分の行動を振り返ったり、友達の気持ちに共感したりし、相手の立場に立って行動するようになる。また、きまりを守る必要性が分かり、自分の気持ちを調整し、友達と折り合いを付けながら、きまりをつくったり、守ったりするようになる。
（5）社会生活との関わり
　　家族を大切にしようとする気持ちをもつとともに、地域の身近な人と触れ合う中で、

人との様々な関わり方に気付き、相手の気持ちを考えて関わり、自分が役に立つ喜び
を感じ、地域に親しみをもつようになる。また、園内外の様々な環境に関わる中で、
遊びや生活に必要な情報を取り入れ、情報に基づき判断したり、情報を伝え合ったり、
活用したりするなど、情報を役立てながら活動するようになるとともに、公共の施設
を大切に利用するなどして、社会とのつながりなどを意識するようになる。

(6) 思考力の芽生え

　身近な事象に積極的に関わる中で、物の性質や仕組みなどを感じ取ったり、気付い
たりし、考えたり、予想したり、工夫したりするなど、多様な関わりを楽しむように
なる。また、友達の様々な考えに触れる中で、自分と異なる考えがあることに気付き、
自ら判断したり、考え直したりするなど、新しい考えを生み出す喜びを味わいながら、
自分の考えをよりよいものにするようになる。

(7) 自然との関わり・生命尊重

　自然に触れて感動する体験を通して、自然の変化などを感じ取り、好奇心や探究心
をもって考え言葉などで表現しながら、身近な事象への関心が高まるとともに、自然
への愛情や畏敬の念をもつようになる。また、身近な動植物に心を動かされる中で、
生命の不思議さや尊さに気付き、身近な動植物への接し方を考え、命あるものとして
いたわり、大切にする気持ちをもって関わるようになる。

(8) 数量や図形、標識や文字などへの関心・感覚

　遊びや生活の中で、数量や図形、標識や文字などに親しむ体験を重ねたり、標識や
文字の役割に気付いたりし、自らの必要感に基づきこれらを活用し、興味や関心、感
覚をもつようになる。

(9) 言葉による伝え合い

　保育者や友達と心を通わせる中で、絵本や物語などに親しみながら、豊かな言葉や
表現を身に付け、経験したことや考えたことなどを言葉で伝えたり、相手の話を注意
して聞いたりし、言葉による伝え合いを楽しむようになる。

(10) 豊かな感性と表現

　心を動かす出来事などに触れ感性を働かせる中で、様々な素材の特徴や表現の仕方
などに気付き、感じたことや考えたことを自分で表現したり、友達同士で表現する過
程を楽しんだりし、表現する喜びを味わい、意欲をもつようになる。

　「全体的な計画」は、幼稚園教育要領、保育所保育指針、認定こども園教育・保育
要領のそれぞれにおいて、今次の改訂（定）で新たに作成が義務付けられたものです
が、その位置付けには若干の差があります（図表1-6）。

　保育所保育指針における「全体的な計画」は、これまでの「保育課程」に代わるも
のといえます。すなわち法令および保育所保育指針に示された保育の目標を達成する
ための、各保育所の基本方針や子どもの発達過程を踏まえた保育内容の展開について
の計画です。2017（平成29）年の改定で「保育課程」という用語が用いられなくなり
ました。

第1章　教育・保育の計画と評価の基本

　一方、保育所保育指針の「全体的な計画」にあたる位置付けにあるのが、幼稚園教育要領では「教育課程」となっています。「教育課程」は幼児期の発達を踏まえ、入園から修了に至るまでの長期的な視野で、保育のねらいと内容を組み立てた計画です。それに対して、幼稚園教育要領における「全体的な計画」は、教育課程と、教育課程に係る教育時間の終了後等に行う教育活動（預かり保育・一時保育）、学校保健計画、学校安全計画などを関連させ、一体的に教育活動を展開するための計画とされており、保育所保育指針における「全体的な計画」よりも園の管理運営面の計画を含む少し広い内容を指しているといえます。

　認定こども園教育・保育要領における「全体的な計画」は、これまでの「教育・保育課程」すなわち、教育及び保育の内容を目標に向かってどのように進めていくのか

図表1-6　全体的な計画の位置付けの違い

（筆者作成）

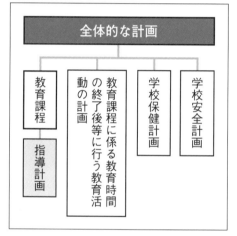

幼稚園における計画の構造

保育所における計画の構造

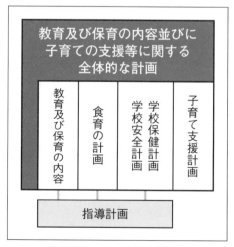

認定こども園における計画の構造

を明らかにした計画に加えて、子育て支援等に関する計画も含めて、園児の園生活全体を捉えて作成される計画をいいます。保育所における「全体的な計画」の位置付けに近いでしょう。

　また、近年の障害者支援施策の推進に伴い、障害のある子どもへの配慮についても内容を充実させました。幼稚園教育要領および認定こども園教育・保育要領では「特別な配慮を必要とする幼児への指導」として、集団の中で生活することを通して全体的な発達を促していくことに配慮することや、個々の幼児の障害の状態などに応じた指導内容や指導方法の工夫を組織的、計画的に行うことが求められるとともに、障害のある幼児一人一人に個別の教育支援計画および個別の指導計画を作成し、活用するように努めるものとされました。個別の教育支援計画とは、長期的な視点に立ち、乳幼児期から学校卒業後まで一貫した教育的支援を行うため、医療、福祉、労働等の様々な側面からの取り組みを含めた長期的な支援計画です。一方、個別の指導計画は、幼稚園生活における目標や内容、配慮事項など具体的に示した短期的な計画です。

　保育所保育指針においても、障害のある子どもがほかの子どもとの生活を通して共に成長できるよう、指導計画に位置付けることや、家庭や関係機関と連携した支援のための計画を個別に作成することが求められています。

5.　計画と評価における子どもの理解

　「質の高い保育」や「よい保育」は子ども理解に基づいて初めて可能になります。すなわち、その保育の実践（活動や働きかけ、環境構成など）が子どもにとって適切か、子どものニーズに合っているか、成長を促すものとなっているかは、子どものことを知らなければ判断できません。目の前の子どもを置き去りにした保育はありえないのです。

　では、具体的に「子ども理解に基づいている」とはどのようなことを指すのでしょうか。例えば、保育所保育指針では、「子どもの生活や発達を見通した」「子ども一人一人の発達過程や状況を十分に踏まえ」「一人一人の子どもの成育歴、心身の発達、活動の実態等に即して」「子どもの活動内容やその結果だけでなく、子どもの心の育ちや意欲、取り組む過程などにも十分配慮する」などの記述が見られます（第1章 総則3）。保育を行うときには、必ず「子どもの実態」を念頭に置く必要があるのです。

　子ども理解の観点は多岐にわたりますが、大きく2つに分けてとらえることができます。一つは子ども本人の状態であり、もう一つは子どもの生活環境です（図表1-7）。そして、計画、実践、省察・評価、改善（PDCA）の各段階で特に重点的に理解の必要な観点は異なります。例えば、計画段階では、現在の子どもの発達過程を中心とした日々の子どもの状態全般とともに、今後の発達の道すじや期待される姿など将来の子どもの姿も考慮する必要があります。保育の省察・評価では、子どもの生活や活動の様子、例えば表情や言動、意欲や取り組みのプロセス、思いなどに焦点を当てながら行います。

また個々の子どもだけでなく、子ども集団の理解も欠かせません。

保育の質を向上させるためには、さまざまな観点から多面的に子どもを理解しながら、PDCAサイクルのプロセスを進めていくことが必要です。

図表1-7　子ども理解の観点

子ども本人の状態		子どもの生活環境	
発達 （発達過程）	身体（発育）・運動・情緒・認知・言語・社会性	家庭	保護者、家族、生活リズム、国籍、生活文化
生活	健康状態、生活リズム、生活経験、生育歴、生活の姿	地域	居住地、交通、行政サービス
個性	性格、興味・関心、発想、体験、環境の受け止め方・関わり方、良さ、可能性	保育	保育時間、保育歴
園での活動の様子	遊び、表情、言動、意欲、取り組む姿、思い、体験の意味づけ、成長の姿、子ども同士の関係や役割		

（要領・指針をもとに筆者作成）

〈文献〉

・磯部裕子（2003）．教育課程の理論―保育におけるカリキュラム・デザイン―　萌文書林

・遠藤利彦（研究代表者）（2017）．非認知的（社会情動的）能力の発達と科学的検討手法についての研究に関する報告書　国立教育政策研究所，pp.15-27

・亀﨑美沙子（2011）．戦後の保育所における保育内容―保育所保育指針発行以前に着目して―　東京家政大学博物館紀要，第16集，pp.27-43

・厚生労働省（2018）．保育所保育指針解説　平成30年3月　フレーベル館　pp.3-4

・こども家庭庁（2023）．保育所等関連状況取りまとめ「令和5年4月1日」（令和5年9月1日）

・こども家庭庁（2023b）．令和4年度の児童相談所での児童虐待相談対応件数（速報値）

・文部科学省（2018）．幼稚園教育要領解説　平成30年3月　フレーベル館　p.2

・無藤隆（2016）．生涯の学びを支える「非認知能力」をどう育てるか　これからの幼児教育，2016年春号，pp.18-21

・柴崎正行（1993）．わが国の幼稚園教育における保育計画の変遷について(1)　保育研究，13巻4号，pp.37-43

・柴崎正行（1996）．わが国の幼稚園教育における保育計画の変遷について(2)　保育研究，16巻4号，pp.54-56

・柴崎正行（2016）．保育内容とカリキュラム　日本保育学会（編）保育学講座1　保育学とは―問いと成り立ち―　東京大学出版会　pp.147-175

コラム　非認知的能力

　近年、国際的にも幼児教育への関心が高まっていますが、その背景に「非認知的能力」に関する研究が注目を浴びてきたことがあります。非認知的能力とは、「認知的能力」と対比的に用いられる言葉です。

　認知的能力は、IQ（知能指数）や「学力」として測定されてきた知識理解などで、たとえば、言語的能力、論理数学的能力、空間知覚能力などがあげられます。これまでは、この認知的能力の獲得が人の社会的な成功にとって重要と考えられてきたため、様々な学力調査が行われ、学力向上に力が注がれてきました。

　しかし、近年の研究から、目標を達成する力（忍耐力、自己管理力、意欲）、他者と協働する力（社会性、信頼、尊敬、思いやり）、情緒を管理する力（自己肯定感、楽観性、自信）なども重要と考えられるようになりました。こうした社会情動的スキルに代表される、認知的能力獲得の土台となるような心理的側面の諸能力を、非認知的能力と呼んでいます。

　アメリカの経済学者ジェームズ・ヘックマンの研究では、貧困層の家庭の子どもと保護者を対象とした就学前プログラムを受けた子どもと、受けない子どもを比較した場合、受けた子どもの方が 40 歳時点での経済的な安定性や健全な市民生活[8]を送っている割合が高いことが示されました。この結果の違いが認知的能力である IQ の差異では説明できないことから、非認知的能力に注目が集まったのです（遠藤，2017，pp.17 - 18）。

　また、この研究からは、非認知的能力の育成にとって「幼児期」の過ごし方が大きく関係している可能性も示唆されました。そこで、国際的にも幼児教育の重要性が広く認識されるようになってきたというわけです。日本においても 2017（平成 29）年改訂（定）の要領・指針等で「学びに向かう力、人間性等」としてその育成が求められています。

　日本の幼児教育や保育では、子どもの意欲や興味・関心を重視してきましたが、粘り強さや挑戦する姿勢などはこれからの課題と考えられています（無藤，2016，p.19）。これまで大切にされてきた意欲や興味・関心をさらに深め、友達との関係の中で探求したり挑戦したりする力が育まれるよう、子どもが夢中になって何かに取り組む環境を考えていくことが、今の保育者に求められていることだといえます。

8）　高校卒業率、収入、持ち家率が高く、離婚率、犯罪率、生活保護受給率が低いとされています（遠藤，2017，p.17）。

第2章
幼稚園、保育所、認定こども園における教育・保育の計画

学習のねらい

　本章では、幼稚園、保育所、認定こども園のそれぞれにおける計画について、どのような目標を達成するために、どのような配慮の下で作成されるのか、基本的な考え方を学びます。

　幼稚園、保育所、認定こども園はいずれも保育を行う施設ですが、それぞれ異なる仕組みで運営されているため、計画にも違いがあります。それぞれの特徴を知り、共通点と相違点を考えながら計画についての理解を深めましょう。

　さらに、計画にはレベルがあります。園における保育の全体的な計画から、担任が日々の保育を行う際の1日の指導計画（日案）まで、計画には段階や順序があるのです。全体的な計画と指導計画がどのように関連付いているのか理解しましょう。

第2章　幼稚園、保育所、認定こども園における教育・保育の計画

1. 幼稚園の教育課程

(1) 幼稚園の目的・目標

　幼稚園は学校教育法に定める学校です（第1条）。文部科学大臣の告示する幼稚園教育要領は、幼稚園教育の基本について「学校教育法に規定する目的及び目標を達成するため、幼児期の特性を踏まえ、環境を通して行うものであることを基本とする」と述べています。「目的・目標」はいわばゴールです。計画（Plan）はゴールがあって始めて必要になります。では、幼稚園教育のゴールはどのようなものなのでしょうか。

　まず、幼児期の教育も含め、日本における教育全体の目的・目標が教育基本法に定められています。

> （教育の目的）
> **第1条**　教育は、人格の完成を目指し、平和で民主的な国家及び社会の形成者として必要な資質を備えた心身ともに健康な国民の育成を期して行われなければならない。

　第1条に定められた目的を達成するための目標が第2条です。

> （教育の目標）
> **第2条**　教育は、その目的を実現するため、学問の自由を尊重しつつ、次に掲げる目標を達成するよう行われるものとする。
> 　一　幅広い知識と教養を身に付け、真理を求める態度を養い、豊かな情操と道徳心を培うとともに、健やかな身体を養うこと。
> 　二　個人の価値を尊重して、その能力を伸ばし、創造性を培い、自主及び自律の精神を養うとともに、職業及び生活との関連を重視し、勤労を重んずる態度を養うこと。
> 　三　正義と責任、男女の平等、自他の敬愛と協力を重んずるとともに、公共の精神に基づき、主体的に社会の形成に参画し、その発展に寄与する態度を養うこと。
> 　四　生命を尊び、自然を大切にし、環境の保全に寄与する態度を養うこと。
> 　五　伝統と文化を尊重し、それらをはぐくんできた我が国と郷土を愛するとともに、他国を尊重し、国際社会の平和と発展に寄与する態度を養うこと。

　教育基本法では、幼児期の教育についての規定もあります。幼児期の教育は「生涯にわたる人格形成の基礎を培う」ものであること、その重要性から、国・地方公共団体は、「幼児の健やかな成長に資する良好な環境の整備その他適当な方法によって、その振興に努めなければならない」ことが定められています（第11条）。「生涯にわたる人格形成の基礎を培う」ことについて、幼稚園教育要領では教育の目的・目標の

達成を目指しつつ「将来、自分のよさや可能性を認識するとともに、あらゆる他者を価値のある存在として尊重し、多様な人々と協働しながら様々な社会的変化を乗り越え、豊かな人生を切り拓き、持続可能な社会の創り手となることができるようにするための基礎を培う」ことと表現されています（前文）。

こうした教育の目的・目標を踏まえて、幼稚園の目的・目標が設定されることになります。幼稚園の目的・目標は学校教育法に次のように規定されています（下線は筆者による）。

（幼稚園の目的）

第22条　幼稚園は、義務教育及びその後の教育の基礎を培うものとして、幼児を保育し、幼児の健やかな成長のために適当な環境を与えて、その心身の発達を助長することを目的とする。

（幼稚園の目標）

第23条　幼稚園における教育は、前条に規定する目的を実現するため、次に掲げる目標を達成するよう行われるものとする。

一　健康、安全で幸福な生活のために必要な基本的な習慣を養い、身体諸機能の調和的発達を図ること。

二　集団生活を通じて、喜んでこれに参加する態度を養うとともに家族や身近な人への信頼感を深め、自主、自律及び協同の精神並びに規範意識の芽生えを養うこと。

三　身近な社会生活、生命及び自然に対する興味を養い、それらに対する正しい理解と態度及び思考力の芽生えを養うこと。

四　日常の会話や、絵本、童話等に親しむことを通じて、言葉の使い方を正しく導くとともに、相手の話を理解しようとする態度を養うこと。

五　音楽、身体による表現、造形等に親しむことを通じて、豊かな感性と表現力の芽生えを養うこと。

第22条に定める「義務教育及びその後の教育の基礎」は、「生きる力の基礎」を育むための3つの資質・能力「知識及び技能の基礎」「思考力、判断力、表現力の基礎」「学びに向かう力、人間性等」を育むことです（第1章 p.14 参照）。そして、第23条に規定された幼稚園の目標は、5つの教育内容領域（いわゆる5領域）に対応したものとなっています。また「幼児期の終わりまでに育ってほしい姿」（以下、10の姿）は、この目標をさらに10項目に整理したものといえます。

各園では、こうした法令等に定められた目的・目標を踏まえ、子どもや地域の実態、親の願い、園の方針に基づいて、それぞれに重点的な目的や目標を設定していきます。

（2）幼稚園の基本的な仕組み

計画を立てる際には、幼稚園の基本的な仕組みを知っておく必要があります。現在、

第2章　幼稚園、保育所、認定こども園における教育・保育の計画

幼稚園に入園することのできる者は、満3歳から、小学校就学の始期に達するまでの幼児とされています（学校教育法 第26条）。1学級の幼児数は、35人以下とし、少なくとも1学級に1人の専任教諭を置かなければなりません（幼稚園設置基準 第3条、第5条）。また、学級は3月31日において同じ年齢にある幼児で編制することを原則としています（幼稚園設置基準 第4条）。

　幼稚園では、1日の教育課程に係る教育時間（園が計画を立てて教育を行う時間）について「4時間を標準とする」とされており、さらに、毎学年の教育課程に係る教育週数は、特別の事情のある場合を除き、39週を下ってはならない、と決められています（学校教育法施行規則 第37条、幼稚園教育要領「教育課程の編成上の基本事項」(2)、(3)）。幼稚園の大まかな1日の流れは以下の通りです（図表2-1）。

時間	内容
8:30 ～ 9:30	登園、自由遊び
9:30 ～ 10:00	朝の会
10:00 ～ 11:30	クラス活動（設定保育）
11:30 ～ 12:30	昼食
12:30 ～ 13:30	自由遊び
13:30 ～ 14:00	帰りの会、降園
14:00 ～	預かり保育

基本は、製作や行事の準備、保育者の考えた遊びを行うが、曜日によって、体操教室や英語、リトミックなどの活動を取り入れている園もある。

図表2-1　幼稚園の1日

(3) 幼稚園の教育課程の基本的な考え方

　幼稚園教育要領には、教育課程を編成する際の基本的な方向性や考え方が示されています。重要なのは次の3点です。

　第1に、子どもの主体性を重視するということです。幼稚園の教育は、「幼児期の特性を踏まえ、環境を通して行う」ことが基本です。それは「幼児が身近な環境に主体的に関わり、環境との関わり方や意味に気付き、これらを取り込もうとして、試行錯誤したり、考えたりする」ことを大切にしているからです。幼児は「安定した情緒の下で自己を十分に発揮する」ことにより、発達に必要な体験を得ていきます。教師は、幼児の主体的な活動を促し、幼児期にふさわしい生活が展開されるようにしなければなりません。教師には、幼児の情緒や身体の発達を理解しながら、幼児との信頼関係を十分に築き、よりよい教育環境を創ることが求められているのです。

　環境には、園の施設・設備、園具、素材など物的環境、教師や仲間など人的環境、自然事象、人工物や社会システム、言葉、雰囲気、時間など子どもを取り巻くあらゆる存在が含まれます（田中・三宅, 2014, p.28）。しかし、子どもの周囲の環境がおの

ずと教育的価値のあるものになるわけではありません。保育者が、子どもの実態を把握し、その成長や発達に有意義な環境を、子どもの関わりの対象となるように「橋渡し」することが必要となります。そうした保育者の意図的な配慮の下で、子どもがそれぞれの興味や関心によって自ら環境に関わることができてはじめて、教育的に価値のある「環境」となるのです（田中・三宅，2014，p.28）。

第2に、「遊び」の中で子どもの様々な側面を伸ばすということです。遊びは幼児の自発的な活動であり、心身の調和のとれた発達を促す重要なものです。前述したように、子どもが主体的に様々なことを身に付けていくためには、遊びの中で学ぶことが最も適していると考えられているわけです。教師は、子どもが遊びを通して必要な体験を得られるよう、適切な環境を用意することになります。子どもの自発的な遊びを重視することは、計画のない保育を意味しません（磯部，2003）。ただ子どもを遊ばせておけばよいのではない、ということです。

教師は、遊びを中心とした園の生活において、幼稚園教育要領に示された教育の「ねらい」が総合的に達成されるように、長期的な視野をもって保育しなければなりません。遊びも教師の意図や計画のもとで展開されてはじめて、幼稚園教育として意味あるものとなるわけです。

なお、「ねらい」は、幼稚園教育において育みたい資質・能力を幼児の姿として示したものです。また、幼稚園教育要領にはねらいを達成するための「内容」、指導の際の留意事項である「内容の取扱い」も示されています。これらは、健康、人間関係、環境、言葉、表現の5つの領域に分けて示されています。これをもとに、教師は具体的な活動を計画、実施します。

第3に、幼児一人一人の特性に応じ、その発達の課題に即した指導を行うことです。発達の経過や生活経験は、一人一人違います。教師は、一人一人の行動の理解と予測に基づいて、幼児の主体的な活動が確保されるよう、計画的に環境を構成する必要があります。さらに、一人一人の活動が豊かになるよう、活動の場面に応じて働きかけを行います。

（4）幼稚園における全体的な計画

幼稚園においては、教育課程のほか、学校保健計画、学校安全計画、教育課程に係る教育時間の終了後等に行う教育活動（いわゆる預かり保育）の計画などを作成しなければなりません。学校保健計画は、園児や職員の健康の保持増進を図るため、健康診断、環境衛生検査[1]、園児に対する指導など保健に関する事項についての計画です。学校安全計画は、施設及び設備の安全点検、園児に対する通園を含めた学校生活その他の日常生活における安全に関する指導、職員の研修その他学校における安全に関する事項についての計画です。これらは、学校保健安全法により作成が義務付けられて

---

1) 環境衛生検査とは、換気、採光、照明、保温、清潔保持その他環境衛生に係る事項について、文部科学大臣の定める基準（学校環境衛生基準）に照らして、定期的に検査を行うことです。設置者は、適切な環境の維持に努める義務があります（学校保健安全法 第6条2項）。

います（学校保健安全法 第5条、第27条）。

　各幼稚園においては、教育課程とこれらの計画を関連させ、幼稚園教育の目的が達成されるよう、一体的に教育活動が行うための全体的な計画を作成することとされています。

2. 保育所の全体的な計画

（1）保育所の目的・目標

　保育所は、児童福祉法に定める児童福祉施設の一つで、こども家庭庁が所管する施設です。保育所の目的は、児童福祉法の第39条において次のように定められています。

第三十九条　保育所は、保育を必要とする乳児・幼児を日々保護者の下から通わせて保育を行うことを目的とする施設（利用定員が二十人以上であるものに限り、幼保連携型認定こども園を除く。）とする。

　保育所は、入所する子どもの最善の利益を考慮し、その福祉を積極的に増進することに最もふさわしい生活の場でなければならないとされています（保育所保育指針総則）。さらに、家庭や地域の様々な社会資源との連携を図りながら、保護者に対する支援および地域の子育て家庭に対する支援等を行う役割を担います。

　保育所の目標について、保育所保育指針は以下のように定めています（下線は筆者による）。

第1章　総則

1　保育所保育に関する基本原則

（2）保育所の目標

　ア　保育所は、子どもが生涯にわたる人間形成にとって極めて重要な時期に、その<u>生活時間の大半を過ごす場</u>である。このため、保育所の保育は、子どもが現在を最も良く生き、望ましい未来をつくり出す力の基礎を培うために、次の目標を目指して行わなければならない。

　　㋐　十分に養護の行き届いた環境の下に、くつろいだ雰囲気の中で子どもの様々な欲求を満たし、生命の保持及び情緒の安定を図ること。

　　㋑　健康、安全など生活に必要な基本的な習慣や態度を養い、心身の健康の基礎を培うこと。

　　㋒　人との関わりの中で、人に対する愛情と信頼感、そして人権を大切にする心を育てるとともに、自主、自立及び協調の態度を養い、道徳性の芽生えを培うこと。

　　㋓　生命、自然及び社会の事象についての興味や関心を育て、それらに対する豊かな心情や思考力の芽生えを培うこと。

(オ) 生活の中で、言葉への興味や関心を育て、話したり、聞いたり、相手の話を理解しようとするなど、言葉の豊かさを養うこと。

(カ) 様々な体験を通して、豊かな感性や表現力を育み、創造性の芽生えを培うこと。

(ア)は養護に関する目標であり、(イ)～(カ)は教育の5領域に関する目標となっています。

この目標を踏まえて、生涯にわたる生きる力の基礎を培うために、第1章でふれたように、幼児教育を行う施設として「育みたい資質・能力」を育むように努めなければなりません。また、その際、「幼児期の終わりまでに育ってほしい姿」を意識して保育を計画し実施することが求められています。

(2) 保育所の基本的な仕組み

保育所は、保育を必要とする乳児・幼児が利用します。ここでいう乳児は「満1歳に満たない者」、幼児は「満1歳から、小学校就学の始期に達するまでの者」と定義されています (児童福祉法 第4条1項1号、2号)。実務上は、0～3歳未満児を乳児、満3歳以上児を幼児ということもあります。

「保育を必要とする」とは、保護者の就労や妊娠、出産、疾病、障害、同居または長期入院等している親族の介護・看護、求職活動・起業準備などがあげられます。保護者が上記のような理由により、子どもと過ごすことができない時間に、保育所が保護者に代わって子どもの充実した生活や発達を保障する役割を果たします。

保育所を利用する際は、保育の必要性の認定 (子ども・子育て支援法 第20条1項) を受けて利用したい施設の希望を申請し、それに応じて市町村が入所する施設を決定します (図表2-2)。保育所対象は2号認定、3号認定です。幼稚園は選択可能ですが、保育所は市町村が利用施設を決定する仕組みとなっており、受け入れ可能か否かなど利用状況によって希望の園には行けない可能性もあります。

図表2-2 保育の必要性の認定区分

認定区分		対象者	利用先
1号認定	教育標準時間認定	・満3歳以上で ・教育時間における保育を希望する場合	幼稚園、認定こども園
2号認定	満3歳以上・保育認定	子どもが満3歳以上で、「保育を必要とする事由」に該当し、保育を希望する場合	保育所、認定こども園
3号認定	満3歳未満・保育認定	子どもが満3歳未満で、「保育を必要とする事由」に該当し、保育を希望する場合	保育所、認定こども園、地域型保育（家庭的保育・小規模保育など）

第2章　幼稚園、保育所、認定こども園における教育・保育の計画

図表 2-3　保育の必要量の区分

区分	就労時間	施設利用可能時間
保育標準時間	120 時間以上／月	11 時間／日
保育短時間	64 時間以上／月	8 時間／日

　保育所における保育時間は、1日8時間を原則とし、地方における乳幼児の保護者の労働時間その他家庭の状況等を考慮して、保育所の長が定めることとされています（児童福祉施設の設備及び運営に関する基準 第34条）。利用者側においては就労状況（フルタイムやパートタイムなど）など必要量に応じて「保育標準時間」と「保育短時間」のいずれかの認定を受けます（図表2-3）。この認定は幼保連携型認定こども園の利用者も同じです。

　保育所の1日の大まかな流れは図表2-4の通りです。

時間	0歳児	1～2歳児	3歳以上児
開園　7:00	順次登園	順次登園 健康観察 遊び	順次登園 健康観察 遊び
9:30	健康観察		
10:00		おやつ 遊び	朝の会 クラス活動
11:30		昼食	昼食
12:15	睡眠 食事 遊び	遊び	掃除 片付け 遊び （クラス別）
13:00		午睡	午睡 または 休憩
15:00		おやつ 遊び	おやつ 遊び （クラス別）
16:00	順次降園	帰りの会 遊び 順次降園	帰りの会 遊び 順次降園
延長保育　18:00	睡眠 食事 遊び 順次降園	おやつ 遊び 順次降園	おやつ 遊び 順次降園
閉園　19:00			

図表 2-4　保育所の1日

クラス編制の基準はありませんが、保育士の数は、乳児おおむね3人につき1人以上、満1歳以上満3歳に満たない幼児はおおむね6人につき1人以上、満3歳以上満4歳に満たない幼児はおおむね20人につき1人以上、満4歳以上の幼児はおおむね30人につき1人以上とすることと定められています（児童福祉施設の設備及び運営に関する基準 第33条2項）。

（3）保育所の全体的な計画と保育内容

保育所は、目的を達成するために家庭との緊密な連携のもと、子どもの状況や発達過程を踏まえて、環境を通して養護および教育を一体的に行います。幼稚園と比べ、1日の在園時間が長く、保護者に代わって「生活」を保障する施設であり、乳児も入所することから、生命の保持や情緒の安定などより「養護」の面に配慮が必要です。子どもの主体的な活動が促されるよう、環境を構成し、生活や遊びを通して総合的に保育するという点は、幼稚園と共通するものですが、「生活時間の大半を過ごす場」であることから、子どもの生活のリズムや子どもの個人差、親子関係や家庭状況など、特に必要な配慮もあるのです。

保育所の役割を果たし、保育の目標を達成するために、保育の内容が、保育所の生活全体を通して、総合的に展開されるように、保育所は「全体的な計画」を作成しなければなりません。全体的な計画は保育所保育の全体像を包括的に示すものであり、これに基づいて指導計画、保健計画、食育計画等が作成されます。

保育の内容については、保育所保育指針において「ねらい」「内容」「内容の取扱い」が示されています。この形式は幼稚園教育要領と同様です。保育所保育指針に示された保育所における保育内容の特徴は、①「養護」に関する事項（養護の理念、養護のねらいと内容）が記載されていることと、②乳児、1歳以上3歳未満児、3歳以上児と年齢を区切って、基本的事項、ねらい及び内容、内容の取扱い、保育の実施にかかわる配慮事項が示されていることです。なお、1歳以上児のねらい及び内容については、幼稚園同様、5領域に分けて示されています。特に3歳以上児の「教育」に関するねらい及び内容の部分は幼稚園と共通化されています。

保育所は、子どもを保育するほか、子育て支援を行う役割を担っています。保育や子育てに関する知識や技術、子どもの過ごす場としての環境など保育所の特性を生かして、保護者の支援を行うことが求められます。全体的な計画は、子育て支援やそのための関係機関との連携等についても考慮されたものである必要があります。

3. 幼保連携型認定こども園の教育及び保育の内容並びに子育て支援等に関する全体的な計画

（1）幼保連携型認定こども園の目的・目標と基本的なしくみ

　認定こども園は、幼稚園の機能と保育所の機能を併せ持った施設です。2006（平成18）年、「就学前の子どもに関する教育、保育等の総合的な提供の推進に関する法律」（以下、認定こども園法）の成立により導入されました。

　認定こども園には、①幼保連携型、②幼稚園型、③保育所型、④地方裁量型の4つのタイプがあります。そのうち、小学校就学前の子どもの教育・保育・子育て支援を一体的に提供する単一の施設である幼保連携型認定こども園は、法令上、教育基本法に定める学校と児童福祉法に定める児童福祉施設の両方に位置付けられています。現在はこども家庭庁が所管しています。

　幼保連携型認定こども園の目的は、認定こども園法の第2条第7項において次のように定められています。

7　この法律において「幼保連携型認定こども園」とは、義務教育及びその後の教育の基礎を培うものとしての満三歳以上の子どもに対する教育並びに保育を必要とする子どもに対する保育を一体的に行い、これらの子どもの健やかな成長が図られるよう適当な環境を与えて、その心身の発達を助長するとともに、保護者に対する子育ての支援を行うことを目的として、この法律の定めるところにより設置される施設をいう。

　大きな特徴は、保護者が働いている、いないにかかわらず受け入れる点、地域の全ての子育て家庭を対象に、子育て不安に対応した相談や親子の集いの場の提供などを実施する点です。すなわち、幼保連携型認定こども園は1号認定、2号認定、3号認定（p.27　図表2-2参照）全ての子どもを対象として保育を提供するとともに、在園する子どもやその保護者だけでなく、地域全体の子育て支援を担うということです。

　認定こども園法第9条には、この目的を達成するための6つの目標があります。幼稚園の目標に加えて、6つ目に養護にかかわる目標が定められています。

第九条　幼保連携型認定こども園においては、第二条第七項に規定する目的を実現するため、子どもに対する学校としての教育及び児童福祉施設（児童福祉法第七条第一項に規定する児童福祉施設をいう。次条第二項において同じ。）としての保育並びにその実施する保護者に対する子育て支援事業の相互の有機的な連携を図りつつ、次に掲げる目標を達成するよう当該教育及び当該保育を行うものとする。

一　健康、安全で幸福な生活のために必要な基本的な習慣を養い、身体諸機能の調和的発達を図ること。

二 　集団生活を通じて、喜んでこれに参加する態度を養うとともに家族や身近な人への信頼感を深め、自主、自律及び協同の精神並びに規範意識の芽生えを養うこと。

三 　身近な社会生活、生命及び自然に対する興味を養い、それらに対する正しい理解と態度及び思考力の芽生えを養うこと。

四 　日常の会話や、絵本、童話等に親しむことを通じて、言葉の使い方を正しく導くとともに、相手の話を理解しようとする態度を養うこと。

五 　音楽、身体による表現、造形等に親しむことを通じて、豊かな感性と表現力の芽生えを養うこと。

六 　快適な生活環境の実現及び子どもと保育教諭その他の職員との信頼関係の構築を通じて、心身の健康の確保及び増進を図ること。

　幼保連携型認定こども園の一般的な1日の流れは図表2-5の通りです。

時間	1号認定	2号認定		3号認定	
		短時間	標準時間	短時間	標準時間
7:00	延長保育	延長保育	登園 自由遊び	延長保育	登園 健康観察
8:00		登園		登園	遊び
8:30	登園 自由遊び	自由遊び		健康観察 遊び	
9:30	朝の会	朝の会	朝の会	朝の会 授乳・おやつ	朝の会 授乳・おやつ
10:00	クラス活動 （設定保育）	クラス活動 （設定保育）	クラス活動 （設定保育）	遊び	遊び
11:00				昼食	昼食
12:00	昼食	昼食	昼食	午睡	午睡
13:00	自由遊び	午睡	午睡		
13:30	帰りの会				
14:00	降園				
	延長保育				
15:00		おやつ	おやつ	授乳・おやつ	授乳・おやつ
15:30		帰りの会	帰りの会	帰りの会	帰りの会
16:00		降園	自由遊び	降園	室内遊び
		延長保育		延長保育	
18:00			随時降園		随時降園
19:00			延長保育		延長保育

図表2-5　幼保連携型認定こども園の1日

保育教諭[2]の配置およびクラス編制については「幼保連携型認定こども園の学級の編制、職員、設備及び運営に関する基準」に規定があります。クラスは幼稚園同様、満3歳以上児の園児について1クラス35人以下で編制を行わなければなりません（第4条）。保育教諭の配置は、保育所と同様の基準となっています（第5条）。

（2）幼保連携型認定こども園の全体的な計画と教育・保育内容

園では、法令および幼保連携型認定こども園教育・保育要領（以下、認定こども園教育・保育要領）に従い、教育・保育を一体的に提供するために、園児の心身の発達や園、家庭、地域の実態に応じて、教育・保育内容と子育て支援等に関する全体的な計画を作成します。この全体的な計画は、園児の入園から修了までの在園期間の全体にわたり、目標に向かってどのような過程をたどって教育・保育を進めていくのかを明らかにするもので、子育て支援と関連付けられた園児の園生活全体を見通した計画です。幼稚園、保育所と同様に「育みたい資質・能力」を踏まえて計画を作成します。

幼保連携型認定こども園の教育時間は、幼稚園同様、4時間を標準とし、39週を下回ってはならないとされています。保育を必要とする子どもについては、1日8時間の保育時間が原則ですが、地方における保護者の労働時間など家庭の状況を考慮して園長が決定します（子ども・子育て支援新制度、認定こども園教育・保育要領「教育及び保育の内容並びに子育ての支援等に関する全体的な計画の作成上の基本的事項」イ〜エ）。

計画は、園児の心身の発達や季節に配慮し、入園から修了までの長期的な視野をもって充実した生活ができるように配慮する必要があります。特に認定こども園で重要なことは、1号、2号、3号認定を対象とするため、園で過ごす時間が異なる子どもがいることです。それを踏まえ、認定こども園教育・保育要領では特に配慮すべき事項として、例えば次のように述べています（下線は筆者による）。

第3　幼保連携型認定こども園として特に配慮すべき事項
2　園児の一日の生活の連続性及びリズムの多様性に配慮するとともに、保護者の生活形態を反映した園児の在園時間の長短、入園時期や登園日数の違いを踏まえ、園児一人一人の状況に応じ、教育及び保育の内容やその展開について工夫をすること。特に入園及び年度当初においては、家庭との連携の下、園児一人一人の生活の仕方やリズムに十分に配慮して一日の自然な生活の流れをつくり出していくようにすること。
3　環境を通して行う教育及び保育の活動の充実を図るため、幼保連携型認定こども園における教育及び保育の環境の構成に当たっては、乳幼児期の特性及び保護者や地域の実態を踏まえ、次の事項に留意すること。
（2）在園時間が異なる多様な園児がいることを踏まえ、園児の生活が安定するよう、家庭や地域、幼保連携型認定こども園における生活の連続性を確保するとともに、

---

2)　保育教諭とは、「幼稚園教諭免許状」と「保育士資格」の両方の免許・資格を有し（認定こども園法 第15条1項）、幼保連携型認定こども園に勤務する者をいいます。

> 一日の生活のリズムを整えるよう工夫をすること。特に満3歳未満の園児について
> は睡眠時間等の個人差に配慮するとともに、満3歳以上の園児については集中して
> 遊ぶ場と家庭的な雰囲気の中でくつろぐ場との適切な調和等の工夫をすること。

　認定こども園教育・保育要領に示された「ねらい」「内容」は、保育所保育指針と同様の内容となっており、満3歳以上は幼稚園教育要領とも同様です。幼保連携型認定こども園においても、幼稚園、保育所と同様に、認定こども園教育・保育要領に示された「ねらい」が園における生活全体を通して達成されるよう、「内容」について園児の具体的な活動の中で総合的に指導することとなります。

4. 保育における全体的な計画と指導計画のつながり

　全体的な計画は、園における保育の方針及び園児の発達や園生活の見通しを示したものです。その全体的な計画に基づき、目の前の子どもの姿に照らして具体的な活動について計画したものが「指導計画」です。

　指導計画には、長期的な指導計画と短期的な指導計画があります。長期的な指導計画とは、年間指導計画、期の指導計画、月の指導計画（月案）を指します。短期的な指導計画とは、週の指導計画（週案）、日の指導計画（日案）を指します。指導計画は短期のものほど具体的で詳細な内容になります。

　保育者にとって、最も身近な計画は日案です。その日、どのような活動をするのか、そのために必要な環境構成はどのようなものか、保育者はどのような援助や配慮をするのか、1日の流れとして記載するもので、保育者の具体的な動きの計画となります。しかし、ある1日の保育の計画は、その週に何をねらいとするかによって決まります。さらに言えば、その週のねらいは月のねらいによって、月のねらいは期のねらいによって…というように、より上位の計画によって決まります（図表2-6）。このように指導計画は、全体的な計画における目標を達成するために、いつ、何をどのように進めるのかを一定の区切りで具体的に示したものと言えます。

　しかし、計画はあくまで仮説といわれています。目標達成までの道筋は決して1つではありません。特に、最も具体的な日案や週案など短期的な計画は、一度決めたものを、子どもの様子を見ずに押し通すのでは、よい保育を行うことになりません。目の前の子どもの育ちに応じて常に変更されるものと考えておくことが大切です。つまり、ある1日の計画は週や期のねらいに基づくだけでなく、昨日までの子どもの様子も踏まえなければならないのです。子どもの実態と目指すべき子どもの姿を、状況に応じて結び直していくことが保育者の専門性として求められます。

第2章 幼稚園、保育所、認定こども園における教育・保育の計画

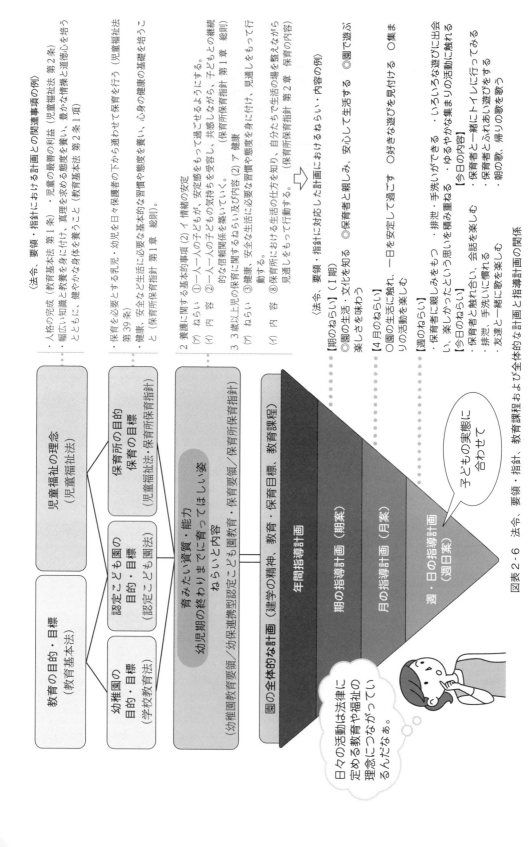

図表2-6 法令、要領・指針、教育課程および全体的な計画と指導計画の関係

4. 保育における全体的な計画と指導計画のつながり

 ワーク

本書の第1章、第2章を参照して、図表2-7の太枠内の空欄を埋めましょう。

図表2-7 3つの施設の比較

	幼稚園	保育所	幼保連携型認定こども園
設置の根拠法令	学校教育法	①	別称：認定こども園法
法令上の位置付け		児童福祉施設	(　　　　　　　)　かつ　(　　　　　　　)
所管官庁			
施設・設備等運営に関する基準	幼稚園設置基準	②	幼保連携型認定こども園の学級の編制、職員、設備及び運営に関する基準
教育・保育内容の基準	③		④
対象年齢	満(　　)歳〜5歳※ ・施設型給付を受ける幼稚園は1号認定 ・学校教育法 第26条	保育を必要とする(　　)歳〜5歳※ ・2号・3号認定 ・(①)第39条、第4条	満(　　)歳以上〜5歳※および保育を必要とする(　　)歳〜満(　　)歳未満 ・1号・2号・3号認定 ・認定こども園法 第11条、第2条

※小学校就学の始期に達するまで

第 2 章　幼稚園、保育所、認定こども園における教育・保育の計画

図表 2 - 7　3 つの施設の比較（続き）

	幼稚園	保育所	幼保連携型認定こども園
目的	幼稚園は、 を目的とする。 ・学校教育法 第 22 条	保育所は、 を目的とする施設（利用定員が二十人以上であるものに限り、幼保連携型認定こども園を除く。）とする ・（①）第 39 条	この法律において「幼保連携型認定こども園」とは、 を目的として、この法律の定めるところにより設置される施設をいう。 ・認定こども園法 第 2 条第 7 項
1 日の教育時間・保育時間	教育時間は（　　　）時間を標準とする。 なお、年間（　　　）週を下回ってはならない。 ・学校教育法施行規則 第 37 条および（③）	保育時間は（　　　）時間を原則とする。 最長 11 時間（保護者の就労時間等を考慮し認定される）。 ・（②）第 34 条および子ども・子育て支援新制度	教育時間は（　　　）時間を標準とする。 なお、年間（　　　）週を下回ってはならない。 保育時間は（　　　）時間を原則とする。 最長 11 時間（保護者の就労時間等を考慮し認定される）。 ・（④）および子ども・子育て支援新制度

〈文 献〉

・磯部裕子（2003）．教育課程の理論―保育におけるカリキュラム・デザイン―　萌文書林

・田中亨胤・三宅茂夫（編）（2014）．教育課程・保育課程論―子どものいまとみらいを考える―みらい

第3章
教育課程および全体的な計画等の編成の実際

学習のねらい

　幼稚園の「教育課程」、保育所の保育の「全体的な計画」、認定こども園の「教育及び保育の内容並びに子育ての支援等に関する全体的な計画」について、基本的な考え方を学びます。これらは、専門家である保育者が、子どもの未来の姿を想定しながら、志をもち、理念を掲げて保育をしていくための基礎となるもので、後に指導計画を立てる際もこれらをもとに計画を作成します。

　幼稚園、保育所、認定こども園の事例から、それぞれの特徴や独自性をとらえましょう。特に幼稚園の教育課程について、教育実践に即した教育課程編成の例をあげています。法令で定められた事項をおさえつつ、子どもや園の実態に即して目標を設定し、計画していくことを理解しましょう。

第 3 章　教育課程および全体的な計画等の編成の実際

1. 教育・保育の理念に基づいた編成

① 教育課程・保育の全体的な計画の編成の前提

　作成の根拠を確かめましょう。第 1 章、第 2 章で示したように、幼稚園の「教育課程」、保育所の保育の「全体的な計画」、認定こども園の「教育及び保育の内容並びに子育ての支援等に関する全体的な計画」は要領・指針に基づいて編成します。

　2017（平成 29）年の要領・指針の改訂（定）は、教育改革の一環として行われている面があります。改訂（定）に先立ち、2016 年 12 月に中央教育審議会より「幼稚園、小学校、中学校、高等学校及び特別支援学校の学習指導要領等の改善及び必要な方策等について（答申）」が発表されました。そこでは、2030 年代を生きる子どもが、社会的変化を乗り越え、よりよい社会を築くという目標のために、学校教育が社会と連携・協働する「社会に開かれた教育課程」が求められています[1]。そして、変化や未知の課題に対応する「生きる力」を育むための資質・能力を育むことを教育の課題とし、「新たな時代を担える資質・能力を意識的に育てる姿勢をもって教育すること、めざす人間像を鮮明にして効果的に教育すること、また教育の成否の評価をより細やかに行って、その評価に基づく保育の改善を積極的に行うこと（カリキュラム・マネジメント）等」[2]の重要性を示しました。

　そこで、幼稚園、保育所、認定こども園等においても、教育改革の一端を担う施設であることが位置づけられ、今回の改訂（定）において、特に 3 歳以降の教育・保育のねらいや内容、方法等、保育の実践に関する記述について、整合性が図られました。つまり、3 歳以降では「育みたい資質・能力」に基づくねらいや「幼児期の終わりまでに育ってほしい姿」が記され、幼稚園、保育所、認定こども園等のいずれにおいても保育の計画を立てる際に留意するべき内容として、あるいは、保育を行う際に意識すべきこととなりました（第 1 章 p.14 参照）。

　乳幼児期の子どもは、生活や遊びを通して、環境に関わって様々な活動を展開し育っていきます。保育者には、子どもたちの自発的で主体的な活動としての遊びを尊重し、総合的な指導を行うことが求められています[3]。従って、教育課程・保育の全体的な計画は、子どもの発達過程を踏まえて、家族や地域の実態を把握しつつ、園での生活の全体を通して保育が総合的に展開するように編成されることが重要です。

② 各園の教育目標

　ここでは、編成の基本や要件について、幼稚園での教育課程編成と、幼稚園教育要

---

1)　文部科学省（2016）幼稚園、小学校、中学校、高等学校及び特別支援学校の学習指導要領等の改善及び必要な方策等について（答申）（中教審第 197 号）
　　http://www.mext.go.jp/b_menu/shingi/chukyo/chukyo0/toushin/1380731.htm（2023/11/20）
2)　汐見稔幸・無藤隆（監修）（2018）.〈平成 30 年施行〉保育所保育指針 幼稚園教育要領 幼保連携型認定こども園教育・保育要領 解説とポイント　ミネルヴァ書房，p.46
3)　幼稚園教育要領、認定こども園教育・保育要領では、幼児教育における学び（遊び）は「主体的・対話的で深い学び」として示されました（第 4 章 p.81 参照）。

領を例にしながら考えていきます。

　幼稚園教育要領に示された、生きる力の基礎を培うために「育みたい資質・能力」の3つの柱を踏まえ、保育内容の5領域のねらいと内容をおさえて、各園の教育目標を明確にします。

　また、総則に示される「幼児期の終わりまでに育ってほしい姿」の10の姿も踏まえ、具体的な活動をイメージしながら編成していきます。「幼児期の終わりまでに育ってほしい姿」は、到達目標というよりは、幼稚園教諭（保育者）が日常的に配慮して育てていきたい子どもの育ちのプロセスととらえましょう。

　さらに、教育課程に係る教育時間の終了後等に行う教育活動（いわゆる預かり保育）の計画、学校保健計画、学校安全計画とも関連させ、一体的に教育活動が行われることが求められています[4]。

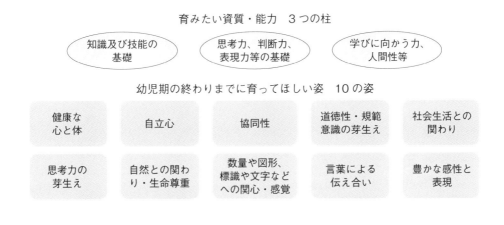

③ 教育課程の編成上の基本的事項

　幼稚園教育要領では、幼児期の発達の特性を「自我が芽生え、他者の存在を意識し、自己を抑制しようとする気持ちが生まれる」としています[5]。

　3歳以上児の子どもの発達の特徴を反映させながら、編成します。

④ 教育課程の編成上の留意事項

　幼児の生活は、様々な過程を経ながら展開しているものであることを考え、活動がそれぞれの時期にふさわしく展開されるように編成します。

　特に、幼児期の発達の特性である、自我が芽生え、他者の存在を意識し、自己を抑制しようとする育ちを踏まえ、3歳児、4歳児、5歳児と進級するにつれて、個から

---

[4]　保育所保育指針では、「全体的な計画は、保育所保育の全体像を包括的に示すものとし、これに基づく指導計画、保健計画、食育計画等を通じて、各保育所が創意工夫して保育できるよう、作成されなければならない」としています。

[5]　保育所保育指針や幼保連携型認定こども園教育・保育要領には、乳児期および3歳未満（認定こども園は満3歳未満）の子どもについて、保育に関わる「ねらい及び内容」の「基本的事項」に発達の概要が記されています（コラム「3歳児クラスの満3歳児」p.49参照）。

集団への意識の広がりと活動の深まりをとらえて編成します。たとえば、5歳児の学級全体で目的をもって協同的な活動をしていく等の遊びの展開が示される必要があります。また、満3歳児については学年の途中から入園することを考慮し、幼児が安心して園生活ができるように配慮する必要があります。

⑤ **小学校教育との接続にあたっての留意事項**

「幼稚園教育が、小学校以降の生活や学習の基盤の育成につながること」を考えて編成します。「幼児期にふさわしい生活を通して、創造的な思考や主体的な生活態度などの基礎を培う」ことは、幼稚園、保育所、認定こども園またその他の就学前の子どもが生活する場所では、共通に重要なことです。

2. 編成の手順

編成の方法については、園の状況によりますが、次のような手順が考えられます。
① 各法令に基づいて幼稚園教育の基本、保育所保育の基本、認定こども園の教育・保育の基本について、職員間の共通理解を図る
② 子どもの実態、子どもを取り巻く家庭や地域の実態、保護者の意向、社会の要請等を把握する
③ 教育理念・保育理念や保育目標・保育方針について、職員間の共通理解を図る
④ 子どもの発達過程を見通し、それぞれの時期にふさわしい具体的なねらいや内容を一貫性をもって組織する。目標をどのように達成するか見通しをもって編成する
⑤ 子どもの発達状況や生活経験、家庭の状況等に配慮し、それぞれにふさわしい生活を組み立てられるよう、目標達成へのプロセスを明確にする
⑥ 教育課程、保育の全体的な計画等に基づいて、保育の経過や結果を省察・評価し、改善して次の編成に生かす

具体的には以下のように進めます。
❶ 全ての園で園長を中心に職員全員で1つ編成する
❷ 園の全ての子どもを対象とした全体計画にする
❸ その園の目標や保育の方針を立てる
❹ 年間の主な保育内容を構成する
❺ 家庭や地域との連携の方針を考える

あなたの実習園の教育課程、保育の全体的な計画等を調べてみましょう。
その際、前述の❷〜❺が含まれているかチェックしましょう。

3. 実態の捉え方

　実際の編成では、基本的に踏まえるべきことは共通であっても、園を取り巻く様々な条件があり、その実態に合わせて独自性をもたせた教育課程、保育の全体的な計画等が編成される必要があります。前述したように、園の子どもの実態、子どもを取り巻く家庭や地域の実態、保護者の意向、社会の要請等を把握していきます。

　また、園の教育目標や保育目標などの全体の方針は、地域にも発信し、理解を得て連携・協力して子どもを育ていくことも求められています[6]。

① 子どもの実態

　子どものもつ興味や関心、年齢比、それまでの経験の違い、発達の様子などです。クラスの中の月齢の違いや男女比、きょうだい数なども関連するかもしれません。子どものいろいろな育ちの中で、障害があったり、アレルギーなどの困難さがある子どももいます。「園の全ての子ども（と保護者）」を意識していくことが重要です。

② 園の実態

　建物の広さや設備といった物理的な要件や、職員数、職員の構成、クラス数など人的な要件があります。特に職員の構成は、複数で保育を行うことの多い保育所や認定こども園では、保育者チームを考える視点がいるでしょう。

③ 地域の実態

　地域の自然環境や地域の文化、人口や人口比等です。数世代にわたる大家族が多いのか、核家族が多いのか、商業地域か農漁村かなど、子どもの育つ環境はどうでしょうか。園以外での、友達と遊ぶ体験やお稽古事などはどうなのか、保護者の願いも含めて考えます。

④ 社会の変化

　社会の変化も要件の1つです。現代社会は子育ち・子育てのしにくい環境にあるといわれています。少子化による友達と遊び経験の減少、小さいころからのIT体験、狭い人間関係、少ない生活体験など、「幼児期にふさわしい生活」を改めて考えていく必要があります。

> 自分の住んでいる「地域の実態」「地域の文化」「地域の資源」について調べてみましょう。

---

6) 園だよりやウェブサイト、公開保育など。

第3章　教育課程および全体的な計画等の編成の実際

4. 教育課程・保育の全体的な計画の実際

（1）幼稚園の教育課程

　幼稚園教諭は、その園で編成された教育課程をもとにして指導計画等を作成します。また、教育課程そのものを改訂する作業に関わることもあるかもしれません。

　ここでは、教育課程が編成されていく様子を知るために、ある幼稚園（以降、A幼稚園）の事例を紹介します。教育課程編成の実際の流れをここで感じてほしいと願います。

①「教育課程編成委員会」結成！

　A幼稚園の園児は、年少2クラス（約20名×2）、年中3クラス（約25名×3）、年長3クラス（約25名×3）の合計約200名で、地域では少し大きな幼稚園と認識されています。園は都会から少し離れた郊外にあり、まわりには田畑が広がっています。すぐ手前の田んぼでは、ザリガニを捕まえたり、稲穂をいただいたり、収穫後の田んぼで七草探しをしたりと、四季折々の豊かな自然を子どもが感じることができます。また、A幼稚園からほどなく離れた場所には、同じ学校法人によるもう2つの幼稚園があります（それぞれB幼稚園、C幼稚園とします）。

　2008（平成20）年告示の幼稚園教育要領の第4次改訂を間もなく迎えるころ、それに伴って、A幼稚園では教育課程を再編成することにしました。そして間もなく、「教育課程編成委員会」が結成されました。

　A幼稚園、B幼稚園、C幼稚園の3つの園は、共通の教育課程[7]を使用しており、今後も共通の教育課程を使用することとしています。3つの園は別々の場所にありますので、当然、それぞれの園に特色があります。それを、各幼稚園の独自性として共通の教育課程の中に別枠を設けて記載することになりました。

　教育課程編成委員会の委員は、3つの園の教職員から次のような人選をA幼稚園の園長が行いました。

○委員長（1名）：A幼稚園園長
○副委員長（2名）：B・C幼稚園園長、A・B・C幼稚園副園長
○委員（12名）：
　A幼稚園主任、B幼稚園主任、C幼稚園主任
　〈1〉A幼稚園年少主任、B幼稚園年少主任、C幼稚園年少主任
　〈2〉A幼稚園年中主任、B幼稚園年中主任、C幼稚園年中主任
　〈3〉A幼稚園年長主任、B幼稚園年長主任、C幼稚園年長主任

---

7)　3つの園の教育課程の共通部分は、教育目標、年間目標、子どもに期待する姿、ねらい、環境構成、指導内容の視点、生活習慣、家庭や地域との連携、主な行事などです。

この委員会において、次の通り計画を立てたうえで教育課程を見直す作業に入りました（下記「作業内容」参照）。

なお、委員のうち〈1〉のグループが年少の教育課程の作業を担当することになりました。同様に〈2〉のグループが年中、〈3〉のグループが年長を担当しました。また、各幼稚園主任は全グループを巡回しながら随所でアドバイスをしていきました。

☆ 作業内容 ☆

○ 新幼稚園教育要領、新旧対照表等を確認しながら討議を行う。

○ 教育課程を学年グループごとに見直す。

○ 以下３つの資料を用いる。

　　資料 a：現在使用している教育課程

　　資料 b：ある研究会で作成された教育課程

　　資料 c：保育雑誌に掲載されている教育課程

○ グループ内で討議しながら３つの資料より適切なものを選び、表現を自園に合うように修正し、教育課程の白紙の用紙に直接書き込んでいく。

○ 討議の柱は次の３つとする。

　・資料 a に基づく、自園で自身がこれまで行ってきた保育の振り返り

　・資料 a には記載されていないものを資料 b・c より見付け、その検討

　・どの資料にも記載されていない、各幼稚園の独自性

このような作業内容が、週に１回、15 時から 16 時 30 分まで、A 幼稚園にて委員長・副委員長を中心に行われました。そして、全 5 回におよぶ作業の末にできあがった、書き込んだ字で用紙が真っ黒になった教育課程が、副委員長の手によりパソコンに打ち込まれ、ようやく完成です。

第3章 教育課程および全体的な計画等の編成の実際

コ ラ ム 研究会とは？

　保育者は地域の研究会に参加することがあります。園の代表として参加する場合や、大きな研究大会に全員で参加する場合もあります。

　ある地域の幼稚園協会では、2年間の継続研究として、教育課程研究委員会を発足しました。委員は園長、教職員、大学教員など10名程度で構成しました。ここでは以下の要領で教育課程の研究を進めていきました。

①2つのグループに分かれて、架空の幼稚園（都会にある幼稚園、自然豊かな幼稚園の2園）を設定

②それぞれの幼稚園をイメージしながら教育課程を作成

③作成後、発表し合い、よりよい教育課程となるよう討論を重ねる

研究会の締めくくりとして、研究大会などに参加し発表することもあります。

② 教育課程の内容の検討（子どもの実態）

　教育課程の再編成作業における1コマ、2コマをここに抜粋してみます。こういった話が委員会内で実際に交わされながら、教育課程ができあがっていくかもしれません。まずは1コマ目…。

☆ 道徳性の芽生えって大切じゃない？ ☆

裕子先生「古い幼稚園教育要領（1998〈平成10〉年 第3次改訂）に書いてある『道徳性の芽生え』っていう言葉が、新しい方には書いてないんだけど」

直樹先生「どれどれ？…〔幼稚園教育要領の新旧対照表を確認する〕…たしかになくなってるねえ」

絵美先生「その言葉（道徳性の芽生え）ならここに書いてありますよ」

〔グループ内全員で絵美先生の指さす、2008〈平成20〉年改訂の幼稚園教育要領第2章 ねらい及び内容　人間関係　3 内容の取扱い　（4）を確認する〕

直樹先生「ちょっと読んでみようか。『道徳性の芽生えを培うに当たっては、基本的な生活習慣の形成を図るとともに（〜中略〜）特に、人に対する信頼感や思いやりの気持ちは、葛藤やつまずきをも体験し、それらを乗り越えることにより次第に芽生えてくることに配慮すること』…とあるね」

裕子先生「道徳性の芽生えって簡単にいうと、善悪の判断を子どもがどう行うか、それを私たちが引き出すってことよね？」

絵美先生「そうとらえることもできるけど、もう少し手前でいいんじゃないかな。子ども同士がトラブルの中でモヤモヤした感情を経験するとか…」

4．教育課程・保育の全体的な計画の実際

直樹先生「そう、それ！それが葛藤だよね？」

裕子先生「そうかあ。葛藤を経験することそのものが道徳性の芽生えということもできるのかあ」

絵美先生「そのとらえ方のほうが私たちにとってしっくりこない？」

一同「そうそう！」

裕子先生「…古い方には幼稚園教育の目標にあったこの言葉が、新しい方には人間関係のところに書いてあるのかあ」

裕子先生「でも、とても大切な言葉だと思うの。うちの幼稚園では道徳性の芽生えについてどう考えているのか、少しまとめてみない？」

直樹先生「了解！今すぐ打ち込んでみよう！」

〔グループ内で討議しながら、直樹先生がパソコンに打ち込んでいる〕

直樹先生「よし、大体これでいいかな。すぐ印刷してみよう」

一同「ありがとう！」

印刷した結果は以下の通りです。なお、これはあくまで一例です。

道徳性の芽生え

	年少	年中	年長	
Ⅰ期（4〜5月）	園生活を送る中で善悪の区別を付ける。	してほしいことや困ったことなどを、保育者に伝えようとする。	友達と楽しく生活する中で、きまりの大切さに気付く。	Ⅰ期（4〜5月）
Ⅱ期（6〜7月）	友達とのぶつかり合いの中で、それぞれの主張や気持ちを十分に表現しながら、友達との関わり方に気付いていく。	してほしいことや、いやなこと、困ったことなどを、友達や保育者に伝える。	自分の言いたいことを分かるように話すとともに、友達の話すことも注意して聞く。	Ⅱ期（6〜7月）
Ⅲ期（9〜12月）	仲間意識が芽生え、ごっこ遊びなどを楽しむが、自己主張の衝突からトラブルがおこる。その中で相手の感情にも徐々に気付く心を養う。	生活する中で、よいこと、悪いことに気付き行動する。	仲間意識が高まり、考えを出し合って遊んだり、目標に向かって取り組んだりする。	Ⅲ期（9〜10月）
Ⅳ期（1〜3月）	クラスという1つの集団として、一緒に行動することに慣れる。年長児や年中児の真似をしたり、仲間に入れてもらったりして仲良く遊ぶ。	皆と一緒のことをする中で、時には我慢をしたり、受け入れたりする。	仲間意識が高まり、クラスがまとまる。	Ⅳ期（11〜12月）
			友達のよさを認め合い、力が発揮できる。	Ⅴ期（1〜3月）

45

第3章　教育課程および全体的な計画等の編成の実際

③ 教育課程の内容の検討（園の実態）

　次に2コマ目…。前述の通り、この幼稚園では3つの園が共通の教育課程を編成しています。そして共通していない部分として、3園の独自性について討論を重ねています。

> ## ☆ 3園の独自性について ☆
>
> **直樹先生**「それぞれの幼稚園で『これだけは負けない！』っていう特徴をみんなであげていってみようよ」
>
> **絵美先生**「私のB幼稚園には、畑があるわ。石井さん（バスの運転手）がずっと面倒をみてくれているの」
>
> **裕子先生**「私のC幼稚園は、地域とのつながりがほかの幼稚園と比べて濃い感じがするわ。新興住宅地の中にある幼稚園だから、まわりの人たちからたくさんの行事に（子どもが）お呼ばれしているわ」
>
> **直樹先生**「うちのA幼稚園は、何といってもプレイデイだね。園内のあらゆる所にいろんな遊びを用意しておいて、そこに子どもが自由に遊びに来るんだ。学年も関係なしに…本当に自由に子どもが幼稚園中を遊びまわっている姿を見ると、こっちまで楽しくなってくるよ。遊びがつまらなくなれば自由にそこを去っていくしね」
>
> **絵美先生**「ずるいなあ。そんなにベラベラと。こっちのB幼稚園だって、オープン保育っていう名前で同じようなことやっているわよ。直樹先生の園より狭いから…ちょっとこじんまりしちゃう感じ。そう考えるとやっぱり畑があることが大きいな。他の園にはないってことが分かってるし」
>
> **裕子先生**「…うちではそれ、なかよしプレイデイかな。A幼稚園と違って学年ごとになっちゃうけど」
>
> **直樹先生**「あとね…僕がここに来てからはファミリープレイデイを企画したよ。昔遊びを園内のあらゆる所に設定して、それを子どもが自由に楽しむっていう。昔遊びだから、子どものおじいちゃんやおばあちゃんも呼んでるよ」
>
> **絵美先生**「〔少し引き気味に〕…分かったから、そろそろまとめない？」
>
> **裕子先生**「〔こちらも引いている〕…そうそう。もう十分、分かったわ」
>
> **直樹先生**「了解！すぐまとめてみよう！」

まとめた結果は次の通りです。

4. 教育課程・保育の全体的な計画の実際

各幼稚園の独自性

	A 幼稚園	B 幼稚園	C 幼稚園
I期	プレイデイ お散歩 アサガオ植え	畑を通して、作物の生長の様子を観察しながら、自然に関心をもてるようにする。 オープン保育を通して、自然の中で他学年との交流を深める。	こいのぼりづくり…地域との関わりとともに季節行事に学年、クラス、園で参加する。 園外保育…遠足に向けての歩行練習とともにクラス行動を通して連帯感を深める。 ワイワイワールド…園内の行事・様子を聞くことにより、園生活に関心、理解を示す。
II期	ふれあいバザー ケアセンター訪問…お年寄りとの交流を深める カレーパーティー 水遊び 砂場の水遊び 夏の不思議発見	オープン保育を通して、友達と共通の目的をもって活動する楽しさを知る。	なかよしプレイデイ…園生活に慣れてきたので、より深い交流をもてるよう、学年単位で集団遊びを行う。 七夕まつり…季節行事に親しむとともに、たんざくづくりを通して自分の思いを表現する。
III期	ファミリープレイデイ…昔あそびなどを通して親子、祖父母との交流を深める プレイデイ チューリップ球根植え お散歩	オープン保育を通して、地域との交流を深めたり、園外や自然の中で新しい発見をする。	お店やさんごっこ…新入の子どもとともにごっこ遊びを楽しむ。 おいもパーティー…自分で掘ったおいもを食べ、収穫を喜ぶ。 お月見パーティー…十五夜の意味を知り、おだんごづくりを楽しむ。 おもちつき…自分の力でついたという満足感を味わい、食べる喜びを共感する。 なかよしプレイデイ…ルールのある遊びでより大きな遊びに取り組む。
IV期	冬の遊び発見 ジャガイモの苗植え ファミリープレイデイ	オープン保育を通して、多くの友達と触れ合い、のびのびと遊ぶ。	どんどやき…1年を新しい気持ちで迎える。 なかよしプレイデイ…よりダイナミックな遊びに取り組む。 チューリップ球根植え…育てる喜びや心を育てる。 お別れ遠足…1年間園生活を送った友達と楽しく過ごす。

47

第3章　教育課程および全体的な計画等の編成の実際

④ 教育課程そのものを見てみましょう

それでは、再編成が完了した教育課程の例を見ていきましょう。

その際に注目すべきポイントを次に示します。

教育課程の注目ポイント

A 幼稚園　満3歳児の教育課程

教育目標		幼児期に育む「生きる力」　健康・安全な生活に必要な習慣や態度を身に付ける。				
年間目標		• 園での基本的な生活の流れを知る。　　• 安心できる友達関係を築く。				
子どもに期待する姿		• 食事、排泄の生活習慣や衣服の着脱など自分だけでできることが増える。 • 園内を自由に歩き回り、走る、跳ぶなどを楽しみながら行う。				
期		I期		II期		
月		4	5	6	7	8
ねらい		新しい環境になじみ、安定した気持ちで過ごす。		夏の自然に触れ、夏の遊びを楽しむ。		
環境構成		• 靴箱・ロッカーなどに自分の場所だと分かるようなしるしを付け、持ち物の整理ができるようにする。 • 食事や排泄の仕方を繰り返しながら、正しい仕方が身に付くようにする。 • 一人一人を温かく受け入れ、小さなサインにも対応する。 • 家庭にあるように玩具を置いたり、遊びかけの状態にする。				
指導内容の視点	健康 人間関係 環境 言葉 表現	• 楽しい雰囲気の中、友達や保育者と一緒に食べる。 • 一人一人の気持ちを受けとめ、安心できる雰囲気の中で食事ができるようにする。 • 保育者や友達の名前を知る。 • 保育者と一緒に好きな遊びを楽しむ。 • 絵本や紙芝居を見たり聞いたりして楽しむ。 • 名前を呼ばれたら返事をする。 • 持ち物の置き場を知る。 • 自分の持ち物の管理を保育者の援助を得ながら行う。		• 給食指導を通じて、自分で食べようとする。 • 好きな遊具の使い方や名前を知る。 • 体を動かして遊ぶ楽しさを味わう。 • 好きな歌を歌う。 • 簡単な手遊びを楽しむ。 • 砂・石・土・水などを使って遊ぶ。 • 友達に関わろうとする。		
特色教育	道徳性の芽生え	• 安心できる保育者との関わりの中で、よいことと悪いことを少しずつ知る。				
	安全教育との関わり	• 園バスの乗降の仕方、バスの中での過ごし方などを知る。 • 遊具の遊び方を知る。 • 知らない人には付いていかない。				
生活習慣		• 食事を椅子に座って食べる。 • トイレの場所を覚える。 • 保育者の援助を得ながらトイレでの排泄に慣れようとする。 • 衣服の着脱、靴のはきかえを保育者と一緒に行う。 • 食事の準備や片付けをしようとする。				
各幼稚園の独自性		• プレイデイ…他学年との関わりを楽しむ。 • アサガオの種まき、観察…季節の草花を育てる。 • ケアセンター訪問、施設見学…地域のお年寄りと交流し触れ合う。 • カレーパーティ…季節の野菜や収穫したジャガイモなどを食材として扱う。 • お散歩　• ジャガイモ掘り　• 田植えを見る。				
家庭や地域との連携		• 保護者が安心できるように、登降園時などで、園での姿を伝える機会を多くもつ。				
主な行事		入園式、春の遠足、なかよし運動会、ふれあいバザー、七夕発表会、夏期保育				
特別支援		• 特別な配慮を要する子どもについては、個々に応じた指導内容や指導方法の工夫を、計画的・組織的に行う。				

「子どもに期待する姿」は、子ども全員の到達目標ではないため、「期待する姿」としている。

「指導内容の視点」は、幼稚園教育要領の5領域の「ねらい」と「内容」をおさえたうえで、あえて領域ごとに分けずに記載した。

「特色教育」は、この園の特色である「道徳性の芽生え」と「安全教育との関わり」を盛り込んでいる。

「各幼稚園の独自性」は、A幼稚園、B幼稚園、C幼稚園それぞれの独自の取り組みを盛り込んでいる。

コラム　3歳児クラスの満3歳児

　3歳児クラスは、学年の始まりの4月に満3歳台である子どもが対象となるクラスです。前月の3月に満3歳になったばかりの3歳0か月の子どもから、4月にすぐ満4歳になる子どもが集まっています。幼稚園教育要領では、教育課程の編成にあたって、3歳児の入園については家庭との連携を密にし、生活のリズムや安全面に十分配慮することが必要であるとされています。

　満3歳児というのは、生活年齢のことで、誕生日がきて3歳になったということです。幼稚園は生活年齢満3歳から入園できるので、年度の途中からクラスに入ってくるということがありえます。そうした子どもも安心して幼稚園の生活ができるように援助していきます。

　また、保育所で、0歳児クラスに配属された実習生が、0歳児なのに歩いたり話したりしてびっくりした、という話を聞きます。△歳児クラスと満△歳児は間違いやすいので、エピソード記録や指導計画案の作成時には、十分注意しましょう。特に年度の後半は、発達の様相についてよく考えてみましょう。

第3章　教育課程および全体的な計画等の編成の実際

A幼稚園　満3歳児の教育課程

教育目標	幼児期に育む「生きる力」　健康・安全な生活に必要な習慣や態度を身に付ける。				
年間目標	・園での基本的な生活の流れを知る。　　・安心できる友達関係を築く。				
子どもに期待する姿	・食事、排泄の生活習慣や衣服の着脱など自分だけでできることが増える。 ・園内を自由に歩き回り、走る、跳ぶなどを楽しみながら行う。				
期	Ⅰ期		Ⅱ期		
月	4	5	6	7	8
ねらい	新しい環境になじみ、安定した気持ちで過ごす。		夏の自然に触れ、夏の遊びを楽しむ。		
環境構成	・靴箱・ロッカーなどに自分の場所だと分かるようなしるしを付け、持ち物の整理ができるようにする。 ・食事や排泄の仕方を繰り返しながら、正しい仕方が身に付くようにする。 ・一人一人を温かく受け入れ、小さなサインにも対応する。 ・家庭にあるように玩具を置いたり、遊びかけの状態にする。				

指導内容の視点	健康 人間関係 環境 言葉 表現	・楽しい雰囲気の中、友達や保育者と一緒に食べる。 ・一人一人の気持ちを受けとめ、安心できる雰囲気の中で食事ができるようにする。 ・保育者や友達の名前を知る。 ・保育者と一緒に好きな遊びを楽しむ。 ・絵本や紙芝居を見たり聞いたりして楽しむ。 ・名前を呼ばれたら返事をする。 ・持ち物の置き場を知る。 ・自分の持ち物の管理を保育者の援助を得ながら行う。	・給食指導を通じて、自分で食べようとする。 ・好きな遊具の使い方や名前を知る。 ・体を動かして遊ぶ楽しさを味わう。 ・好きな歌を歌う。 ・簡単な手遊びを楽しむ。 ・砂・石・土・水などを使って遊ぶ。 ・友達に関わろうとする。
	特色教育 道徳性の芽生え	・安心できる保育者との関わりの中で、よいことと悪いことを少しずつ知る。	
	安全教育との関わり	・園バスの乗降の仕方、バスの中での過ごし方などを知る。 ・遊具の遊び方を知る。 ・知らない人には付いていかない。	

生活習慣	・食事を椅子に座って食べる。 ・トイレの場所を覚える。 ・保育者の援助を得ながらトイレでの排泄に慣れようとする。 ・衣服の着脱、靴のはきかえを保育者と一緒に行う。 ・食事の準備や片付けをしようとする。
各幼稚園の独自性	・プレイデイ…他学年との関わりを楽しむ。 ・アサガオの種まき、観察…季節の草花を育てる。 ・ケアセンター訪問、施設見学…地域のお年寄りと交流し触れ合う。 ・カレーパーティー…季節の野菜や収穫したジャガイモなどを食材として扱う。 ・お散歩　・ジャガイモ掘り　・田植えを見る。
家庭や地域との連携	・保護者が安心できるように、登降園時などで、園での姿を伝える機会を多くもつ。
主な行事	入園式、春の遠足、なかよし運動会、ふれあいバザー、七夕発表会、夏期保育
特別支援	・特別な配慮を要する子どもについては、個々に応じた指導内容や指導方法の工夫を、計画的・組織的に行う。

4. 教育課程・保育の全体的な計画の実際

A幼稚園　満3歳児の教育課程（続き）

• 体を自由にたくさん動かして楽しい気持ちで園生活を送る。

子どもに期待する姿			• 子ども同士で関わり始める。その中で友達関係を築けるようになる。				• イメージする力が芽生え、ごっこ遊びなどを楽しむようになる。 • 様々な素材に触れながら、ものをつくる遊びを楽しむようになる。		
期			Ⅲ期				Ⅳ期		
月			9	10	11	12	1	2	3
ねらい			• 様々な行事や遊びを通して他者との関わりを楽しむ				• 遊具などを利用しながら、運動や遊びを行うことで身体のバランスを培う。 • 園での基本的な生活ができる。		
環境構成			• 保育者は子どもの話そうとする気持ちに寄り添う。 • 運動会の準備による、生活リズムの乱れや、活動の偏りがないよう留意する。 • 園外の様々な場所で自然に触れて楽しめるようにする。				• 様々な遊びが発展しやすく、かつ、より楽しくなるように、材料や遊具の準備、配置に気を付ける。 • 保育者も仲間になったり、遊びのヒントを出したりする。 • 飼育や栽培の世話がしやすいよう、用具は子どもが扱いやすい物を用意する。		
指導内容の視点	健康 人間関係 環境 言葉 表現		• ままごとやお店やさんごっこをしながら食べ物への関心をもつ。 • スプーンやフォークなどを正しく使う。 • こぼさずに食べることができるよう援助する。 • 様々な遊具に自分から興味をもち遊ぶ。 • 園生活の中でルールを知り、それを守ろうとする。 • 保育者や友達の名前に興味をもち、名前を呼び合う。 • 好きなものに対し大切にする気持ちをもつ（愛着）。 • 簡単な音楽に合わせて、歌ったり踊ったりすることを楽しむ。 • 様々な材料で何かをつくり、できたもので遊ぶ。				• 食前、食後の手洗い・消毒や口ふきを行うことによる気持ちよさを知り、自分からきれいにしようとする。 • 進級への期待をもつ。 • 保育者と一緒に後片付けをしながら、自分でできたことに対して自信がもてるようになる。 • 一日の生活の流れを理解しながら、自らもそれに沿って行動しようとする。 • 好きな音楽に合わせて歌ったり、リズムに乗って動いたりする。 • 気の合った友達と一緒に遊ぶ。 • 好きなものをつくり、できたもので遊ぶ。		
	特色教育	道徳性の芽生え	• 日常生活の中で挨拶を交わす。				• 自然な生活の流れを大切にする。		
		安全教育との関わり	• 交通安全指導などを通して、交通ルールを理解しようとする。				• 暖房、換気、寒さへの対応など安全環境に留意する。		
生活習慣			• 衣服の着脱の仕方を知るようになり、自らしようとする。 • 体の汚れや衣服の汚れに気付くようになる。				• 排泄を事前に保育者に知らせて、ひとりでできるようになる。 • 生活に必要な習慣が身に付く。 • 簡単な衣服は自分で着脱できるようになる。 • 手洗いを保育者の呼びかけで行う。		
各幼稚園の独自性			• プレイデイ…昔遊び（身近な祖父母・お年寄りから遊びを学び、親を大切にする気持ちを育てる）。 • チューリップの球根植え　• サツマイモ掘り • 稲刈りの後の田んぼで虫取りをする。 • ファミリープレイデイ…昔遊びを地域の方々と一緒に体験する。先人の知恵を知る。				• ジャガイモ植え付け • ケアセンター訪問、施設見学…地域のお年寄りと交流し触れ合う。 • 早春の田んぼで遊ぶ。 • チューリップの観察。		
家庭や地域との連携			• 家庭や様々な場で使われる道具を使う機会をもつ。				• 地域で異年齢の子どもと遊ぶ。		
主な行事			運動会、おいもほり、造形展、おもちつき、クリスマス誕生会				音楽舞踊発表会、お別れ遠足、修了式		

• 関係機関と連携した支援のための計画を、個別に作成する。

第3章　教育課程および全体的な計画等の編成の実際

A幼稚園　3歳児の教育課程

教育目標		幼児期に育む「生きる力」　健康・安全な生活に必要な習慣や態度を身に付ける。	
年間目標		・園での基本的な生活の流れが分かるようになり、自分から様々なことに取り組もうとする。 ・体を自由にたくさん動かして様々な遊びを楽しむ。	
子どもに 期待する姿		・保育者との楽しい関わりの中で、少しずつしてほしいことを表情や態度、時に言葉などで伝えられるようにする。 ・基本的生活習慣を自分なりにしようとする。	
期		I期	
月		4	5
ねらい		・安心して登園できるよう、保育者や友達に親しみ、信頼感をもつ。 ・身近な小動物や園庭の草花に親しみをもつ。 ・園生活の流れを知り、少しずつその生活を楽しむ。 ・遊具に興味をもち、自分から遊ぶ。	
環境構成		・靴箱・ロッカーなどに自分の場所だと分かるようなしるしを付け、持ち物の整理ができるようにする。 ・食事や排泄の仕方を繰り返しながら、正しい仕方が身に付くようにする。 ・一人一人を温かく受け入れ、小さなサイン（ふとした表情、ちょっとした態度）にも対応する。 ・家庭的な雰囲気で玩具を置いたり、遊び途中の状態にしたりする。	
指導内容の視点	健康 人間関係 環境 言葉 表現	・保育者や友達と一緒に食べることで楽しい気持ちになる。 ・園生活における基本的生活習慣の方法を知り、自分でしようとする。 ・遊具で遊び、その使い方を知る。 ・保育者や友達と触れ合い仲良く遊ぶ。 ・保育者と一緒にいることで安心する。 ・自分のクラスが分かり、担任や友達を覚え親しむ。 ・保育者や友達と手遊びや歌を楽しむ。 ・自分と他人の持ち物を区別し整理する場所を知り、身のまわりの簡単なことを自分でしようとする。 ・土、砂などの感触を楽しむ。 ・園内の草花や小動物、昆虫などを見たり触れたりする。 ・保育室の好きな遊具で安心して遊ぶ。 ・挨拶や返事をするようになり、自分の名前を言おうとする。 ・友達や保育者が話をしているときは耳を傾けようとする。 ・初めて出会う教材や素材に触れ、その感触を楽しむ。 ・知っている歌や新しい歌を楽しく歌う。 ・したいこと、してほしいことを保育者に表情や態度、時には言葉で伝えようとする。	
特色教育	道徳性の 芽生え	・新しい友達ができ、園生活を送る中でルールがあることに気付く。	
	安全教育 との 関わり	・戸外の遊具・砂場・保育室を整備し、子どもが保育者と一緒に行動することで安全に使えるよう留意する。 ・園バスでの乗り降りや、バスの中でのルールを知る。	
生活習慣		・保育者と一緒にトイレに行くことでその場所を覚える。 ・衣服の着脱、靴のはきかえを保育者と一緒にする。 ・自分と他人の物の区別が付き、整理する場所を知る。 ・園での基本的生活習慣を覚え、できることは自分でしようとする。	
各幼稚園の 独自性		・プレイデイ…低学年との関わりを楽しむ。　　・お散歩 ・アサガオの種まき…季節の草花を育てる。　　・田植えを見る。	
家庭や地域 との連携		・保護者の生活を理解し、子育ての喜びや悩みなどに共感を示して信頼関係を築いていく。 ・保護者が安心できるよう、登降園時に家庭の様子を聞いたり、園での姿を伝える。 ・家庭での生活経験の差や生活のリズムをよく把握したうえで適切に配慮する。 ・保育相談を行う（5月中旬）。	
主な行事		入園式、春の遠足、なかよし運動会	
特別支援		・特別な配慮を要する子どもについては、個々に応じた指導内容や指導方法の工夫を、計画的・組織的に行う。	

4．教育課程・保育の全体的な計画の実際

A幼稚園　3歳児の教育課程（続き）

- 人的環境と親しみながら安心して自分が好きな遊びに取り組む。
- 自分なりの言葉で伝えたり、様々な手法で表現したりする。

子どもに 期待する姿	• 保育者に甘えたい気持ちがありつつも、自分でしようとする気持ちをもつ。 • 遊具や玩具に興味を示し、友達と一緒に好きな遊びをするようになる。自分で遊びを選び、遊びの場や内容を広げるようになる。		
期	Ⅱ期		
月	6	7	8
ねらい	• 保育者のしていることに興味をもち、同じ遊びをすることで安心しながら取り組む。 • 七夕発表会を通して、日本の伝統行事に触れる。 • 友達と触れ合いながら体を使った遊びを楽しむ。 • 簡単な基本的生活習慣を自分で行う。　• 遊びや生活にはルールがあることを少しずつ知る。		
環境構成	• 保育者や友達の遊んでいる様子から、遊びに関心をもつよう誘ったり、仲介をしたりする。 • 個々に応じて援助しながら、なるべく自分でできることは自分でしていく気持ちを育てる。 • 子どもの話そうとする気持ちを共感をもって受けとめ、たくさんほめる。		

指導内容の視点	健康 人間関係 環境 言葉 表現	• 園生活での食事の仕方を知る。　• 手洗いの仕方がきちんと身に付く。 • 食事、排泄、衣服の着脱など自分でできることはひとりでしようとする。 • 固定遊具の遊びなどで思い切り体を動かす。 • 自分の好きな遊びを選び、楽しんで遊ぶ。 • 保育者の動きや楽しそうな雰囲気をきっかけにして、様々な遊びに加わる。 • 気に入った友達と触れ合う。 • 友達と一緒に体を動かしたり、リズムに合わせて踊ったりすることを楽しむ。 • 欠席の友達を心配する。 • オタマジャクシ（カエル）、カタツムリなどの小動物に興味をもつ。 • 七夕に興味をもち、短冊や七夕飾りづくりを楽しむ。 • 水、泥、砂などの自然に触れる遊びを楽しむ。 • じょうろや廃材を利用して水遊びを楽しむ。　• プール遊びを通して、少しずつ水に慣れる。 • 保育者と一緒に昆虫や小動物の世話をする。 • 遊びの中で「貸して」「入れて」「ありがとう」などの言葉を覚えて使う。 • 自分の見たこと、聞いたこと、したことなどを保育者や友達に話そうとする。 • 自分から絵本に興味をもつ。 • 様々な材料や用具でかいたりつくったりして、表現する楽しさを知る。 • 新しい歌を覚えて友達と一緒に歌ったり、様々なリズム楽器に触れて音を出したりして楽しむ。
特色教育	道徳性の 芽生え	• 友達とのぶつかり合いの中で、それぞれの主張や気持ちを十分に表現しながら、友達との関わり方を知る。
	安全教育 との 関わり	• 水遊びやプールの整備をし、水遊びの用具・玩具などを準備する。 • 知らない人には付いていかない。 • 雨の日の過ごし方を知り、廊下やテラスで走らず安全に過ごせるようにする。
生活習慣		• 戸外に出るときは帽子をかぶり、水分補給をしたり、自分で行きたいときにトイレに行く。 • 正しい手洗いの仕方が身に付く。
各幼稚園の 独自性		• ケアセンター訪問、施設見学…地域のお年寄りと交流し触れ合う。 • カレーパーティー…季節の野菜や収穫したジャガイモなどを食材として扱う。
家庭や地域 との連携		• 園生活の中で自分のことは自分でしている姿を伝え、家庭でも自分でしようとすることは時間的な余裕をもちながら取り組めるように伝える。 • 夏休みの過ごし方を配布物、ウェブサイトを通して呼びかける。
主な行事		ふれあいバザー、七夕発表会、夏期保育

- 関係機関と連携した支援のための計画を、個別に作成する。

第3章　教育課程および全体的な計画等の編成の実際

A幼稚園　3歳児の教育課程（続き）

教育目標	幼児期に育む「生きる力」　健康・安全な生活に必要な習慣や態度を身に付ける。			
年間目標	・園での基本的な生活の流れが分かるようになり、自分から様々なことに取り組もうとする。 ・体を自由にたくさん動かして様々な遊びを楽しむ。			
子どもに 期待する姿	・自分のイメージを思いのままに表現する喜びを味わえるようにする。 ・仲間意識が芽生え始め、追いかけっこや変身ごっこなどで、友達と一緒に遊ぶことを楽しむ。 ・夏休み明けに園生活のリズムを取り戻し、安心して過ごす。　　　　・身近な秋の自然に関わる。			
期	Ⅲ期			
月	9	10	11	12
ねらい	・保育者や友達と共に生活する中で、話したり聞いたりして会話を楽しむ。 ・生活の仕方を自分なりに考えひとりでしようとする。　　　　・秋の大運動会に楽しんで参加する。 ・進んで園庭で遊ぶことができるようになり、その楽しさを十分に味わう。			
環境構成	・運動会の準備のため生活リズムが崩れたり、活動が偏ったりしないよう留意する。 ・園外の様々な場所で自然に触れて楽しめるようにする。 ・子どもの活動を落ち着いて見守り、その努力を認めていく。 ・自分の思いを言葉で表現できるよう互いの思いを丁寧に掘り起こす。			

指導内容の視点	健康 人間関係 環境 言葉 表現	・自然と触れ合うことで、命の尊さにも目を向けるようになる。 ・季節の食べ物の収穫を喜ぶ。　　　・嫌いな食べ物にも挑戦する。 ・基本的生活習慣を手順よく行い、自分なりに考えてしようとする。 ・活発に体を動かして遊ぶ。　　　・友達と同じ活動に参加し、一緒に遊ぶことを楽しむ。 ・気の合う友達と遊ぶ中で、自分の気持ちを自由に話す。 ・木の葉や木の実、種などを集め、それを使って遊ぶ。 ・身近なものの大きさ、重さなどに関心をもち、その違いに気付く。 ・保育者や友達の話を静かに聞こうとする。 ・身近な素材を使って好きなように製作を行う。 ・様々なリズム楽器を自由に鳴らして楽しむ。 ・造形展で自分の作品が飾ってあることを喜び、異年齢児の作品に興味をもつ。 ・室内を片付けたり、使ったものを洗ったり、整理したりする。 ・おいもほりに参加し、重さや形、におい、土の感触を肌で感じる。 ・運動会を通して、見てもらう喜びや達成感を味わう。 ・自分の思いや気持ちを表す。
	特色教育	道徳性の芽生え	・仲間意識が芽生え、ごっこ遊びなどを楽しむ中で、相手の感情にも徐々に気付く心が生まれる。
		安全教育との関わり	・園外に出るときは交通ルールを守る。 ・避難訓練時は保育者の指示に従い、ふざけたり、あわてたりしないで敏速に行動する。

生活習慣	・食事の支度、片付け、降園前の準備など、自分でできることが増える。 ・手洗いやうがいなど、風邪予防に必要なことを保育者と一緒にする。
各幼稚園の独自性	・プレイデイ…昔遊び（身近な祖父母・お年寄りから遊びを学び、親を大切にする気持ちを育てる）。 ・チューリップの球根植え…季節の草花を楽しむ。 ・ファミリープレイデイ…昔遊びを地域の方々と一緒に体験する。先人の知恵を知る。 ・稲刈りの後の田んぼで虫取りをする。
家庭や地域との連携	・夏休み明けに、家庭での夏休みの生活の様子を知らせてもらう。 ・保育参観、運動会などでは自分の子どもを見るだけではなく、ほかの子どもとともに過ごしている3歳児の成長を理解してもらう。 ・親子で楽しむ行事を通して、子どもの成長に気付き、親子の触れ合いの大切さを感じとってもらう。
主な行事	運動会、おいもほり、造形展、おもちつき、クリスマス誕生会
特別支援	・特別な配慮を要する子どもについては、個々に応じた指導内容や指導方法の工夫を、計画的・組織的に行う。

4. 教育課程・保育の全体的な計画の実際

A 幼稚園　3歳児の教育課程（続き）

- 人的環境と親しみながら安心して自分が好きな遊びに取り組む。
- 自分なりの言葉で伝えたり、様々な手法で表現したりする。

子どもに 期待する姿		<ul><li>自分でできることは自分なりに進めようとする。</li><li>自分の力で行動する充実感や達成感を味わう。</li><li>体験したことなどを自分なりの言葉で話すようになり、言葉を使っての表現を少しずつでもするようになるとともに、相手の言葉も聞く態度が生まれる。　　●冬の自然事象に触れ、好奇心をもつ。</li></ul>		
期		Ⅳ期		
月		1	2	3
ねらい		<ul><li>基本的生活習慣が身に付き、自信をもって行動する。</li><li>進級に期待をもつ。</li><li>様々な活動の中で、自分なりに表現することを楽しむ。</li></ul>		
環境構成		<ul><li>様々な遊びが発展し、より楽しくなるように、材料や遊具の準備、配置に気を付ける。また、保育者も仲間になったり、遊びのヒントを出したりする。</li><li>一人一人の子どもと十分に言葉を交わし、成長を認め、自信をもてるようにする。</li><li>飼育や栽培の世話がしやすいよう、用具は扱いやすいものを用意する。</li><li>保育者が率先して体を動かし、寒さに負けずに遊ぶモデルとしての役割を担う。</li></ul>		
指導内容の視点	健康 人間関係 環境 言葉 表現	<ul><li>楽しく食べるためのきまりや約束事に気付き、守ろうとする。</li><li>自分の力で食べる充実感を味わう。</li><li>ものや場所の安全な使い方が分かり、自分から気を付けて遊ぼうとする。</li><li>必要なルールを守って遊ぶ楽しさを知る。</li><li>全身を使った遊びを通して、寒さに負けず元気よく過ごす。</li><li>年長児や年中児の真似をしたり、仲間に入れてもらったりして楽しむ。</li><li>保育者の手伝いを楽しみながら行う。</li><li>伝統的な正月遊びを楽しむ。</li><li>公共物や共有のものを大切に扱おうとする気持ちをもつ。</li><li>霜柱、雪、氷などの自然事象に親しみをもつ。</li><li>冬の寒さに負けず、園庭で遊び、冬の自然の様子を感じる。</li><li>友達や保育者にお礼の言葉を進んで言う。</li><li>様々な素材を使い、自分がイメージしたものをつくろうとする。</li><li>曲の雰囲気を感じながら、リズミカルに表現することを楽しむ。</li></ul>		
特色教育	道徳性の 芽生え	<ul><li>クラスという一つの集団で、一緒に行動することに慣れる。</li></ul>		
	安全教育 との 関わり	<ul><li>暖房、換気、寒さへの対応など安全環境に留意する。</li></ul>		
生活習慣		<ul><li>手洗いやうがいなど風邪予防に必要なことを、保育者と一緒にする。</li><li>暖房のまわりで遊んだりしないなど、冬の安全な生活習慣を覚える。</li><li>身のまわりのことが保育者の援助なしでもできるようになり、自信をもつ。</li></ul>		
各幼稚園の 独自性		<ul><li>ケアセンター訪問、施設見学…地域のお年寄りと交流し触れ合う。</li><li>早春の田んぼで遊ぶ。</li><li>ジャガイモの植え付け</li></ul>		
家庭や地域 との連携		<ul><li>自己主張や自立心が強くなるが、まだ甘えたい気持ちもあることを理解して、温かく受けとめてもらうよう話し合う。</li><li>子どもの成長をともに喜び合う。</li><li>3歳児になり、家庭でも役割をもって手伝うことの大切さを伝える。</li></ul>		
主な行事		音楽舞踊発表会、お別れ遠足、修了式		

- 関係機関との連携した支援のための計画を、個別に作成する。

第3章　教育課程および全体的な計画等の編成の実際

A 幼稚園　4歳児の教育課程

教育目標		**幼児期に育む「生きる力」　健康・安全な生活に必要な習慣や態度を身に付ける。**	
年間目標		・園生活に慣れ、楽しみながら様々な活動に取り組む。 ・身近な自然に興味や関心をもち、見たり触れたりする。 ・全身を動かして遊ぶ楽しさを味わい、保育者や友達との関わりを楽しむ。	
子どもに 期待する姿		・入園したばかりで新しい生活に不安を抱き、緊張する子どもがいる一方、進級した喜びを抱く子どももいる。保育者に親しみ、安心感や信頼感、ほかの子と過ごす楽しさを知る。	
期		I 期	
月		4	5
ねらい		・園生活に慣れ、安心して過ごす（進級児）。 ・生活の仕方が分かり、できることは自分でしようとする。 ・集団生活を過ごすために身に付けるべき生活の仕方に気付き、覚える。 ・自分でしたい遊びを見付け、保育者や友達と楽しんで遊ぶ。	
環境構成		・園が心地よく、楽しい場であると感じることができるように、家庭での遊びと関連する遊びができるような材料・遊具・場を確保する。 ・食事や排泄の正しい仕方が身に付くようにする。 ・靴箱・ロッカーなどに自分の場所だと分かるようなしるしを付け、持ち物の整理ができるようにする。	
指導内容の視点	健康 人間関係 環境 言葉 表現	・保育者や友達と一緒に食べる楽しさを味わう。 ・保育者に親しみをもつ。 ・友達の存在に気付き、仲良く遊ぶ。 ・保育者と一緒に体を動かして遊ぶ。 ・園庭で元気に遊び、固定遊具に親しむ。 ・園での生活の仕方を知る。 ・友達と一緒に保育者の話を聞く。 ・歌を歌ったり、手遊びをしたりして楽しむ。 ・初めて出会う教材や素材に触れ、その感触を楽しむ。 ・園内の草花や小動物、昆虫などを見たり、触れたりする。 ・土、砂などの感触を楽しむ。 ・してほしいことや、困ったことなどを保育者に伝えようとする。	
	特色教育　道徳性の芽生え	・身近なものを大切にする。 ・初めての集団生活の中で園生活のきまりを知る。	
	安全教育との関わり	・交通安全のきまりや、安全な歩行の仕方を知る。 ・安全な遊びや、遊具の使い方を知る。　　・避難訓練の意味を知り、災害の怖さを知る。	
生活習慣		・所持品の管理の仕方を覚える。 ・挨拶を元気よくして登降園する。 ・遊びに必要な身支度を覚える。 ・園での基本的な生活の仕方を覚え、できることは自分でしようとする。	
各幼稚園の 独自性		・プレイデイ…他学年との関わりを楽しむ。　　・お散歩 ・アサガオの種まき…季節の草花を育てる。　　・田植えを見る。	
家庭や地域 との連携		・親の不安を受けとめ、子どもの様子を伝えて、安心感がもてるようにする。 ・保育相談を行う（5月中旬）。 ・新入園児については、特に家庭との連絡を緊密にし、生活のリズムや安全面に十分配慮する。	
主な行事		入園式、春の遠足、なかよし運動会	
特別支援		・特別な配慮を要する子どもについては、個々に応じた指導内容や指導方法の工夫を、計画的・組織的に行う。	

4．教育課程・保育の全体的な計画の実際

A幼稚園　4歳児の教育課程（続き）

	• 日常生活に必要なよい習慣や態度を身に付ける。 • 様々な経験を通じて生活に必要な言葉を少しずつ身に付ける。			
子どもに 期待する姿	• 新しい遊びに進んで参加しようとする子どもと、取り組みにくい子どもがいる。個々の興味や楽しさを見付けられるようにしながら経験の幅を広げていく。 • 集団生活を通して、楽しさや満足感を味わう。			
期	Ⅱ期			
月	6	7	8	
ねらい	• 友達との触れ合いをもち、一緒に遊ぶことを楽しむ。 • 身近な自然に触れたり、見たりして遊ぶ。 • 友達と生活する中で、きまりや約束事があることに気付き、守ろうとする気持ちをもつ。			
環境構成	• 一人一人の遊び方や、気持ちの変化に応じて場を整理し、必要な環境を再構成する。			

指導内容の視点	健康 人間関係 環境 言葉 表現	• 食べ物への興味や関心をもち、進んで好き嫌いなく食べようとする。 • 様々な遊びの中で体を十分に動かして遊ぶ。 • 友達と一緒に遊ぶことを楽しむ。 • 順番、交代で使うものがあることを知る。 • 身近な自然に触れたり、見たりして遊ぶことを楽しむ。 • 砂、水、泥などの感触を十分に味わい楽しむ • 身のまわりのことなど、自分でできることは自分でする。 • 絵本や童謡などに親しむ。 • してほしいこと、いやなこと、困ったことなどを保育者や友達に伝える。 • 音楽に触れ、歌ったり、楽器を使ったりして楽しむ。 • 様々な音、色、形、手触りの面白さや不思議さに気付く。 • 宿泊保育に参加し、自分でやりとげたという満足感をもつ。 • 生活や遊びの中でのきまりや約束事の必要性に気付く。
	特色教育　道徳性の芽生え	• 5歳児の遊びを真似ることから、遊びのルールに気付いていく。 • 友達との関わりを深め、思いやり、友達と楽しく生活する中で、きまりの大切さに気付き、守ろうとする。
	特色教育　安全教育との関わり	• 交通安全のルールを知る。　　　　• 遊具や用具の正しい扱い方を知り、安全に気を付けて遊ぶ。 • 雨の日の過ごし方を知る。　　　　• 水遊びを楽しむ中で水の大切さ、危険性を知る。
	生活習慣	• 挨拶、片付けなどを覚える。 • 汗をかいたり、汚れたりしたら着替えることを覚える。
	各幼稚園の独自性	• ケアセンター訪問、施設見学…地域のお年寄りと交流し触れ合う。 • カレーパーティー…季節の野菜や草花を育て、食材として扱う。 • 夏の不思議発見…夏休みを利用して、様々なものの性質やしくみに興味や関心をもつ。
	家庭や地域との連携	• 保育参観や行事への参加を通して、子どもの成長を知らせ、園と保護者の信頼関係を築くようにする。 • 夏休みの過ごし方や、行事への積極的な参加を呼びかけ、協力を得る。
	主な行事	ふれあいバザー、七夕発表会、宿泊保育、夏季保育

• 関係機関と連携した支援のための計画を、個別に作成する。

57

第 3 章　教育課程および全体的な計画等の編成の実際

A 幼稚園　4 歳児の教育課程（続き）

教育目標		**幼児期に育む「生きる力」　健康・安全な生活に必要な習慣や態度を身に付ける。**			
年間目標		• 園生活に慣れ、楽しみながら様々な活動に取り組む。 • 身近な自然に興味や関心をもち、見たり触れたりする。 • 全身を動かして遊ぶ楽しさを味わい、保育者や友達との関わりを楽しむ。			
子どもに 期待する姿		• 友達との関わりが増え、その中で自己主張をはっきりとする。 • 友達との遊びを通して、相手にも思いがあることに気付くと共に、生活のきまりや遊びのルールを理解して守るようになる。 • 生活の中で体験したことを通して、様々なものをつくったり、かいたりしながら、それを遊びに使ったり飾ったりして楽しむ。			
期		Ⅲ期			
月		9	10	11	12
ねらい		• 体を動かしたり、皆で一緒に遊んだりする。 • 好きな遊びや生活をする中で、友達と関わることの楽しさを味わう。 • かいたり、つくったりすることを楽しみ、遊びに使ったり、飾ったりする。			
環境構成		• 園庭の整備と遊具の点検を行い、安全に活動ができるようにする。 • 工夫したり、試したりできる素材や用具を十分に用意し、一人一人が自分のペースで達成感を味わえるようにする。			
指導内容の視点	健康 人間関係 環境 言葉 表現	• 収穫活動などを通して、その生長過程を知る。 • 友達のしていることに興味をもち、仲間に入って遊ぶことでその楽しさを味わう。 • 簡単なルールを守って、友達と一緒に遊ぶ。 • 自然の美しさに触れて感動したり、自然物を使って遊んだりすることを楽しむ。 • 自分の身のまわりの人々に関心をもつ。 • 自然の中で体を動かして遊ぶ。 • 絵本や童話、昔話に親しみ、想像する楽しさを味わう。 • 自分のしたいことを身振りや言葉で伝える。 • 音楽に合わせて体を動かしたり、感じたまま表現する楽しさを味わう。 • 様々な素材に親しみ、その特性を知り、使い方に気付くことで、表現の幅を広げる。 • かいたりつくったりすることを楽しむ。 • 一日の生活の流れの見通しをもって行動する。 • 友達と一緒に力を合わせて行動する。 • 自分の思いを言葉で伝えたり、相手の話を興味をもって聞いたり、理解しようとする。			
	特色教育 道徳性の 芽生え	• 自分で考え、自分で行動する。 • 友達と楽しく遊ぶためのルールがあることを知る。 • 友達との関わりを深める中でよいことや悪いことに気付く。 • 皆で使う物を大切にすることを知る。			
	安全教育 との 関わり	• 危険な遊び方をしないよう気を付ける。			
生活習慣		• 状況に応じて衣服の調整を行う。 • 風邪がはやる季節を認識し、うがい・手洗いを念入りにする。			
各幼稚園の 独自性		• プレイデイ…昔遊び（身近な祖父母・お年寄りから遊びを学び、親を大切にする気持ちを育てる）。 • サフラン…季節の草花を育てる。			
家庭や地域 との連携		• 園行事を親子一緒に楽しめるように工夫する。 • 行事を通して、親子活動の機会を設ける。			
主な行事		運動会、おいもほり、造形展、おもちつき、クリスマス誕生会			
特別支援		• 特別な配慮を要する子どもについては、個々に応じた指導内容や指導方法の工夫を、計画的・組織的に行う。			

4. 教育課程・保育の全体的な計画の実際

A幼稚園　4歳児の教育課程（続き）

- 日常生活に必要なよい習慣や態度を身に付ける。
- 様々な経験を通じて生活に必要な言葉を少しずつ身に付ける。

子どもに期待する姿	• 友達がしていることを自分の遊びに取り入れようとする。仲のよい友達とのつながりを深め、遊ぶ中で様々なイメージを膨らませ、相手に自分の考えを伝えたりして遊びを自分たちだけで進められるようになる。		
期	Ⅳ期		
月	1	2	3
ねらい	• 友達との生活を楽しみ、進級することへの期待をもって行動する。 • 高齢者や地域の人々などと交流し、触れ合う体験をもつ。		
環境構成	• 小さなグループが交流しながら、イメージを広げて遊べるように、教材の提供や場の設定を行う。		

指導内容の視点	健康 人間関係 環境 言葉 表現	• 食べ物に感謝し、好き嫌いなく食べる。 • 園庭で全身を思い切り動かして遊び、皆と一緒に遊ぶ楽しさを味わう。 • 好きな友達やクラスの友達と一緒に遊びながら、クラスで一つのことに取り組む充実感をもつ。 • 友達と遊ぶ心地よさを味わう。 • 冬の自然事象に触れ、感動したり疑問をもったりする。 • 絵本や紙芝居を楽しむ中で、自分のイメージを動きや言葉で表現したりして楽しむ。 • 年長児と一緒の活動の活動の機会を通して、友達にしてあげたり、してもらったりする喜びを味わう。 • 進級することに期待をもち、楽しみに待つ。 • 高齢者と実際に交流し、昔遊びや手遊びを楽しむ。 • 曲の雰囲気を理解して、リズミカルに表現することを楽しむ。 • 友達や保育者との関わりを深めながら、自信をもって行動する。 • 友達と一緒に表現する活動をする中で、刺激を受けて、自分の表現をより豊かにする。		
	特色教育 道徳性の芽生え	• 皆と一緒のことをする中で、時には我慢したり受け入れたりする。 • 小さな生命との出会いの中で、小さな生命に愛着をもつ。		
	特色教育 安全教育との関わり	• 避難訓練について一年間のまとめを行う。 • 交通安全のまとめを行う。 • 危険なものや危険な箇所を知る。		
生活習慣	• 自分から衣服の着脱や挨拶をする。 • 友達と協力して後片付けをする。 • 身のまわりの整理をすることで一年間を振り返り、自分たちの成長を感じる。		
各幼稚園の独自性	• 冬の遊び発見。 • ジャガイモ植え付け。 • ケアセンター訪問、施設見学…地域のお年寄りと交流し触れ合う。 • 早春の田んぼで遊ぶ。		
家庭や地域との連携	• 子どもの成長を具体的に保護者に知らせ、子どもとともに成長を喜ぶ。		
主な行事	音楽舞踊発表会、お別れ遠足、修了式		

- 関係機関と連携した支援のための計画を、個別に作成する。

第3章　教育課程および全体的な計画等の編成の実際

A幼稚園　5歳児の教育課程

教育目標		**幼児期に育む「生きる力」**　健康・安全な生活に必要な習慣や態度を身に付ける。	
年間目標		・友達と園生活を楽しみ、様々な遊びを主体的に行うとともに、基本的生活習慣や態度をしっかりと身に付ける。	
子どもに期待する姿		・年長児になったことの喜びや期待の中で、4歳児からのつながりがある友達と一緒に遊ぶ。 ・新しく入園した友達や困っている友達を手助けしたり、世話をする。 ・年長児としての自覚をもち、生活に必要なきまりを守る。	
期		I 期	
月		4	5
ねらい		・友達との遊びや生活をいつも通りに楽しむ。	
環境構成		・年長になった実感がもてるような環境を子どもと一緒に工夫しながら、生活の場をつくっていくことを大切にする。	
指導内容の視点	健康 人間関係 環境 言葉 表現	・園庭で体を動かして遊ぶことを楽しむ。 ・園生活に必要なきまりを確認し、自分たちで生活の場を整えようとする。 ・年長児としての生活の仕方や習慣を身に付ける。 ・年長としての自覚をもち、友達と遊びを楽しむ。 ・年少児の世話をし、思いやる気持ちをもつ。 ・自然に接し、その美しさや季節の変化に興味をもつ。 ・保育者や友達の話を注意して聞き、その内容を理解する。 ・伝えたいことやしてほしいことをはっきりと話し伝える。 ・友達と一緒に楽しく歌ったり、楽器を演奏することを楽しむ。 ・リズムに合わせて身体表現を楽しむ。 ・様々な素材に触れることで試行錯誤を繰り返し、イメージを形成しながら製作する。 ・身近な動植物に親しみ、触れたり世話をしたりする。	
	特色教育 道徳性の芽生え	・友達と楽しく生活する中で、きまりの大切さを知る。 ・集団生活の約束を守る。	
	特色教育 安全教育との関わり	・今までのきまり事を再確認し、安全に遊ぶことができるようにする。 ・見知らぬ人の誘いにのらない。	
生活習慣		・日常の挨拶が友達や身近な人にできる。 ・今までのきまりを確かめ合い、新しい環境でのきまりを考える。	
各幼稚園の独自性		・プレイデイ…他学年との関わりを楽しむ。 ・お散歩 ・アサガオの種まき…季節の草花を育てる。 ・田植えを見る。	
家庭や地域との連携		・親の不安を受け止め、子どもの様子を伝えて、安心感がもてるようにする。 ・保育相談を行う（5月中旬）。 ・新入園児については、特に家庭との連絡を緊密にし、生活のリズムや安全面に十分配慮する。	
主な行事		入園式、春の遠足、なかよし運動会	
特別支援		・特別な配慮を要する子どもについては、個々に応じた指導内容や指導方法の工夫を、計画的・組織的に行う。	

60

4. 教育課程・保育の全体的な計画の実際

A幼稚園　5歳児の教育課程（続き）

• 自然や身近な事象に興味や関心をもち、豊かな心情や好奇心、探究心を高める。

子どもに期待する姿			• 自分からやってみようとする意気込みを大切にしながら、新しいことに挑戦する気持ちをもつ。 • 集団生活を通してその楽しさを味わう。		
期			Ⅱ期		
月			6	7	8
ねらい			• 交友関係が広がる中で、主体的に活動に取り組む。 • 友達との関わりを深めながら遊びを進める。		
環境構成			• 自ら選んで取り組める場や活動を多くするとともに、一人一人ががんばって力を試せるような場を設定する。 • 集団生活や姉妹園との交流活動に期待をもって参加できるように、イメージを広げる活動を多くもつ。		
指導内容の視点		健康 人間関係 環境 言葉 表現	• 包丁などの用具の使い方を知る。 • 自分から汗の始末や衣服の調節をする。 • 友達の遊びに関心をもちながら、自分なりの目的をもって遊ぶ。 • 集団生活のきまりを理解し、約束を守ろうとしながら行動する。 • 動植物の世話を通して命の尊さに気付き、大切にする。 • 公共の場での行動の仕方を理解して行動する。 • 自分の言いたいことを分かるように話すとともに、友達の話すことも注意して聞く。 • 絵本や物語の内容に興味をもって聞き、想像する楽しさを味わう。 • 曲に合わせてリズミカルな動きを友達と一緒に楽しむ。 • 身のまわりの自然事象に対して興味や関心が高まり、よく見たり考えたりする。 • 生活に関係する情報や施設に関心をもつ。 • 高齢者や地域の人たちと関わり、一緒に遊んだり、話を聞いたりする。 • きまりの必要性に気付き、自分の気持ちを調整する力をもつようになる。 • 家族を大切にする気持ちをもつ。		
	特色教育	道徳性の芽生え	• 友達との葛藤の中で相手の気持ちに触れることを通して、自分の気持ちを調整する力を身に付ける。		
		安全教育との関わり	• 災害時の危険を知り、合図や指示に従って行動する。　　• 食中毒に対する指導をする。 • 集団行動やグループの遊びなどの機会を多くもち、その中の一員ということを自覚し、行動する。		
生活習慣			• 健康的な生活が自発的にできるようになる。 • 梅雨の時期や夏季の衛生について知り、病気の予防をする。 • 身のまわりの整理をし、夏休みに期待をもつ。		
各幼稚園の独自性			• ケアセンター訪問、施設見学…地域のお年寄りと交流し触れ合う。 • カレーパーティー…季節の野菜や草花を育て、食材の扱い方を知る。 • プラネタリウム…身近な環境に親しみ、様々な事象に興味や関心をもつ。 • 夏の不思議発見…夏休みを利用して、様々なものの性質やしくみに興味や関心をもつ。		
家庭や地域との連携			• 保育参観や行事への参加を通して、子どもの成長を知らせ、園と保護者の信頼関係を築くようにする。 • 夏休みの過ごし方や、行事への積極的な参加を呼びかけ、協力を得る。		
主な行事			ふれあいバザー、七夕発表会、林間学校、夏期保育		

• 関係機関と連携した支援のための計画を、個別に作成する。

61

第3章　教育課程および全体的な計画等の編成の実際

A 幼稚園　5歳児の教育課程（続き）

教育目標		**幼児期に育む「生きる力」** 健康・安全な生活に必要な習慣や態度を身に付ける。			
年間目標		• 友達と園生活を楽しみ、様々な遊びを主体的に行うとともに、基本的生活習慣や態度をしっかりと身に付ける。			
子どもに期待する姿		• 力いっぱい体を動かしながら、自分の課題をもってがんばろうとする気持ちが高まる。様々な行動を通して、進んで物事に取り組む意欲と達成感を味わう。		• 人を思いやる気持ちを大切にしながら、善悪を正しく判断する力を身に付ける。 • 日常生活の中で文字に対する興味をもつ。	
期		Ⅲ期		Ⅳ期	
月		9	10	11	12
ねらい		• 園庭で体を十分に動かし、進んで友達と一緒に遊ぶ。		• 皆で様々な遊びを楽しみながら、協力して物事をやりとげようとする気持ちをもつ。 • 様々な表現活動を工夫して楽しむ。	
環境構成		• 活動への意欲の高まりや、協力して物事をやりとげる責任感をもつ。 • 表現する意欲を十分に発揮させることができるように遊具や用具などを整える。		• 個々の活動への多様な取り組み方を受け止める。	
指導内容の視点	健康 人間関係 環境 言葉 表現	• サツマイモの収穫を喜ぶ。 • 様々な運動に興味をもち、自ら体を動かそうとする意欲をもつ。 • 遊びを通して、友達と積極的に関わろうとする。 • 仲間意識が高まる中で、考えを出し合って遊んだり、目標に向かって物事をやりとげようとする気持ちをもつ。 • 自分たちで相談したり、協力したりしながら、生活や遊びを楽しむ。 • 考えたことや感じたことを相手に分かるように話す。 • 適切な材料を使って、遊びに必要なものを工夫してつくることを楽しむ。 • 運動会を通して自分の国や他の国の国旗に親しみをもち、大切にする。 • 合図や指示をよく聞き分けて行動する。 • 季節感を味わい、自然と関わる体験を楽しむ。 • 他の子どもの考えに触れ、新しい考えを生み出し、自ら考えようとする気持ちをもつ。		• 好き嫌いせず食べ、苦手な食べ物についてはなぜ食べなければならないのかを知る。 • お餅ができる工程を知り、日本伝統の食文化に触れる。 • 友達と試行錯誤しながら活動を展開する楽しさを味わう。 • 相手の気持ちに気付き、協力して遊びを進める。 • 身近で働く人々に親しみと感謝の気持ちをもつ。 • 生活の中で使う言葉や文字、記号の意味が分かるようになる。 • 様々な素材や用具を利用して、イメージを実現したり、友達と協力したりして製作に取り組む。 • かいたりつくったりすることを楽しみながら、自己表現のイメージを広げて、友達と一緒に作品を見たり、飾ったりする。 • 必要な用具を用意して扱い方を知る。	
特色教育	道徳性の芽生え	• 仲間意識が高まり、考えを出し合って遊んだり、目標に向かって取り組む。		• 仲間意識が高まり、クラスがまとまる。 • けんかを通して、自分の気持ちを調整する。	
	安全教育との関わり	• 自分たちで相談したり、協力したりしながら、生活や遊びが楽しめるようになる。		• 安全で気持ちよく過ごせるよう、環境の整理を進んで行う。	
生活習慣		• 夏休み明けに園生活のリズムを取り戻す。 • 状況に応じて衣服の調整をする。		• 当番活動を責任をもって行う。 • 病気の予防に関心をもち、進んで生活のきまりを守り、健康な生活習慣を身に付ける。	
各幼稚園の独自性		• プレイデイ…昔遊び（身近な祖父母・お年寄りから遊びを学び、親を大切にする気持ちを育てる）。 • サフラン…季節の草花を育てる。		• 稲刈りの後の田んぼで虫取りをする。	
家庭や地域との連携		• 園行事などが、親子一緒に楽しめるように工夫する。 • 行事を通して、親子活動の機会を設ける。 • 情報交換を通して、幼児理解を深める。			
主な行事		運動会、おいもほり		造形展、おもちつき、クリスマス誕生会	
特別支援		• 特別な配慮を要する子どもについては、個々に応じた指導内容や指導方法の工夫を、計画的・組織的に行う。			

4. 教育課程・保育の全体的な計画の実際

A幼稚園　5歳児の教育課程（続き）

- 自然や身近な事象に興味や関心をもち、豊かな心情や好奇心、探究心を高める。

子どもに 期待する姿		• 年少児への思いやりの気持ちをもつとともに、友達とのつながりや生活をともにする喜びを味わい、自覚と自信のある行動ができるようになる。 • もうすぐ就学という自覚が生まれ、年長児らしい主体的な姿が見られる。		
期		V期		
月		1	2	3
ねらい		• 友達と一緒に目的や課題をもってやりとげた満足感を味わう。 • 一人一人が見通しをもって生活を進めていこうとする。		
環境構成		• 年長としてやってきた役割を年中児に分かるように伝達したり、頼んだりする場を尊重する。		
指導内容の視点	健康 人間関係 環境 言葉 表現	• 食事のマナーを再確認し、様々な人に感謝の気持ちをもって食事をする。 • 共通の目的を自分たちで設定し、それが実現する喜びを味わう。 • 保育者や友達に認められる体験を通してその力を発揮し、自信をもつ。 • 自分の役割に対して責任をもって行動する。 • 冬の自然事象の変化に興味をもつ。 • 友達との対話を楽しみ、気持ちが伝わり合う心地よさを味わう。 • 自分のイメージを動きや言葉などで表現する。 • 入学への喜びや期待を膨らませ、その自覚をもって行動する。 • 音楽に親しみ、友達と一緒に様々な楽器で演奏を楽しんだり、歌の意味を理解しながら曲の雰囲気を体いっぱいに感じる。		
特色教育	道徳性の 芽生え	• 友達のよさを認め合い、力を発揮できる。		
	安全教育 との 関わり	• 小学校生活がスムーズにいくよう、基本的生活習慣を再度見直し、進学への期待をもつ。		
生活習慣		• 生活習慣の再確認と見通しをもち、進学への自信をもつ。		
各幼稚園の 独自性		• 冬の遊び発見。ジャガイモ植え付け。 • ケアセンター訪問、施設見学…地域のお年寄りと交流し触れ合う。 • 早春の田んぼで遊ぶ。		
家庭や地域 との連携		• 子どもの成長を具体的に保護者に知らせ、子どもともに成長を喜ぶ。		
主な行事		音楽舞踊発表会、お別れ会、お別れ遠足、卒園式		

- 関係機関と連携した支援のための計画を、個別に作成する。

第3章　教育課程および全体的な計画等の編成の実際

（2）認定こども園の教育及び保育の内容並びに子育ての支援等に関する全体的な計画

　S認定こども園は、山間のH町にあります。公立の幼保連携型認定こども園であるため、町の教育方針を基本に、全体的な計画を編成しています。公立園であるため、教育委員会等の指導もあり、町内の園共通の内容もあります。

S認定こども園の教育及び保育の内容並びに子育ての支援等に関する全体的な計画

教育・保育の理念	（子ども・子育て支援法 第1条より抜粋）「急速な少子化の進行並びに家庭及び地域を取り巻く環境の変化に鑑み、（中略）子どもに関する法律による施策と相まって、子ども・子育て支援給付その他の子ども及び子どもを養育している者に必要な支援を行い、もって一人一人の子どもが健やかに成長することができる社会の実現に寄与すること」ができるように子育て支援に取り組む。

経営の基本	①園児の健やかな心身の発達を促し、自立と社会性を育てていく。 ②表現活動を充実して、創造性豊かな子どもの育成に努めていく。 ③保護者・地域と一緒に、温かい子どもの育成に努めていく。 ④小学校との連携をさらに進め、温かい子どもの育成に努めていく。 ⑤園の教育資源を生かし、地域の子どもを支援していく。	社会的責任

		子どもの人権…保育者は、子どもの人権に十分配慮し、子ども一人一人の人格を尊重して保育をしなければならない。 説明責任…保護者や地域社会との連携を図り、一方的に説明するのではなく、園が行う保育内容を説明するよう努めなければならない。 個人情報の保護と苦情処理…園は入所している子ども等の個人情報を適切に取り扱う。保護者の苦情に対しては、その解決を図るよう努めなければならない。

教育目標	「のびのびと心温かいH町の子どもの育成」　　かしこく　　やさしく　　たくましく

めざす幼児像	「かしこく」 • 遊びや自然の中で、考え確かめる子ども • 自分で思ったことや考えたことを表現できる子ども • 絵本が大好きな子ども • 地域の人や自然・文化に進んで関われる子ども • よいこと、悪いことが分かり、ルールを守れる子ども	「やさしく」 • 自分から進んで元気な挨拶ができる子ども • 友達との関わりを深め、思いやる心をもつ子ども • 相手を許したり、認めたりすることができる子ども • 仲良く遊べる子ども	「たくましく」 • 健康によい習慣を身に付け、心も体も元気な子ども • 進んで運動をする子ども • 身のまわりのことや、靴やスリッパなどをそろえることを進んで行う子ども • 最後まであきらめずにやりとげる子ども

今年度の経営の重点	• 日々の生活の中で友達の姿やよかったところ等を振り返る場を設定し、表現する機会を増やしていく（PSP：ピースフルスクールプログラム）。 • 読み聞かせ、絵本の貸し出しの充実と啓発を行い、絵本への興味や関心を高めていく。 • 園外保育や地域行事に参加する機会を充実させることにより、自然や地域の人との関わりを深めていく。 • 保育教諭が進んで挨拶を行う。また、幼保小中がいっせいに行うあいさつ運動を、年長組の教育活動に取り入れていく。 • 生活や遊びの中で、順番を替わる場面に応じて、視覚等を使い、折り合いを付けられるようにしていく。 • 毎朝の体操タイムを充実していく。 • 縄跳びの楽しさを知らせ、あきらめずにチャレンジする気持ちや、体を動かす機会を増やしていく。

保育の内容	生命の維持	• 一人一人の子どもの健康状態や発育および発達状態を的確に把握し、速やかに対応をする。 • 家庭との連携を密にし、子どもの疾病や事故防止に関する認識を深め、保健的で安全な保育環境の維持および向上に努める。 • 清潔で安全な環境を整え、適切な援助や応答的な関わりを通して、子どもの生理的欲求を満たしていく。また、家庭と協力しながら、子どもの発達課題等に応じた適切な生活リズムがつくられるようにする。 • 子どもの発達課題等に応じて、適切な運動と休息をとることができるようにする。また、食事、排泄、衣類の着脱、身のまわりを清潔にすること等について、子どもが意欲的に生活できるように援助する。
	情緒の安定	• 一人一人が置かれている状況や発達課題等を的確に把握し、子どもの欲求を適切に満たしながら、応答的な触れ合いや言葉がけを行う。 • 一人一人の子どもの気持ちを受容し、共感しながら、子どもとの継続的な信頼関係を築いていく。 • 保育者との信頼関係を基盤に、一人一人の子どもが主体的に活動し、自発性や探索意欲などを高めるとともに、自分への自信をもつことができるよう成長過程を見守り、適切に働きかける。 • 一人一人の子どもの生活リズム、発達過程、保育時間等に応じて、活動内容のバランスや調和を図りながら、適切な食事や休息がとれるようにする。

4. 教育課程・保育の全体的な計画の実際

以下に、S認定こども園の 2017（平成 29）年度の教育及び保育の内容並びに子育ての支援等に関する全体的な計画の例（抜粋）を示します。

S認定こども園の教育及び保育の内容並びに子育ての支援等に関する全体的な計画（続き）

年齢		0歳児	1歳児	2歳児	3歳児	4歳児	5歳児
保育の内容（続き）	健康	・保育者が個々の健康や発育状態を把握する。 ・環境の中で、清潔になることに心地よさを感じる。	身のまわりの簡単なことからしようとする気持ちが芽生えてやろうとする。	・生活の中で援助してもらいながら、自分でできたことに喜びを感じる。 ・基本的な運動機能や指先の機能が発達する。	・身のまわりを清潔にし、生活に必要な活動を自分でしようとする。 ・基本的な運動機能が発達し、思うように体を動かすことを感じる。	・自分の体に関心をもち、日常生活に必要な習慣や態度を身に付ける。 ・基本的な動作ができ、自分の体をコントロールする。	・自分たちで生活の場を整えながら、見通しをもって行動する。 ・保育者が意識をして基礎体力づくりをする。
	人間関係	特定の保育者との関わりにより信頼関係が生まれ、その仲立ちにより他者の存在に気付く。	保育者と友達に関心をもち、真似をしたりして自ら関わろうとする。	生活や遊びの中で、順番を待つなどのきまりがあることを知る。	身近な大人や友達に関心や親しみをもち、自ら関わろうとする。	保育者や友達との安定した関係の中で、自分の思ったことを相手に伝えたり、相手の思いに気付いたりする。	・友達と一緒に活動をする中で、共通の目的を見出し、協力して物事をやり遂げようとする気持ちをもつ。 ・ルールを守ることの必要性を理解する。
	環境	安心できる人的、物的（温度、湿度調節、衛生的）環境の下で、感覚の働きを豊かにする。	好きな玩具や遊具に興味をもって関わり、様々な遊びを楽しむ。	自然と触れ合う中で、好奇心や探究心が生まれてくる。	・身近な動植物に親しみをもつ。 ・遊具の安全な遊び方を知る。	身近なものや遊具に興味をもって関わり、考えたり試したりして工夫をして遊ぶ。	簡単な文字、数量、標識、図形等に関心をもち、生活や遊びの中に取り入れる。
	言葉	語られたことや絵本等の関わりにより、喃語や表情でのやり取りを喜ぶ。	話しかけや、やり取りの中で、声や言葉、指さし等で気持ちを表そうとする。	・生活や遊びの中で、簡単な言葉のやり取りや模倣を楽しむ。 ・したいこと、してほしいことを言葉で表す。	友達に話を聞いたり、保育者に質問したりして、興味をもった言葉によるイメージを膨らませて楽しんで遊ぶ。	保育者や友達との会話を楽しみ、相手に伝わるように話す工夫をする。	・人の話を聞いたり、身近な文字に触れたりする。 ・人の話を聞き、内容を理解する。 ・適切な言葉を使って話をする。
	表現	・聞いたり見たり触れたりできる玩具等で、十分遊ぶ。 ・歌や音楽を聴いて音に合わせて体を動かすことを喜ぶ。	・いろいろな素材に触れて楽しむ。 ・保育者と一緒に歌ったり、手遊びをしたり、リズムに合わせて体を動かしたりして遊ぶ。	・いろいろな素材を使い、表現しようとする。 ・保育者や友達と遊ぶ中で、自分なりのイメージを膨らませ楽しんで遊ぶ。	・様々な素材や用具に親しみ、いろいろな表現を楽しむ。 ・自分なりに感じたことを表現して遊ぶ。	・音楽に親しみ、友達と歌ったり、工夫したりする。 ・相手に伝わるように話す工夫をしたりして、製作することを楽しむ。	・自分のイメージを動作や言葉などで表現したり、合奏や劇で友達と一緒につくり上げたりする楽しさを味わう。 ・感動したことを伝え合う楽しさを味わう。

第3章　教育課程および全体的な計画等の編成の実際

（3）保育所の保育の全体的な計画

　K市のM保育園の前身はNPO法人の運営する無認可の保育所でした。小規模の家庭的な保育施設で、食を大切に保育をしてきました。行政や地域住民の要望があり、3年前に社会福祉法人を設立し、認可保育園となりました。地方都市の駅が近く、にぎやかな通りもありますが、古くからの住民も多く、園の運営に協力的です。

　新設の際に関係者が集まり、「食への意欲を大切に」「異年齢の触れ合いを多く」「住民参加を」など、保育の目標を話し合って、保育の全体的な計画を編成していきました。

M保育園の保育の全体的な計画

保育目標	・ 地域の中で子育てする全ての家庭が、安全で安心して暮らしていけるよう応援しています ・ 子ども一人一人の健やかな育ちを大切にしていきます ・ 小規模施設のよさを生かして、異年齢児がきょうだいのように育ち合っています
保育方針	M保育園の子どもは… 心も体も元気に遊べる子ども ・ 快食、快眠、快便で気持ちよく1日を過ごそう ・ 早寝、早起きで元気に過ごせる生活のリズムをつくろう ・ 「大好き」「いや〜」と自分の気持ちをぶつけてみよう ・ みんな仲良し、一緒に遊んだら楽しいよ 自然に興味や関心をもち、楽しく遊べる子ども ・ 戸外遊びや散歩の中で、身体を思いっきり動かし、のびのびと遊ぼう ・ まわりの小動物や植物、季節の移り変わりを体に感じながら遊ぼう
年間行事予定	4月　入園式 4月または5月　保護者会 　　　5月　園外保育（3歳児〜5歳児　子どものみ） 　　　6月　親子運動会 　　　7月　お泊まり保育（5歳児のみ） 　　10月　M保育園まつり 　　　2月　お別れ遠足（3歳児〜5歳児　子どものみ） 　　　3月　卒園式 誕生日会、防災訓練、身体測定…月1回 内科検診、歯科検診…年2回 耳鼻科検診、眼科検診…年1回

第4章
教育・保育の指導計画の
作成にあたって

学習のねらい

　教育課程・保育の全体的な計画等に基づいて、指導計画を作成する際に考えなければならない事柄について学びます。園の基本方針をもとに、日々の保育で、何を大切にし、どのような保育を展開するのかを具体的に考えて作成するものが指導計画です。

　園は集団生活の場ですから、そこで展開する人間関係、また主体的に働きかけることのできる環境等、健康で安全な生活を通して、子どもの発達を援助できる保育を考えなければなりません。その活動を創造するために、指導計画を作成する際に念頭におくべき事柄を理解しましょう。

第4章　教育・保育の指導計画の作成にあたって

1. 教育・保育の指導計画　基本の考え

　地域の幼稚園、保育所、認定こども園の生活の中で、子どもは一人一人が大切にされながら、集団の一員として育っていきます。家庭から園の生活に移行することは、子どもながらも社会の一員としての行動や人との関わりを求められることでもあります。園での生活は、ただ楽しければよいというものではありません。子どもの育ちの時期に合わせた体験が必要です。子どもが、自分や人や物に、自らの意欲をもって積極的に関わり、乳幼児期にふさわしい生活を展開し、必要な経験を得られるようにすることを軸に、指導計画を作成する必要があります。その際に指導計画のねらいや内容に含めていきたい事項を以下に示します。

(1) 子どもの特性を捉える

　乳幼児の遊びの特徴は、環境を通して環境に働きかけ、直接的で具体的な経験をするということです。生活と遊びの中で、試行錯誤しながら学びます。遊ぶこと自体が学びです[1]。その中で、人との基本的な信頼関係を基盤に、自我に気付き自我を育て、他者の存在に気付き他者を意識し、自分と人との関係を調整していくという社会性を育てながら、集団の中で育ちます。

　人間は「関係的な存在」ですから、何かと関わって生活しています。生活の中で、自分をどう発揮するか、人とどう関わるか等、一人一人が違う存在です。動きが大きく力の強い子どももいれば、人前で話すのが苦手な子どももいます。同じ年齢であっても、その生活の仕方や振る舞い方は様々で、幼いほど個人差が大きいといえます。「子ども」とひとくくりにするのではなく、集団と個の関連性もとらえながら一人一人の育ち方を理解していくことが大切です。

(2) 子どもの発達を理解する

　全体的な計画では、年間計画で子どもの発達の道すじをおさえ、育っていく見通しを示していきます。4月の1歳児クラスと3月の1歳児のクラスでは、12か月という大きな育ちの違いがあり、子どもにしてほしい経験も異なります。特に乳児保育では著しい発達をするので、クラスの指導計画と個別の指導計画の関連性を確かめながら計画します。

　子どもは一様に発達するものではなく、身体的な発育、気持ちの育ち、言葉の獲得、認知力また社会性の育ちなどが、ぐっと伸びたり、停滞したりしながら育ちます。そのような個別性はありますが、子どもの発達の道すじを大まかに知っておく必要があります。

　平成29年改訂（定）の保育所保育指針の「第2章　保育の内容」、同じく、幼保連

---

1)　コラム「学習のレディネス」(p.70) 参照。

携型認定こども園教育・保育要領「第2章　ねらい及び内容並びに配慮事項」では、基本的事項として各年齢ごとの発達をおさえています。以下、保育所保育指針から、子どもの発達に関する記述を示します。子どもの発達の道筋をおさえ、それに対応した保育者の援助の方向性を指導計画に反映させましょう。

〈乳児〉

1　乳児保育に関わるねらい及び内容
　(1)　基本的事項
　　ア　乳児期の発達については、視覚、聴覚などの感覚や、座る、はう、歩くなどの運動機能が著しく発達し、特定の大人との応答的な関わりを通じて、情緒的な絆が形成されるといった特徴がある。これらの発達の特徴を踏まえて、乳児保育は、愛情豊かに、応答的に行われることが特に必要である。

〈1歳以上3歳未満児〉

2　1歳以上3歳未満児の保育に関わるねらい及び内容
　(1)基本的事項
　　ア　この時期においては、歩き始めから、歩く、走る、跳ぶなどへと、基本的な運動機能が次第に発達し、排泄の自立のための身体的機能も整うようになる。つまむ、めくるなどの指先の機能も発達し、食事、衣類の着脱なども、保育士等の援助の下で自分で行うようになる。発声も明瞭になり、語彙も増加し、自分の意思や欲求を言葉で表出できるようになる。このように自分でできることが増えてくる時期であることから、保育士等は、子どもの生活の安定を図りながら、自分でしようとする気持ちを尊重し、温かく見守るとともに、愛情豊かに、応答的に関わることが必要である。

〈3歳以上児〉

3　3歳以上児の保育に関するねらい及び内容
　(1)　基本的事項
　　ア　この時期においては、運動機能の発達により、基本的な動作が一通りできるようになるとともに、基本的な生活習慣もほぼ自立できるようになる。理解する語彙数が急激に増加し、知的興味や関心も高まってくる。仲間と遊び、仲間の中の一人という自覚が生じ、集団的な遊びや協同的な活動も見られるようになる。これらの発達の特徴を踏まえて、この時期の保育においては、個の成長と集団としての活動の充実が図られるようにしなければならない。

第4章　教育・保育の指導計画の作成にあたって

（3）幼児教育を行う施設として

　また、平成29年の改訂（定）では、幼稚園、保育所、認定こども園の「幼児教育を行う施設」としての役割が明確にされました。就学前の教育の大きな意味や、生きる力の基礎となる資質・能力が示されています。当然、教育課程や全体的な計画、各指導計画にも子どもの育ちの好ましい姿として取り入れるべき内容です。評価にも関連し、記録にも反映してくる事柄であると考えられますが、日々の保育で、保育者が子どもの姿をしっかり見て、子どもと一緒に生活していく中で、結果的に育つ子どもの姿であるようにも思います。

コ ラ ム　学習のレディネス

　学習のレディネスとは　ある力を獲得するために土台となる力のことです。発達の道筋において、新しい力はそれを直接練習して身に付けるのではなく、その前段階の活動の中に、その力のもとが芽生えていると考えられています。

　幼児は机上の操作ではなく、具体的な体験の中で実感として「学習して」います。たとえば、数について「1足す1は2」と暗唱するのではなく、庭で育てたミニトマトを収穫しながら「1、2、3、4、5、全部で5個とれたよ」と数を概括します。「昨日より1個多いよ」と、トマトを実際に収穫するという行為を通じ、数を数えるということがいつの間にか身に付いていくのです。

　七夕のとき、「おりひめと彦星を折ろうね」という保育者の投げかけに、「じゃあ、2枚ずつ折り紙を配ろう」と「ずつ」を意識して折り紙を配ります。「僕の机には4人いるから8枚もらおう」等は、かけ算の考え方ですね。

　もっと幼いときには、まだ字が読めなくても、2つ文字があると「さきちゃんの帽子だね」と落とし物を届けたりします。子どもは力を蓄えているのです。

2. 保育内容のねらいと内容、内容の取扱い

　幼稚園教育要領、幼保連携型認定こども園教育・保育要領、保育所保育指針の３法令において、保育内容における「ねらい」と「内容」は、図表4-1のように記されています。比べてみましょう。

図表4-1　「ねらい」「内容」「内容の取扱い」３法令の比較

	幼稚園教育要領	幼保連携型認定こども園 教育・保育要領	保育所保育指針
ねらい	幼稚園教育において育みたい資質・能力を幼児の生活する姿から捉えたもの	幼保連携型認定こども園の教育及び保育において育みたい資質・能力を園児の生活する姿から捉えたもの	保育を通じて育みたい資質・能力を、子どもの生活する姿から捉えたもの
内容	ねらいを達成するために指導する事項	ねらいを達成するために指導する事項	「ねらい」を達成するために、子どもの生活やその状況に応じて保育士等が適切に行う事項と、保育士等が援助して子どもが環境に関わって経験する事項
内容の取扱い	幼児の発達を踏まえた指導を行うに当たって留意すべき事項	園児の発達を踏まえた指導を行うに当たって留意すべき事項	（上記の取扱いに当たって、留意する必要がある事項）

　ねらいの「生活する姿」は３法令で共通ですが、内容は幼稚園、幼保連携型認定こども園では「指導する」、保育所では「援助する」となっています。保育の主人公は子どもですから、指導するといっても、引っ張っていくことや、やらせることではないのは自明のことです。指導計画においても「〜させる」などの言葉を用いないのは、そのためです。「内容の取扱い」は、保育者の配慮と具体的な指導に関する事項です。

　指導計画を立てるときは、まず、ねらいと内容、内容の取扱いを念頭において、指導計画のねらいと内容、「保育者の援助や配慮」を考えます[2]。

(1) 乳児保育に関わるねらい及び内容

　保育所、幼保連携型認定こども園では、年齢により３つの段階を考えています。３歳児以上の部分は、幼稚園と同じです。保育所保育指針、幼保連携型認定こども園教育・保育要領には、乳児保育に関わるねらい及び内容[3]が示されています。この時期の発達の特徴（p.69参照）を踏まえた、次のような３つの視点にまとめられており、

---

2)　保育所保育指針の「第２章　保育の内容」、幼保連携型認定こども園教育・保育要領の「第２章　ねらい及び内容並びに配慮事項」を熟読してください。
3)　幼保連携型認定こども園教育・保育要領では「乳児期の園児の保育に関するねらい及び内容」。

第4章　教育・保育の指導計画の作成にあたって

それぞれに、ねらい、内容、内容の取扱いが記されています。どのような事柄が子ども
もにとって大切なのか理解し、指導計画のねらいに反映させます。

身体的発達に関する視点「健やかに伸び伸びと育つ」
社会的発達に関する視点「身近な人と気持ちが通じ合う」
精神的発達に関する視点「身近なものと関わり感性が育つ」

（2）1歳以上3歳未満児の保育に関わるねらい及び内容

保育所保育指針、幼保連携型認定こども園教育・保育要領には、1歳以上3歳未満
児[4]の保育に関するねらい及び内容が5領域で示されています。

（3）3歳以上児の保育に関するねらい及び内容

幼稚園教育要領、保育所保育指針、幼保連携型認定こども園教育・保育要領には、
3歳以上児の保育[5]に関するねらい及び内容が5領域で示されており、3法令で同じ
文言になっています。

発達の様相により、異なるねらいが示されていることを理解しましょう。

例えば、「健康」の領域のねらいでは、1歳以上3歳未満児では、「①明るく伸び伸
びと生活し、自分から体を動かすことを楽しむ」ですが、3歳以上児では「①明るく
伸び伸びと行動し、充実感を味わう」です。「楽しむ」ことと、自ら関わって「充実
感を味わう」では、意欲や心情が異なることが分かります。

また、「環境」の領域のねらいでは、1歳以上3歳未満児では「②様々なものに関
わる中で、発見を楽しんだり、考えたりしようとする」ですが、3歳以上児では「②
身近な環境に自分から関わり、発見を楽しんだり、考えたりし、それを生活に取り入
れようとする」となっており、見通しをもち生活の中で発揮できることが期待されて
います（p.74　図表4-2参照）。

3. 保育の5領域

保育実践では、保育の目的と目標を定めて、その目標を具体的に実現していくため
に、発達の視点からとらえた5つの領域がバランスよく経験できることが望ましいと
されています。もちろん、子どもの活動は重層的で、「運動遊びだから『健康』の領
域の活動」と単純なわけではなく、運動遊びの中でも、誘い合ったり、順番に並んだ
り、走る線をかいたり、勝った方が「やったー」と喜んだりするなど、各領域に対応
する経験が関連し合って遊びが展開しています。

---

4)　幼保連携型認定こども園教育・保育要領では「満1歳以上満3歳未満の園児」。
5)　幼保連携型認定こども園教育・保育要領では「満3歳以上の園児の教育及び保育」。

（1）保育内容の 5 領域

　3 歳以上児のクラスでは、幼稚園、保育所、幼保連携型認定こども園における教育内容は共通のものになっています。そして、遊びではこの 5 領域の総合的な展開を意識した計画を作成する必要があります。子どもに経験してほしいことは何か、育ってほしい面は何かなどを考え、活動のテーマになることを探しましょう。

　また、この 5 領域を意識することで、保育者が自分の得意な分野に偏った活動をしていないか、振り返ることができます。

（2）5 領域の総合的な展開

　幼稚園、保育所、幼保連携型認定こども園において、子どもは遊びと生活を通じて環境に働きかけて成長・発達していきます。図表 4 - 3（p.76）で保育内容として 5 領域について、ねらいを示しました。また、具体的な活動である、子どもが経験する内容も示されています。乳幼児の発達の側面から 5 領域としてはいますが、生活や遊びは、様々な経験が相互に関連し合って展開するもので、この活動が「健康」の領域の活動、次の活動は「言葉」の領域の活動と分けられるものではありません。

　例えば、「かけっこ」は体を動かすことの楽しさを味わうと同時に、友達と一緒の活動を楽しみますし、今日は風が冷たいなと感じるかもしれません。走るということは同じでも、「リレー」になると、相手チームを意識したり、「がんばろうね」と声をかけ合ったり、自分たちで走る線を引いたりします。運動会のリレーの後、絵をかいたりするかもしれません。

　このように、子どもの遊びや生活は、どの領域に関わるかというだけではなく、様々な意味をもつ経験が重層化され、総合的に展開しているといえます。

第4章　教育・保育の指導計画の作成にあたって

図表4-2　年齢ごとのねらい

	保育所保育指針	幼保連携型認定こども園 教育・保育要領	幼稚園教育要領
乳児	健やかに伸び伸びと育つ ①身体感覚が育ち、快適な環境に心地よさを感じる。 ②伸び伸びと体を動かし、はう、歩くなどの運動をしようとする。 ③食事、睡眠等の生活のリズムの感覚が芽生える。 身近な人と気持ちが通じ合う ①安心できる関係の下で、身近な人と共に過ごす喜びを感じる。 ②体の動きや表情、発声等により、保育士等と気持ちを通わせようとする。 ③身近な人と親しみ、関わりを深め、愛情や信頼感が芽生える。 身近なものと関わり感性が育つ ①身の回りのものに親しみ、様々なものに興味や関心をもつ。 ②見る、触れる、探索するなど、身近な環境に自分から関わろうとする。 ③身体の諸感覚による認識が豊かになり、表情や手足、体の動き等で表現する。		
1歳以上 3歳未満児	健康 ①明るく伸び伸びと生活し、自分から体を動かすことを楽しむ。 ②自分の体を十分に動かし、様々な動きをしようとする。 ③健康、安全な生活に必要な習慣に気付き、自分でしてみようとする気持ちが育つ。 人間関係 ①保育所での生活を楽しみ、身近な人と関わる心地よさを感じる。 ②周囲の子ども等への興味や関心が高まり、関わりをもとうとする。 ③保育所の生活の仕方に慣れ、きまりの大切さに気付く。 環境 ①身近な環境に親しみ、触れ合う中で、様々なものに興味や関心をもつ。 ②様々なものに関わる中で、発見を楽しんだり、考えたりしようとする。 ③見る、聞く、触るなどの経験を通して、感覚の働きを豊かにする。		

3. 保育の5領域

図表4-2　年齢ごとのねらい（続き）

	保育所保育指針	幼保連携型認定こども園 教育・保育要領	幼稚園教育要領
1歳以上 3歳未満児 （続き）	**言葉** ①言葉遊びや言葉で表現する楽しさを感じる。 ②人の言葉や話などを聞き、自分でも思ったことを伝えようとする。 ③絵本や物語等に親しむとともに、言葉のやり取りを通じて身近な人と気持ちを通わせる。 **表現** ①身体の諸感覚の経験を豊かにし、様々な感覚を味わう。 ②感じたことや考えたことなどを自分なりに表現しようとする。 ③生活や遊びの様々な体験を通して、イメージや感性が豊かになる。		
3歳以上児	**健康** ①明るく伸び伸びと行動し、充実感を味わう。 ②自分の体を十分に動かし、進んで運動しようとする。 ③健康、安全な生活に必要な習慣や態度を身に付け、見通しをもって行動する。 **人間関係** ①保育所の生活を楽しみ、自分の力で行動することの充実感を味わう。 ②身近な人と親しみ、関わりを深め、工夫したり、協力したりして一緒に活動する楽しさを味わい、愛情や信頼感をもつ。 ③社会生活における望ましい習慣や態度を身に付ける。 **環境** ①身近な環境に親しみ、自然と触れ合う中で様々な事象に興味や関心をもつ。 ②身近な環境に自分から関わり、発見を楽しんだり、考えたりし、それを生活に取り入れようとする。 ③身近な事象を見たり、考えたり、扱ったりする中で、物の性質や数量、文字などに対する感覚を豊かにする。 **言葉** ①自分の気持ちを言葉で表現する楽しさを味わう。 ②人の言葉や話などをよく聞き、自分の経験したことや考えたことを話し、伝え合う喜びを味わう。 ③日常生活に必要な言葉が分かるようになるとともに、絵本や物語などに親しみ、言葉に対する感覚を豊かにし、保育士等や友達と心を通わせる。 **表現** ①いろいろなものの美しさなどに対する豊かな感性をもつ。 ②感じたことや考えたことを自分なりに表現して楽しむ。 ③生活の中でイメージを豊かにし、様々な表現を楽しむ。		

※幼保連携型認定こども園教育・保育要領では「乳児期」「満1歳以上満3歳未満」「満3歳以上」の園児。幼稚園教育要領では満3歳以上児。

75

第4章　教育・保育の指導計画の作成にあたって

図表4-3　5領域のねらい

領域	1歳以上3歳未満児	3歳以上児
健康	健康な心と体を育て、自ら健康で安全な生活をつくり出す力を養う。	
健康	①明るく伸び伸びと生活し、自分から体を動かすことを楽しむ。 ②自分の体を十分に動かし、様々な動きをしようとする。 ③健康、安全な生活に必要な習慣に気付き、自分でしてみようとする気持ちが育つ。	①明るく伸び伸びと行動し、充実感を味わう。 ②自分の体を十分に動かし、進んで運動しようとする。 ③健康、安全な生活に必要な習慣や態度を身に付け、見通しをもって行動する。
人間関係	他の人々と親しみ、支え合って生活するために、自立心を育て、人と関わる力を養う。	
人間関係	①保育所での生活を楽しみ、身近な人と関わる心地よさを感じる。 ②周囲の子ども等への興味や関心が高まり、関わりをもとうとする。 ③保育所の生活の仕方に慣れ、きまりの大切さに気付く。	①保育所の生活を楽しみ、自分の力で行動することの充実感を味わう。 ②身近な人と親しみ、関わりを深め、工夫したり、協力したりして一緒に活動する楽しさを味わい、愛情や信頼感をもつ。 ③社会生活における望ましい習慣や態度を身に付ける。
環境	周囲の様々な環境に好奇心や探究心をもって関わり、それらを生活に取り入れていこうとする力を養う。	
環境	①身近な環境に親しみ、触れ合う中で、様々なものに興味や関心をもつ。 ②様々なものに関わる中で、発見を楽しんだり、考えたりしようとする。 ③見る、聞く、触るなどの経験を通して、感覚の働きを豊かにする。	①身近な環境に親しみ、自然と触れ合う中で様々な事象に興味や関心をもつ。 ②身近な環境に自分から関わり、発見を楽しんだり、考えたりし、それを生活に取り入れようとする。 ③身近な事象を見たり、考えたり、扱ったりする中で、物の性質や数量、文字などに対する感覚を豊かにする。

図表4-3 5領域のねらい(続き)

領域	1歳以上3歳未満児	3歳以上児
言葉	経験したことや考えたことなどを自分なりの言葉で表現し、相手の話す言葉を聞こうとする意欲や態度を育て、言葉に対する感覚や言葉で表現する力を養う。	
	①言葉遊びや言葉で表現する楽しさを感じる。 ②人の言葉や話などを聞き、自分でも思ったことを伝えようとする。 ③絵本や物語等に親しむとともに、言葉のやり取りを通じて身近な人と気持ちを通わせる。	①自分の気持ちを言葉で表現する楽しさを味わう。 ②人の言葉や話などをよく聞き、自分の経験したことや考えたことを話し、伝え合う喜びを味わう。 ③日常生活に必要な言葉が分かるようになるとともに、絵本や物語などに親しみ、言葉に対する感覚を豊かにし、保育士等や友達と心を通わせる。
表現	感じたことや考えたことを自分なりに表現することを通して、豊かな感性や表現する力を養い、創造性を豊かにする。	
	①身体の諸感覚の経験を豊かにし、様々な感覚を味わう。 ②感じたことや考えたことなどを自分なりに表現しようとする。 ③生活や遊びの様々な体験を通して、イメージや感性が豊かになる。	①いろいろなものの美しさなどに対する豊かな感性をもつ。 ②感じたことや考えたことを自分なりに表現して楽しむ。 ③生活の中でイメージを豊かにし、様々な表現を楽しむ。

「図表4-3 5領域のねらい」について、1歳以上3歳未満児と3歳以上児を比較し、異なる箇所に下線を引いてみましょう。

第4章　教育・保育の指導計画の作成にあたって

4. 計画に基づく保育の柔軟な展開

　保育における計画の重要性を述べてきましたが、では、日案で決めたことは何があっても実施しないといけないのでしょうか。

　たとえば、昨日の夏祭りの経験を絵にかく活動を、5歳児のクラスの担任のA先生が準備していたとしましょう。4歳児の何人かがクラスにやってきて、「夏祭りで踊ったソーラン節を教えてほしい」と言いました。「記憶が新しいうちに絵をかかせたい」という気持ちがあるA先生と、「子どもがほかの子どもに教える経験も大事」と思うB先生。主任のC先生は、「夏祭りを通じて経験したことを生活に生かすというならば、絵でも踊りでもよいですね」とアドバイスしました。

　保育所保育指針解説では、「子どもの変化に応じた活動の柔軟な展開」として、「保育においては、その時々の子どもの姿に即して、適切な援助をしていく必要が生じる。子どもの生活は多様な活動が関連をもちながら展開していくものであり、その中で偶発的に生じる様々な出来事が子どもの心を動かし、興味や関心をより広げたり、環境へ関わろうとする意欲を高めたりする」とし、そのため、「指導計画を作成した際の保育士の予想した姿と異なる姿が見られることもしばしばあるが、そうしたときに、必ずしも計画通りの展開に戻すことを優先するのではなく、子どもの気付きや感動を尊重し、新たな素材を加えたり、子どもの発想を刺激するような一言を添えたりするなどして、子どもが自らイメージを膨らませて活動を方向付け、豊かな体験を得られるように援助することが重要である」としています（厚生労働省，2018）。

　同じ「カレーパーティ」を経験しても、それを絵にかくときに、野菜を大きくかく子どももいれば、友達をたくさん書く子どももいるだろうし、画面いっぱいにカレーのお皿をかく子どももいるでしょう。このとき保育者は、「○○だから△△」と自分のイメージを先行させず、子ども一人一人の自発的な表現を大切にしていきます。

　保育者の計画に子どもを当てはめていくのではなく、計画を柔軟に変更しながら、その日の保育のねらいが達成できるように内容を工夫していくこと、日頃から多様な関わりができるように自分の引き出しを増やすことも、保育者に求められる資質です。

5. 指導計画作成上の留意事項

　保育所保育指針、幼稚園教育要領、認定こども園教育・保育要領には、指導計画作成上の留意事項があります。（p.80　図表4-4参照）。

　長期的な指導計画、短期的な指導計画を作成する点は共通ですが、保育所には3歳未満児、3歳以上児、異年齢で構成される組やグループについての留意事項があります。それに対し、幼稚園・認定こども園には、教育的な観点からの留意事項があります。さらに認定こども園には、子育て支援、小学校との接続などの留意事項が加わっ

ています。

　それぞれに相違があるのはもちろんのことですが、実際に指導計画を作成する保育者として最もおさえておきたいことは、各園で作成、実施される全体的な計画、教育課程、教育及び保育の内容並びに子育ての支援等に関する全体的な計画に沿った計画（以下、全体的な計画）を作成すること、かつその計画は保育者があらかじめ子ども一人一人の実態をおさえたものであることと強調しておきます。

　全体的な計画や教育課程は保育所保育指針、幼稚園教育要領、認定こども園教育・保育要領に基づいて、これまで既述しているようなそれぞれの特徴をしっかりと盛り込んでいます。これに沿った指導計画を子どもの実態をふまえて作成することこそ保育者にとっては重要であることをおさえておきましょう。

〈文 献〉
・厚生労働省（2018）. 保育所保育指針解説 平成 30 年 3 月　フレーベル館　pp.51 - 52

第4章　教育・保育の指導計画の作成にあたって

図表4-4　指導計画作成上の留意事項の比較

保育所保育指針	幼稚園教育要領	幼保連携型認定こども園 教育・保育要領
第1章　3（2）	第1章　第4　3	第1章　第2　2（3）
	3　指導計画の作成上の留意事項 　指導計画の作成に当たっては、次の事項に留意するものとする。	（3）　指導計画の作成上の留意事項 　指導計画の作成に当たっては、次の事項に留意するものとする。
（2）　指導計画の作成 ア　保育所は、全体的な計画に基づき、具体的な保育が適切に展開されるよう、子どもの生活や発達を見通した長期的な指導計画と、それに関連しながら、より具体的な子どもの日々の生活に即した短期的な指導計画を作成しなければならない。	（1）　長期的に発達を見通した年、学期、月などにわたる長期の指導計画やこれとの関連を保ちながらより具体的な幼児の生活に即した週、日などの短期の指導計画を作成し、適切な指導が行われるようにすること。特に、週、日などの短期の指導計画については、幼児の生活のリズムに配慮し、幼児の意識や興味の連続性のある活動が相互に関連して幼稚園生活の自然な流れの中に組み込まれるようにすること。	イ　長期的に発達を見通した年、学期、月などにわたる長期の指導計画やこれとの関連を保ちながらより具体的な園児の生活に即した週、日などの短期の指導計画を作成し、適切な指導が行われるようにすること。特に、週、日などの短期の指導計画については、園児の生活のリズムに配慮し、園児の意識や興味の連続性のある活動が相互に関連して幼保連携型認定こども園の生活の自然な流れの中に組み込まれるようにすること。
イ　指導計画の作成に当たっては、第2章及びその他の関連する章に示された事項のほか、子ども一人一人の発達過程や状況を十分に踏まえるとともに、次の事項に留意しなければならない。		
㋐　3歳未満児については、一人一人の子どもの生育歴、心身の発達、活動の実態等に即して、個別的な計画を作成すること。		
㋑　3歳以上児については、個の成長と、子ども相互の関係や協同的な活動が促されるよう配慮すること。		
㋒　異年齢で構成される組やグループでの保育においては、一人一人の子どもの生活や経験、発達過程などを把握し、適切な援助や環境構成ができるよう配慮すること。		

5. 指導計画作成上の留意事項

図表 4-4 指導計画作成上の留意事項の比較（続き）

保育所保育指針	幼稚園教育要領	幼保連携型認定こども園 教育・保育要領
		ア 園児の生活は、入園当初の一人一人の遊びや保育教諭等との触れ合いを通して幼保連携型認定こども園の生活に親しみ、安定していく時期から、他の園児との関わりの中で園児の主体的な活動が深まり、園児が互いに必要な存在であることを認識するようになる。その後、園児同士や学級全体で目的をもって協同して幼保連携型認定こども園の生活を展開し、深めていく時期などに至るまでの過程を様々に経ながら広げられていくものである。これらを考慮し、活動がそれぞれの時期にふさわしく展開されるようにすること。 　また、園児の入園当初の教育及び保育に当たっては、既に在園している園児に不安や動揺を与えないようにしつつ、可能な限り個別的に対応し、園児が安定感を得て、次第に幼保連携型認定こども園の生活になじんでいくよう配慮すること。
	(2) 幼児が様々な人やものとの関わりを通して、多様な体験をし、心身の調和のとれた発達を促すようにしていくこと。その際、幼児の発達に即して主体的・対話的で深い学びが実現するようにするとともに、心を動かされる体験が次の活動を生み出すことを考慮し、一つ一つの体験が相互に結び付き、幼稚園生活が充実するようにすること。	ウ 園児が様々な人やものとの関わりを通して、多様な体験をし、心身の調和のとれた発達を促すようにしていくこと。その際、園児の発達に即して主体的・対話的で深い学びが実現するようにするとともに、心を動かされる体験が次の活動を生み出すことを考慮し、一つ一つの体験が相互に結び付き、幼保連携型認定こども園の生活が充実するようにすること。
	(3) 言語に関する能力の発達と思考力等の発達が関連していることを踏まえ、幼稚園生活全体を通して、幼児の発達を踏まえた言語環境を整え、言語活動の充実を図ること。	エ 言語に関する能力の発達と思考力等の発達が関連していることを踏まえ、幼保連携型認定こども園における生活全体を通して、園児の発達を踏まえた言語環境を整え、言語活動の充実を図ること。

第4章　教育・保育の指導計画の作成にあたって

図表4-4　指導計画作成上の留意事項の比較（続き）

保育所保育指針	幼稚園教育要領	幼保連携型認定こども園 教育・保育要領
	(4)　幼児が次の活動への期待や意欲をもつことができるよう、幼児の実態を踏まえながら、教師や他の幼児と共に遊びや生活の中で見通しをもったり、振り返ったりするよう工夫すること。	オ　園児が次の活動への期待や意欲をもつことができるよう、園児の実態を踏まえながら、保育教諭等や他の園児と共に遊びや生活の中で見通しをもったり、振り返ったりするよう工夫すること。
	(5)　行事の指導に当たっては、幼稚園生活の自然の流れの中で生活に変化や潤いを与え、幼児が主体的に楽しく活動できるようにすること。なお、それぞれの行事についてはその教育的価値を十分検討し、適切なものを精選し、幼児の負担にならないようにすること。	カ　行事の指導に当たっては、幼保連携型認定こども園の生活の自然な流れの中で生活に変化や潤いを与え、園児が主体的に楽しく活動できるようにすること。なお、それぞれの行事については教育及び保育における価値を十分検討し、適切なものを精選し、園児の負担にならないようにすること。
	(6)　幼児期は直接的な体験が重要であることを踏まえ、視聴覚教材やコンピュータなど情報機器を活用する際には、幼稚園生活では得難い体験を補完するなど、幼児の体験との関連を考慮すること。	キ　乳幼児期は直接的な体験が重要であることを踏まえ、視聴覚教材やコンピュータなど情報機器を活用する際には、幼保連携型認定こども園の生活では得難い体験を補完するなど、園児の体験との関連を考慮すること。
	(7)　幼児の主体的な活動を促すためには、教師が多様な関わりをもつことが重要であることを踏まえ、教師は、理解者、共同作業者など様々な役割を果たし、幼児の発達に必要な豊かな体験が得られるよう、活動の場面に応じて、適切な指導を行うようにすること。	ク　園児の主体的な活動を促すためには、保育教諭等が多様な関わりをもつことが重要であることを踏まえ、保育教諭等は、理解者、共同作業者など様々な役割を果たし、園児の情緒の安定や発達に必要な豊かな体験が得られるよう、活動の場面に応じて、園児の人権や園児一人一人の個人差等に配慮した適切な指導を行うようにすること。
	(8)　幼児の行う活動は、個人、グループ、学級全体などで多様に展開されるものであることを踏まえ、幼稚園全体の教師による協力体制を作りながら、一人一人の幼児が興味や欲求を十分に満足させるよう適切な援助を行うようにすること。	ケ　園児の行う活動は、個人、グループ、学級全体などで多様に展開されるものであることを踏まえ、幼保連携型認定こども園全体の職員による協力体制を作りながら、園児一人一人が興味や欲求を十分に満足させるよう適切な援助を行うようにすること。

5. 指導計画作成上の留意事項

図表 4 - 4　指導計画作成上の留意事項の比較（続き）

保育所保育指針	幼稚園教育要領	幼保連携型認定こども園 教育・保育要領
		コ　園児の生活は、家庭を基盤として地域社会を通じて次第に広がりをもつものであることに留意し、家庭との連携を十分に図るなど、幼保連携型認定こども園における生活が家庭や地域社会と連続性を保ちつつ展開されるようにするものとする。その際、地域の自然、高齢者や異年齢の子どもなどを含む人材、行事や公共施設などの地域の資源を積極的に活用し、園児が豊かな生活体験を得られるように工夫するものとする。また、家庭との連携に当たっては、保護者との情報交換の機会を設けたり、保護者と園児との活動の機会を設けたりなどすることを通じて、保護者の乳幼児期の教育及び保育に関する理解が深まるよう配慮するものとする。
		サ　地域や幼保連携型認定こども園の実態等により、幼保連携型認定こども園間に加え、幼稚園、保育所等の保育施設、小学校、中学校、高等学校及び特別支援学校などとの間の連携や交流を図るものとする。特に、小学校教育との円滑な接続のため、幼保連携型認定こども園の園児と小学校の児童との交流の機会を積極的に設けるようにするものとする。また、障害のある園児児童生徒との交流及び共同学習の機会を設け、共に尊重し合いながら協働して生活していく態度を育むよう努めるものとする。

第5章
指導計画（長期的・短期的）の作成

学習のねらい

　指導計画の種類と作成の仕方を、具体例から学びます。

　園という集団生活の場で、子ども一人一人がふさわしい体験を得られるよう、年齢や発達に応じた指導計画が求められます。

　また、教育課程・保育の全体的な計画等に基づいて、年や月などの単位で子どもの生活や発達を見通すには長期的な指導計画が、より具体的な子どもの日々の生活に即するには週や日の短期的な指導計画が必要となります。

　障害のある子どもの保育や、保護者も対象とした子育て支援などについても、計画を立てて行うことが求められています。

第5章　指導計画（長期的・短期的）の作成

1.　指導計画の編成

　ここでは、教育課程などをもとにして、実際に指導計画を作成する際にポイントとしておさえておくべき部分について学んでいきましょう。

（1）3歳未満児の指導計画

　0歳児等の3歳未満児を対象とした指導計画を作成する際には、子ども一人一人に応じたものを意識して取り組む必要があります。同じ活動内容を計画したとしても、子ども一人一人が実に様々な反応を示すからです。全員ができるだろう計画を立てたとしても、3歳以上児の子どもと比較すれば当然、できる、できないにも違いがありますし、その計画に興味を示すかどうかもその時々の気分で変わってしまうかもしれません。つまりは、指導計画の通りにはいかないことが多いという事実を認識することが大切です。そのうえで、臨機応変に柔軟にそれを運用していくという意識も必要です。つまり「保育しながら計画（指導計画を修正)」するということです。

（2）3歳以上児の指導計画

　（1）で述べたように、3歳以上児であっても大切にすべき事項は変わりません。やはり指導計画通りにはいかないことも、「保育しながら計画」することが大切です。これをおさえたうえで、3歳以上児を対象とした指導計画を作成する際には、より見通しをもった計画が作成できるはずだという意識をもつことが大切です。より「こうなるだろう計画」を作成し、保育に臨むことが求められます。

（3）子ども一人一人の姿を記録しながら計画する

　子ども一人一人の姿を記録することは、子どもの実態を知るための第一歩となります。子どもの実態をおさえることなく指導計画を作成することは基本的にはありえません[1]。子ども一人一人（個の姿）の記録をすることは、クラスの子どもの姿（全体の姿）を知ることにもつながります。活動的な子どもが多いのか、おとなしい子どもが多いのか、クラスで何が流行しているのか、こういったことを理解するための出発点は必ず「個の姿」からとなります。

　このように子どもの実態をおさえたうえで、指導計画のねらいを設定します。ねらいには、保育者としての子どもへの願いを込めます[2]。さらに、設定したねらいをふ

---

1)　実習生として指導計画を作成する際には、子どもの実態をおさえることが不十分なまま行うこともありえます。実習園に行く前（子どもと会う前に）に指導計画案を準備しておくことが求められる場合があります。その際には、年齢等で子どもの姿をある程度予測しながら指導計画を準備する必要があります。そのうえで、実習園に行った後、子どもの姿を改めて記録し、実態をおさえ、準備した指導計画を修正することが求められます。実習園で何度も指導計画を修正することになるのはこういった理由からです。

2)　当然、子どもの実態をおさえておかないと、子どもに「こうなってほしい」「どうあってほしい」か等の願いは生まれません。

まえたうえで具体的な活動内容を作成していきます。こうやってできあがった指導計画（Plan）をもとにして、実際に保育を行っていきます（Do）。指導計画に基づく保育が終了した後、自身の保育をじっくりと振り返ります（Check）。そしていま一度、子どもの実態に立ち返り、再び指導計画を作成します（Action）。

2. 長期的な指導計画の編成

指導計画は、全体的な計画に基づき、具体的な保育が適切に展開されるよう、子どもの生活や発達を見通した長期的な指導計画と、それに関連しながら、より具体的な子どもの日々の生活に即した短期的な指導計画を作成しなければなりません[3]。

ここではまず、教育課程などに基づいて作成される年間指導計画、年間行事予定について触れます。次に、月の指導計画（月案）についても学びましょう。中でも月案は、保育者となったときに実際に作成する指導計画となりえます。

（1）年間指導計画・年間行事予定

教育課程などをもとにして、その園の1年間の保育内容を大まかに設定して作成されたものが、年間指導計画です。教育課程はその園に通う保護者に対する約束事が記載されているものであるのに対し、年間指導計画は保護者向けのお知らせではなく、その園の教職員が実際に行う保育の概略が記載されているものです。

保育者となったとき、その園で年間指導計画や年間行事予定を作成する機会があるでしょう。あるいは園長や主任等から、すでに作成してあるものを渡されるかもしれません。ここではこの2つがどのように関連するかを確認していきましょう。

① 年間指導計画

年間指導計画は教育課程をもとにして作成されていることが重要です。図表5-1にその一例を示します。園によって書式や作成方法は様々です。

② 年間行事予定

年間指導計画をもとに、その園の1年間の主な行事を分かりやすくまとめて記載したものが年間行事予定です。図表5-2にその一例を示します。こちらも園によって書式は様々です。

（2）月の指導計画（月案）

図表5-3に、ある園で実際に作成された月案をもとに、ポイントとなる部分をいくつか示しました。実際に月案を作成する際の参考にしてください。こちらも園によって書式や作成方法は様々です。その園での作成方法を先輩保育者からしっかりと学ぶことも大切です[4]。

3）　保育所保育指針　第1章 総則　3 保育の計画及び評価　(2)指導計画の作成　ア　参照。
4）　この教科書の例を参考にしたうえで、園での作成方法を学び、保育者間の情報の共有を図りましょう。

第5章　指導計画（長期的・短期的）の作成

　参考までに、月ごとに作成されることが多い行事予定（p.93　図表5-4参照）や、保護者向けに作成されることが多い園だよりもここに示しておきます（p.94　図表5-5参照）。

年間指導計画

Ａ幼稚園　平成〇年度

3歳児　ちゅうりっぷ組　担任：松山まつみ

年間目標		・基本的な生活の仕方が分かり、園生活に沿って自分からしようとする。 ・体を十分に動かしていろいろな遊びを楽しむ。 ・保育者や友達と親しみ触れ合いながら、安心して自分のしたい遊びに取り組む。 ・自分の欲求や感じたことを自分なりに言葉で伝えたり、いろいろな方法で表現したりする。
期のねらい	Ⅰ期	・安心して登園し、保育者や友達に親しみ、信頼感をもつ。 ・身近な小動物や園庭の草花に親しみをもつ。 ・園生活の流れを知り、生活の仕方をおぼえる。 ・遊具に興味をもち、自分から遊ぼうとする
	Ⅱ期	・保育者のしていることに興味をもち、安心して同じ遊びをする楽しさを感じる。 ・七夕発表会を通して、日本の伝統行事に触れる。 ・身近な自然に興味や関心をもつ。 ・友達と触れ合いながら体を使った遊びを楽しむ。 ・簡単な身のまわりの後始末などを自分でする。 ・遊びや生活には、約束やきまりがあることを知る。
	Ⅲ期	・保育者や友達とともに生活することで喜び、話したり聞いたりして会話を楽しむ。 ・生活の仕方を自分なりに考え、一人でしようとする。 ・秋の大きな運動会に喜んで参加する。 ・活動の仕方が分かるようになり、主体的に戸外で遊ぶことができる。
	Ⅳ期	・基本的な生活習慣が身に付き、自信をもってのびのびと行動する。 ・進級に期待をもつ。 ・冬の自然事象に触れ、好奇心をもつ。 ・話したり、つくったり、かいたり、歌ったり、動いたりして、自分なりに表現することを楽しむ。
評価と反省		

「年間目標」と「期のねらい」は、教育課程から全てを抜き出して書く。用紙にあらかじめ記載しておいてもよい。

図表5-1　年間指導計画

2. 長期的な指導計画の編成

「クラスの指導重点」は、教育課程から自身のクラスでより重点をおきたいものを抜き出して書く。 (この計画では、4月はものや動植物との出会いを大切にし、5月は人との関わりに重点をおいている。)	クラスの指導重点	4月	・土、砂、粘土などの感触を楽しむ。 ・園内の草花や小動物、昆虫などを見たり触れたりする。 ・初めて出会う教材や素材に触れ、その感触を楽しむ。

月	クラスの指導重点
4月	・土、砂、粘土などの感触を楽しむ。 ・園内の草花や小動物、昆虫などを見たり触れたりする。 ・初めて出会う教材や素材に触れ、その感触を楽しむ。
5月	・自分のクラスが分かり、担任や友達をおぼえ親しむ。 ・保育者に親しみをもち、一緒にいることで安心する。 ・保育者や友達と話す。
6月	・走る、跳ぶ、転がることや、固定遊具の遊びなどで思い切り体を動かす。 ・自分の好きな遊びを選び、楽しんで遊ぶ。 ・保育者の動きや楽しそうな雰囲気をきっかけにして、いろいろな遊びに挑戦する。
7月	・いろいろな材料や用具でかいたりつくったりして、表現する楽しさを知る。 ・自分から絵本に興味をもつ。
8月	・プール遊びを楽しみ、少しずつ水に慣れる。
9月	・活発に体を動かして遊ぶ。 ・友達と同じ活動に参加し、皆で一緒にすることを喜ぶ。 ・手洗い、うがい、排泄などを手順よく行うことを知り、自分なりに考えて行動する。
10月	・自然と触れ合うことや収穫する体験を通して、命の大切さに気付く。 ・季節の食べ物の収穫を喜び、感謝し、嫌いな食べ物にも挑戦する。 ・おいもほりに参加し、重さや形、におい、土の感触を肌で感じる。
11月	・木の葉や木の実、草花の種などを集め、それを使って遊び、秋の自然に関心をもつ。 ・身近なものの大小、色、形、多い少ないなどに関心をもち、違いに気付く。 ・身近な素材や、用具を使って好きなようにつくったり、かいたり、それを使って遊ぶ。
12月	・家族や地域の人の仕事や役割に触れ、興味や関心をもつ。 ・じっと見たり、歓声をあげたり、身振りで感動したことを伝え合う。
1月	・全身を使った遊びを十分に行い、寒さに負けず元気よく過ごす。 ・冬の寒さに負けず、戸外で遊び、冬の空気や自然の様子を感じる。
2月	・友達や保育者にお礼の言葉を進んで伝える。 ・悲しいこと、うれしいこと、考えたことなどを言葉に出して表現する。
3月	・物や場所の安全な使い方が分かり、自分から気を付けて遊ぼうとする。 ・年長者の真似をしたり、仲間に入れてもらったりして遊びを楽しむ。 ・保育者の手伝いを喜んでする。

図表5-1　年間指導計画（続き）

第5章　指導計画（長期的・短期的）の作成

年間行事予定表　A幼稚園　平成○年度

	4月(曜)	4月	5月(曜)	5月	6月(曜)	6月	7月(曜)	7月	8月(曜)	8月	9月(曜)	9月
1	火		木	月末統計	日		火	水泳指導（年長・年少）	金		月	半日保育　始業式
2	水		金		月		水	新採研	土	休日	火	体育指導
3	木	職員会14時	土	㊗憲法記念日	火	水泳指導（年長・年少）	木	七夕発表会	日		水	
4	金		日	㊗みどりの日	水		金		月		木	一日保育開始
5	土	休日	月	㊗こどもの日	木		土	ガレージセール	火		金	
6	日		火	水泳指導（年中）	金		日		水		土	休日
7	月	小学校入学式	水	職員健康診断（半日）・新採研	土	休日	月		木		日	
8	火	始業式	木		日		火	水泳指導（年中）	金		月	
9	水	入園式	金		月		水		土	休日	火	体育指導
10	木		土	休日	火	水泳指導（年中）	木		日		水	保育参観
11	金	遠足下見	日		水		金		月	㊗山の日	木	
12	土	休日	月		木		土	大そうじ	火		金	
13	日		火	保育相談　体育指導（全学年）	金		日		水	預かり保育夏休み	土	休日
14	月		水		土	休日	月		木		日	
15	火	体育指導（全学年）	木		日		火	半日保育	金		月	㊗敬老の日
16	水	保育参観	金		月		水		土	休日	火	体育指導
17	木		土	なかよし運動会	火	水泳指導（年長・年少）	木	終業式	日		水	
18	金		日		水		金	林間学校（年長）	月		木	
19	土	休日	月		木		土		火		金	
20	日		火	水泳指導（年長）年少見学	金		日		水	職員作業	土	休日
21	月	一日保育開始	水	新採研	土	バザー	月	㊗海の日	木	一日保育　夏期保育	日	
22	火	水泳指導（年長）	木		日		火	宿泊保育（年中）	金	一日保育	月	体育指導
23	水	尿・ぎょう虫　内科検診	金		月	振替休日	水		土	半日保育	火	㊗秋分の日
24	木		土	休日	火	水泳指導（年中）	木		日		水	
25	金		日		水		金		月		木	
26	土	休日	月		木		土	休日	火		金	
27	日		火	水泳指導（年中）	金		日		水	新採研	土	休日
28	月		水		土	休日	月		木	全県大会	日	
29	火	㊗昭和の日　春の遠足	木		日		火		金		月	
30	水	振替休日	金		月		水		土	休日	火	運動会予行練習（体育指導）
31			土	休日			木		日			
備考	身体測定				プラネタリウム見学・歯科検診		夏期講習				身体測定	

図表5-2　年間行事予定

2．長期的な指導計画の編成

※予定ですので変更になる場合もありますのでご了承ください。

	10月		11月		12月		1月		2月		3月	
1	水		土	願書受付開始	月		木	㊗元旦	日		月	
2	木	体育指導	日		火	水泳指導(年長・年少)	金		月		火	体育指導
3	金		月	㊗文化の日	水		土	休日	火	体育指導	水	保育参観
4	土		火	水泳指導(年長・年少)	木		日		水		木	
5	日		水		金		月		木		金	
6	月		木	入園面接	土	休日	火		金		土	休日
7	火	体育指導	金		日		水	半日保育	土	休日	日	
8	水		土	休日	月		木	始業式	日		月	
9	木		日		火	水泳指導(年中)	金	観劇会	月		火	体育指導
10	金		月		水	半日保育 幼稚園大会	土	休日	火	体育指導	水	
11	土	運動会	火	水泳指導(年中)	木		日		水	㊗建国記念日 造形展	木	お別れ会
12	日		水		金		月	㊗成人の日	木	振替休日	金	
13	月	㊗体育の日	木		土	大そうじ	火	体育指導	金		土	大そうじ
14	火	体育指導	金		日		水	だんご焼き	土	休日	日	
15	水	平成○年度 入園願書配布	土	休日	月		木		日		月	
16	木		日		火		金	観劇会	月		火	半日保育
17	金		月		水		土	休日	火	自由水泳	水	
18	土	休日	火	水泳指導(年長・年少)	木	半日保育	日		水		木	
19	日		水	保育参観	金		月		木	一日入園	金	終業式
20	月		木		土	休日	火	自由水泳	金		土	㊗春分の日
21	火	水泳指導(年長・年少)	金		日		水	○地区研究大会(予)	土	休日	日	
22	水	おいもほり	土		月	終業式	木		日		月	卒園式
23	木		日	㊗勤労感謝の日	火		金		月		火	父母会総会
24	金		月	振替休日	水		土	休日	火	体育指導	水	
25	土	休日	火	水泳指導(年中)	木		日		水		木	
26	日		水		金		月		木		金	預かり保育終了
27	月	おいもほり予備日	木		土	休日	火	体育指導	金		土	休日
28	火	水泳指導(年中)	金		日		水	○地区研究大会(予)	土	休日	日	
29	水		土	休日	月		木		日		月	
30	木		日		火		金				火	
31	金				水		土	休日			水	
備考							身体測定					

図表5-2 年間行事予定（続き）

第5章　指導計画（長期的・短期的）の作成

5歳児　Ⅰ期　4月　指導計画（月案）

A 幼稚園（ ○年度　No. 1）	クラス名　こすもす	園長印
平成○年4月1日～4月30日（4週）	担任名　梅田うめこ	

教育課程・年間指導計画より書き写す。園の子どもに対する願いとなる。

年間目標	・友達との園生活を楽しみ、いろいろな遊びを活発に行うとともに、基本的な生活の習慣や態度を身に付ける。 ・自然や身近な事象に興味や関心をもち、豊かな心情や知的好奇心、探究心を高める。

子どもの実態を踏まえ、自身のクラスの保育のねらい（月）を設定する。

ねらい	・新しい環境に慣れ、友達との遊びや生活を楽しむ。 ・生活に必要な習慣を身に付けようとする。

ねらいを達成するために指導するうえでおさえておくべき子どもの姿を具体的に記述する。

指導内容の視点	指導上の留意点	・園生活に必要なきまりを確認したり、自分たちで生活の場を整えようとする。 ・保育者や友達の話を聞いて内容を理解する。 ・年長児としての自覚をもち、友達と遊びを楽しむ。
	生活習慣	・日常の挨拶が友達や身近な人にできる。 ・新鮮な気持ちで生活できるよう、当番の見直しをする。

基本的生活習慣を身に付けるために記述する。

		内容	指導（援助）方法・環境構成等
教材関連		折り紙製作 「ちゅうりっぷ」	角と角をしっかり合わせて折る。
		ステップブック 「ねんちょうさんだよ」	年長になった喜びと自覚を感じながら、生活習慣の見直しをする。
		もじのおけいこ	姿勢や道具の正しい扱い方を知る。
歌		朝のうた、帰りのうた、おべんとうのうた	園生活の流れを理解し、園生活に必要な歌を覚え、元気に歌う。
		園歌、 せんせいとおともだち	1、2番の歌詞をよく覚え、間違えずに歌う。
		ちゅうりっぷ	園庭のチューリップを思い浮かべて歌う。
		赤・青・黄のうた	交通ルールを再確認する。
		ぶんぶんぶん ⑪ ぱんだちゃん、かばさん	身体表現を楽しむ。

この月に使用する教材とその保育内容・指導方法等を記述する。

この月に使用する歌とその指導方法等を記述する。

評価と反省	新年度が始まり、はりきって進級し生活する姿が見られた。 クラスの顔ぶれに戸惑いながらも、教師がそれぞれに得意な遊びを用意する中で、新しい友達の名前を覚えていった。 遊具や用具など保育室を整え、子どもが自発的に遊びだせるように環境の工夫をしたい。

図表5-3　月の指導計画（月案）

92

2. 長期的な指導計画の編成

行事予定　4月

A幼稚園　平成○年度

日	曜	社会的行事	園行事	諸会合等
1	月		新年度職員顔合わせ、異動、体育正課指導打ち合わせ	
2	火		新年度計画、保育室整理、飾り付け、清掃、事務処理	職員会 14:00
3	水			
4	木			
5	金	清明	新年度計画、始業式・入園式準備	小学校入学式出席
6	土		休日（預かり保育あり）	
7	日			
8	月	灌仏会	平成○年度 着任・始業式	
9	火		平成○年度 入園式	
10	水		一斉保育開始、誕生児写真撮影	
11	木		交通安全指導	職 14:00 教育課程
12	金		遠足下見（午後）	
13	土		休日	
14	日			
15	月	旧ひな祭		学年会
16	火		体育指導	
17	水	土用	保育参観・学級懇談会	
18	木			教育課程
19	金		身体測定（年長）	プール研修 14:30 ～
20	土	穀雨	休日（預かり保育あり）	
21	日			
22	月		一日保育開始、内科検診 13:00 ～	
23	火		水泳指導（年長）	
24	水		誕生会・対面式	
25	木		身体測定（年中・年少）	尿・ぎょう虫卵検査
26	金			
27	土		春の遠足（こどもの国）	
28	日			
29	月		祝日（昭和の日）	
30	火		体育指導、月末統計・お知らせ配布	
備考		5月15・16・17日 保育相談 5月25日（土）なかよし運動会		

（右欄注記：春の全国交通安全運動〔6日～15日〕、半日保育〔10日～19日〕）

図表5-4　月間行事予定

4月 えんだより
ねんしょう

学校法人N学園　A幼稚園
平成〇年4月7日発行　Tel XXX-XXX-XXXX

（教職員紹介）
学園長　相田博夫
園長　相田公代
主事　市山直樹
副園長　宇野公美

一年　少一
たんぽぽ（黄）江崎聡美
ちゅうりっぷ（赤）松山まつみ

一年　中一
こあら　加山美和
きりん（黄緑）竹沢たけよ
うさぎ（白）草野千歳

一年　長一
ひまわり（橙）原田直枝
こすもす（紅）梅田うめこ
すいせん（藤）佐藤杏子

ティーム　下山俊輔
ティーム　鈴木智香

一運転手一
しゃぼん玉号　関谷忠史
たんぽぽ号　園田正也
ひよこ号　田中岩央

一体育指導一
年少・年長　千野大輝
年中　塚原誠二
プール手伝い　寺田美玲

4月生まれのおともだち
10日　たんぽぽ　とのだ てるひ
　　　ちゅうりっぷ　あんな
17日　なかやま　あゆな
24日　にしな　ともひこ

入園・ご進級おめでとうございます

新しい環境の中での子どもたちの不安や戸惑いを吹き飛ばしてしまうくらい、少しでも早く園での生活に慣れるよう全職員で力を合わせてがんばります。ご家族の皆様のご協力もよろしくお願いいたします。

今月の目標：みつけよう！たのしいあそび！つくろう！ともだちいっぱい！

		行事
1	火	春休み
2	水	
3	木	
4	金	
5	土	
6	日	
7	月	平成〇年度第一学期始業式・着任式
8	火	平成〇年度入園式（進級児はお休み、預かり保育あり）
9	水	休園
10	木	一斉保育開始・交通安全指導
11	金	半日保育
12	土	誕生児写真撮影（4月）
13	日	休日
14	月	
15	火	体育指導（体操着登園）
16	水	
17	木	うさちゃん教室体験
18	金	うさちゃん教室体験
19	土	休日（預かり保育あり）
20	日	休日
21	月	保育参観・学級懇談会（個別降園）・体育指導（体操着登園）
22	火	一日保育開始・体育指導
23	水	身体測定（体操着登園）
24	木	休日
25	金	誕生会・対面式
26	土	休日
27	日	休日
28	月	
29	火	祝　昭和の日
30	水	月末統計・お知らせ配布

☆7日（月）平成〇年度第一学期始業式
在園児登園日となっています。

☆8日（火）平成〇年度入園式
・進級児はお休みです。
・預かり保育（時間外保育）はあります。

☆10日（木）一斉保育開始（制服・制帽）
【持ち物】
・通園リュックの中…おさつのたより
・通園袋の中…スモック、タオル、クレコ、粘土、粘土板、粘土ベラ（全て名前を記入してください）
※お道具箱は保育参観のときにお持ちください。

☆21日（月）保育参観 10:30〜
学級懇談会 11:00〜（個別降園）
実行委員会 11:45〜
詳細は別紙にてお知らせします。

☆22日（火）一日保育開始、お弁当開始
詳細は別紙にてお知らせします。

☆23日（水）身体測定 10:20〜
・体操着の上にブレザーを着せてください。
・保健委員さん、クラス委員さん（年中）のお手伝いにお集まりください。10:10に園にお集まりください。
・おたより帳を預からせていただきます。

☆15日・22日（火）の体育指導は体操着登園です。

★徒歩コースのお迎え時間は…
半日保育→11:30
一日保育→14:00　となります。
お間違えのないようお願いいたします。

★4月より毎月6日に保育料としまして指定口座から自動引き落としされます。指定口座に残高不足のときは振込用紙をお渡ししますので銀行で振込をお願い致します。

★うさちゃん教室のお知らせ
平成〇年度うさちゃん教室が始まります。17日（木）・18日（金）に無料体験を行っています。
まだ在室だ入会・体験希望の方は…ご希望の方は幼稚園までご連絡ください。また、ご近所のお友達をぜひご紹介ください。ご案内をお送りしてください。入会されたかたには年間予定表をお渡しします。

*保育中、担任の呼び出しは緊急時以外はお控えください。必要時の連絡は16時以降にお願いいたします。

*防犯上、来園時には必ず職員室にお声をおかけください。簡単な用件のときでもよろしくお願いします。遅刻などで、保育中にお連れのときもお声をおかけください。ご協力お願いします。

*遅刻や早退、欠席をなるべくしないよう心がけ、丈夫な体を目指しましょう。

*5月の行事予定
1日（水）内科検診
12日（月）〜13日（火）保育相談（半日保育）
14日（水）教職員健康診断（スラシア）
17日（土）春の遠足

★退任のお知らせ
戸川多美先生が退職されましたのでお知らせいたします。

図表5-5　園だより（月間行事予定を含む）

3. 短期的な指導計画の編成

　ここでは、教育課程などに基づいて作成される週の指導計画すなわち週案と、日の指導計画すなわち日案について触れていきます。いずれも月案と同様に保育者となったときには必ず作成するものです。これらも園によって書式や作成方法は様々です。

(1) 週の指導計画（週案）

　週案は、対象となる週に行う保育内容を、月案、行事予定、保護者に向けた園だよりなどをもとに作成します。図表5-6に作成上のポイントを示してありますが、大切なのは、教育課程→年間指導計画→月案→週案→日案の流れで、それぞれの園の願いがしっかりと個々の保育者の日案にまで行き渡っているかどうかです。

(2) 日の指導計画（日案）

　日案は、毎日作成することが望ましいです。そのほか、園での研究会や、公開保育時に合わせて作成することもあります。
　日案には、環境構成から記述したもの（図表5-7参照）と、時系列から記述したもの（図表5-8参照）があります。
　環境構成による日案は、日頃の子どもの遊びから保育者がいくつかをピックアップし、環境を構成し、その詳細を記述し、保育終了後に省察を行うことを繰り返していきます。

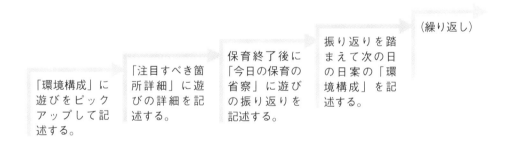

　時系列による日案は、時系列に沿って保育の流れを記述したもので、実習等でよく見られる様式です。なお、保育を支えるための時間として、保育時間の前後に保育者の活動を記してあります。

第５章　指導計画（長期的・短期的）の作成

指導計画（週案）

A幼稚園

平成○年４月24日〜４月29日（５日間）　４歳児　I期　４月（第４週）

I期のねらい：新しい環境に慣れ、友達との遊びや生活を楽しむ。／生活に必要な習慣を身に付けようとする。

	クラス名　きりん　担任名　竹沢たけよ
検印	歌　リトミック・リズム
今週の目標	・朝のうた、帰りのうた、おべんとうのうた／園歌・ちゅうりっぷ・ぱんだちゃん、かばさん　⑩ぱんだちゃん、かばさん

保育のねらい（週）

項目	24日（月）	25日（火）	26日（水）	27日（木）	28日（金）	29日（土）
行事		こいのぼり製作（個人）	誕生会・対面式　にこにこ教室	内科検診	月末統計・お知らせ配布	祝日（昭和の日）
子どもの活動・保育者の援助	体育指導：マットの一連の流れや動き方を知る。／はさみとのりの使い方：・三角を合わせてつくった絵にクレヨンでおえかきをする。・はさみとのりの使い方をしっかり確認する。／生活習慣：挨拶をしっかりとする。行動にメリハリをつける。／自然観察：桜の花が散った後、葉が出てきているのを知る。	こいのぼり製作（個人）・切り紙を行い、うろこをつくる。・封筒の土台にうろこと目玉をのりで貼り付け、尾びれの部分にビニールテープを貼って裂く。	誕生会・対面式：成長を喜び、ともにお祝いする。クラスの名前を覚え、仲良く園生活を送れるよう約束する。／壁面製作：新聞紙を折り、かぶとをつくる。好きな形の折り紙を貼る。	内科検診：・並んで着替えを行い、静かに並んで検診を受ける。・挨拶をきちんと行う。／折り紙製作（チューリップ）：はじとはじを合わせてて寧に折る。のり、はさみの使い方を再確認して行う。	公園へお散歩：園から近くの公園へ行く。春の風を感じながら、いつものペアで手をつないで歩く。	
環境構成	はさみ、のり、画用紙、折り紙、のりの下じき、のりの手ふき雑巾	封筒、折り紙、のり、はさみ、目玉、ビニールテープ、のりの下じき、手ふき雑巾	新聞紙、折り紙、のり、画用紙、はさみ	はさみ、のり、クレヨン、折り紙、のりの下じき、手ふきタオル	水筒、救急箱、帽子、虫かご（花・植物などを入れる）	
家庭連絡	配プール依頼　特体操服　回誕生メッセージカード	回尿検査（二次）一次検査未提出あり	特タオル、歯ブラシ、コップ、誕生カード、写真、プレゼント		特持物一式、こいのぼり／配お知らせ、献立、ファミリークラスだより、保育相談日程表、行事費・誕生会費のプリント、維持管理費についてのプリント、遠足のお知らせ	
提出物	計画案	誕生カード	調案、月案、日誌	調案、月案、日誌	指導の記録　⑩おたより帳	
その他	カワイ体操	誕生準備　A幼稚園水泳（ボイラー）	水泳		月末統計・内科診結果記入	
評価と反省						

〔吹き出し注記〕

- 子どもの実態を踏まえ、自身のクラスの保育のねらい（週）を記述する。
- 一日の流れをよく理解し、身のまわりのことを自分でできるように行う。
- この日に行う子どもの活動、それを指導する上でおさえておくべき子どもの姿を具体的に記述する。
- 準備しておくべき教材も記述する。
- 教育課程・年間指導計画より書き与える。
- 保護者に知らせるべき事項を記述する。配布プリントや連絡帳に記載することも含む。
- 園への提出物を記述する。
- 毎日終了後に記録する。

図表 5-6　週の指導計画（週案）

3．短期的な指導計画の編成

指 導 計 画 （日 案）

A 幼稚園　平成○年度　　　　　　　　　　　　　　　担任：竹沢たけよ

○月　○日（○）　天候：晴れ	（　きりん　）組 （　4　）歳児	出席	男（　5　）人 女（　4　）人

今日のねらい（屋外）	今日のねらい（保育室）
活動時間　9：45　～　11：00	活動時間　12：30　～　13：45

環境構成

（正門）

①三輪車遊び
・危険なものがないか確認する。
・角のクッションが欠けていないか点検する。

②リレーの真似
・あらかじめトラックを引いておく。
・リングバトンはいつでも出せるように、朝礼台の下に置いておく。

園舎　（裏門）

朝礼台

遊びをピックアップして記述する。

ピロティ

Ⓑカメの世話
・あらかじめカメの様子をみておく。
・エサの残量を確認しておく。
・水のくみおきをしておき、ピロティに置く。
・ピロティに出て行う。

Ⓐ絵本読み聞かせ
・絵本「やさしいあくま」をホワイトボードに立てかけておく。
・昼食終了後、子どもと一緒に椅子を並べる。

ホワイトボード　ピアノ

（ドア）　　（ドア）

注目すべき箇所詳細

①三輪車置き場付近でかくれんぼ

ピロティ　三輪車置き場　トイレ　Ⓐ太　Ⓑ男　花壇　園庭

A太とB男は入園当初から、いつもここでかくれんぼをしている。

②リレーの真似
年長組が春の運動会で行ったリレーを真似して遊んでいる。

子ども　園庭

遊びの詳細を記述する。

Ⓐ絵本読み聞かせ
先日、フェレットが死んだ際に、子どもから「いのちって何？」といった類の問いかけが目立った。これを受け、絵本を通して命について伝えている。長い絵本のため、5回に分けて読み聞かせを行っており、今回はその3回目。

子ども　保育者

Ⓑカメの世話
いきものがかりのE太、F美を中心に、クラス全員で行っている。G男はいつもカメを怖がって近寄ろうとしない。

E太　F美　カメ　子ども　G男

今日の保育の省察

・A太とB男はいつも①のように遊んでいる。死角でもあるため、保育者が日頃から注意すべき場所である。最近はC美やD子も一緒になって、狭い中で息を潜めて、子ども同士で隠れている。鬼役などを特に決めている様子はなく、保育者に見つかると、「うわー！」と言って皆一緒になって逃げ出す。
・②では、子どもが春の運動会の年長組にあこがれて、リレーの真似を役割や方法を探りながら行っている。保育者としては、子どもだけで考えてつくり上げていく様子をしばらく見守っていこうと考えている。

保育終了後に遊びの振り返りを記述する。

Ⓐ園で長年かわいがっていたフェレットが死んだとき、子どもから命に対する疑問の声が多くあがった。その一つの受け答えとして、絵本「やさしいあくま」を読み聞かせしている。ただ読むだけでは難しい内容なので、ゆっくりと、そして子どもに問いかけながら進めている。

Ⓑカメの世話は3日に1回、いきものがかりを中心に行っている。最近はE太、F美も主体性をもって取り組む姿が見られる。今日はF美から「毎日お水を替えた方がいいよね」といった声があった。明日、E太、F美と相談しながら、取り組み方を考え直していこうと思う。なお、G男はまだカメが怖いようだ。

図表5-7　日の指導計画（日案）　環境構成

97

第5章　指導計画（長期的・短期的）の作成

指 導 計 画（日 案）

A 幼稚園　平成○年度
担任：竹沢たけよ

今日の保育のねらい
お店やさんごっこでの品物づくり（ペンダント）を行うことで、造形展で行われるお店やさんごっこを楽しみに待つ気持ちを高める。

11月 ○日（○）天候：晴れ　（きりん）組　（4）歳児　出席：男（11）人／女（9）人

時刻	保育を支えるための時間	
	・クラス環境設定‥‥‥ 当番表や日付を更新するなど、クラスの環境設定を行う。 ・5分間ミーティング… 今日の保育活動における諸注意を全教職員で確認する。 ・園内外清掃‥‥‥‥‥ 正門から園庭にかけての清掃と、部屋の清掃を行う。 ・ホール環境設定‥‥‥ 雨模様なので、ホールにすべり台やマット等を配置する。	
	保育時間	
	子どもの活動	保育者の関わり
8：00	○登園 ・元気よく挨拶をする。 ・登園してきた子どもから順に身支度をする	・子どもと挨拶をする。「おはよう」の返事がない子どもにはもう一度挨拶をする。 ・身支度を済ませるよう伝える。 ・着替えに援助が必要な子どもには声かけ、手伝い等を行う。 ・部屋とホールを行き来し、子どもの様子を見守る。
9：00	○自由活動 ・子ども一人一人がホールや部屋で自由に遊ぶ。 ・ホールに準備したすべり台で順番に遊ぶ。 ・ホールと部屋の後片付けをする。 ・部屋からホールへ移動する。	・子どもと一緒になって遊びながら、状況に応じて援助を行う。 ・すべり台をすべる前に、先生とジャンケンをして勝ったらすべる。 ・保育者と一緒に子どもたちですべり台を片付ける。
10：00	○全体集会（ホール） ・「せんせいおはよう」を歌う。 ・手遊び「やきいもグーチーパー」を楽しむ。	・子どもと一緒に元気よく歌う。 ・歌っていない子どもには「○○くんの声を聞きたいな」等の言葉がけをする。 ・手遊びは、子どもの前で手本を示しながら楽しく行う。
10：20	○朝の集まり ・朝の挨拶を全員で行う。 ・出席の返事を元気よくする。 ・当番活動の子どもは前に出て、今日の目標を話す。	・準備ができていない子どもに「○○くん始まるよ〜」などの言葉がけをする。 ・借りていた絵本を持ってきたかどうか聞く。 ・忘れてしまった子どもには「絵本貸し出しの時間」は待っているよう伝える。 ・当番活動の子どもに前へ出るよう伝える。今日の目標をたずねる。
10：40	◎主活動「ペンダントづくり」 ・お店やさんごっこで使うペンダントを製作する	〈ペンダントのつくり方〉 ①シールにマジックペンで丸をかく。 ②はさみでかいた線に沿って切る。 ③事前につくっておいたメダルにシールをはる。 ・つくり方について、実物（メダルやシール）を使いながら、順序立てて話をする。 ・つくり方に戸惑っている子どもの援助を行う。 ・先にできあがった子どもに、まわりの子どもの手伝いをするよう伝える。

98

3. 短期的な指導計画の編成

時刻	子どもの活動	保育者の関わり
11：20	○食事（給食） ・うがい、手洗いをする。排泄を済ます。 ・当番活動の子どもはテーブルをふきんでふく。 ・当番活動の子どもは一人一人に給食を配る。 ・「いただきます」の挨拶をする。 ・給食を食べる。 ・「ごちそうさま」の挨拶をする。	・うがい、手洗い、排泄をするよう促す。 ・当番活動をしている間、ピアノをひく。 ・給食を落とさないよう見守る。 ・テーブルごとに麦茶をコップに入れていく。
12：30 12：50	○自由活動（ホール） ・異年齢児（3歳児・4歳児）と一緒に遊ぶ。 ・「ビリビリ新聞紙」を楽しむ。 ・後片付けをする。	・異年齢の子どもと関わるときに、「○○くん教えてあげてくれるかな？」などの言葉がけをする。 ・「ビリビリ新聞紙」を楽しめていない子どもに声かけをする。 ・ポリ袋を用意し、それに新聞紙を詰めるよう伝える。 ・ポリ袋をきつく結び、それをボールにして子どもに投げ入れる。 ・ホールの舞台の上にポリ袋を置いておくよう子どもに伝える。 ・「またできるよ」等の期待感をもてるような言葉がけを行う。
13：10	○絵本の貸し出し（図書室） ・絵本を入れる手さげ袋を持って図書室へ移動する。 ・順番に自分が借りたい絵本を取りに行く。	・クラスで円になって、自分の手さげ袋を前におくよう伝える。 ・借りていた絵本を忘れてしまった子どもには、その場で待っているよう伝える。
13：30	○帰りの会 ・着替えや荷物の準備を行う。 ・絵本「ドンチビ」を楽しむ。 ・「さようなら」の挨拶をする。 ・椅子を片付ける。	・身支度を済ませるよう伝える。 ・絵本の読み聞かせを聞くときの、いつもの隊形になるよう伝える。 ・明日の活動の予定を話す。
14：00 14：20	○降園 ・順番に先生と言葉を交わし、降園する。	・順番に子どもを保護者へ送り出す。 ・保護者に今日あったことを連絡・報告する。 ・迎えがまだ来ていない子どもには、保育者と一緒に待つよう促す。
	保育を支えるための時間	
  17：00	・園内外清掃・・・・・・・・・・・・・・ 正門から園庭にかけての清掃と、部屋の清掃を行う。 ・20分間ミーティング・・・・・・ 今日の保育活動の評価・反省、連絡事項の伝達等を行う。 ・誕生会出し物の打ち合わせ… マジックショーのリハーサルを行う。	
	評価と反省	
	個の活動と集団の活動、また、動的活動と静的活動と変化のある日だったが、一人一人が見通しをもって活動に参加していた。造形展の具体的イメージを示すことで、自分のやりたいこと・やるべきことがはっきりしたようだ。行事に向けての活動のみではなく、好きな遊びの時間も十分に確保していきたい。	

図表5-8　日の指導計画（日案）　時系列

第 5 章　指導計画（長期的・短期的）の作成

 避難訓練の計画

　園では様々な避難訓練[5]が行われています。有事に園児を安全に誘導することが目的ですが、教職員が有事にどういった動きをすべきなのかを確認する機会でもあります。計画を立て（Plan）、それを実行し（Do）、評価・反省をし（Check）、また計画を再編成する（Action）、まさに PDCA サイクルを意識して行うことがとても重要です。

　ある園での取り組みを紹介します。

① 「お・か・し・も」の約束

　クラスにおいて園児と一緒に「お・か・し・も」の約束を復唱します。

　「お」…押さない

　「か」…かけない（走らない）

　「し」…しゃべらない（話さない）

　「も」…戻らない

② 放送が聞こえたら…

　「地震がありました」「火災が発生しました」等、教職員に分かるように放送でアナウンスがあります。そのアナウンスの指示のもと教職員は近くの子どもを呼び寄せます[6]。

③ クラスのタイヤは何色？

　教職員のもとに集まった子どもを、自分のクラスの色のタイヤの前へと誘導します。ちなみに、ちゅうりっぷ組が赤、たんぽぽ組が黄、きりん組が黄緑、うさぎ組が白、こあら組がピンク、のようになっています。

④ 園長のおはなし

　最後に、園長から訓練を振り返っての総評が子どもに向けて行われます。「お・か・し・も」の約束がきちんと守られていたか等、優しく話をします。

⑤ 教職員の振り返り

　保育終了後、教職員で訓練の振り返りを行います。この振り返りを次回の訓練へと生かしていきます。同時に、いつおこるかもしれない有事の際の備えとします。

---

[5] 火災や地震を想定した訓練はもちろん、不審者が入ってきたことを想定した訓練も行われています。近年ではミサイル落下を想定した訓練も必要となってくるかもしれません。

[6] 日頃から園庭や園舎内でブラインドスポット（死角）となる場所がないように、あらかじめ教職員が配置されていることが望ましいです。

4. 3歳未満児の指導計画の作成

　3歳未満児の指導計画の作成について、幼保連携型認定こども園教育・保育要領では、「園児の発達の個人差、入園した年齢の違いなどによる集団生活の経験年数の差、家庭環境等を踏まえ、園児一人一人の発達の特性や課題に十分留意すること」とし、満3歳未満の園児については「大人への依存度が極めて高い等の特性があることから、個別的な対応を図ること。また、園児の集団生活への円滑な接続について、家庭等との連携及び協力を図る等十分留意すること」とされています。

　具体的には、「園児一人一人の生育歴、心身の発達、活動の実態等に即して、個別的な計画を作成すること」です。第4章で示した、子どもの発達理解や保育内容のねらいと内容、また「養護と教育が一体となった」実践であることなどを踏まえて作成していきます。つまり、月齢による発達の違いが大きいこと、同じ月齢でも個人差があること、家庭での経験に違いがあること、体調の変化への配慮等、細やかな関わりが必要であるという認識をもとにして、個別計画を作成する必要があるのです。これは保育所保育指針においても同様です。

　一方、個別とはいっても、園は集団で生活している場所ですから、クラスの月のねらいや内容なども考慮して作成します。特に2歳児のクラスの指導計画には、クラス活動のねらいや内容を記入しましょう。

　3歳未満児の指導計画の作成の方法は、第6章 p.118 に詳しく書かれています。ポイントは、下記の4つです。

　① 子ども一人一人の発達と課題に即した個別的な計画を作成する

　② 養護と教育の視点をもつ

　③ 安全で衛生的な環境設定を行う

　④ 複数の保育者の関わるチーム保育を前提とする

　では、M保育園の0歳児の月の指導計画（月案）を見てみましょう（図表5-9）。次に、1歳以上3歳未満児の月案を見てみましょう（図表5-10）。

　同じ月齢であっても、一人一人の育ちの特徴によって、保育のねらいや内容が異なってきます。また、月齢が低くなればなるほどクラスに関わる保育者が多くなり、チームで保育に当たる場面が増えます。指導計画の中に、T1、T2、T3等、チームの略称を記入し、チームでの役割を意識化・可視化する必要があります。

　また、3歳未満児の生活の中では、「食べる」「寝る」「着替える」など、基本的な生活習慣の獲得に向けた活動が重要です。特に「食べる」ことは楽しみでもあり、日々の子どもの様子がよく分かる活動です。食育の活動が盛んな園では、個別の指導計画の生活の目標に食育の目標を入れることもあります。

第5章　指導計画（長期的・短期的）の作成

０歳児　４月　指導計画（月案）

M 保育園　平成○年度　　　　　　　　　　　　　　　　　　　担任：○○○○

| （ ０ ）歳児 （ ４ ）月 | | | | （ ７ ）名（男 ４ 名／女 ３ 名） | | |

| ねらい | ・一人一人の生活リズムに沿って、保育者と触れ合い、関わりながら過ごす。
・自分の体を動かして遊ぶ。 | | 今月の行事 | 花見（入園式）
保護者会　避難訓練
（誕生日会） | ０歳児の行事への参加は要検討。 | |

氏名・ 年齢	前月の子どもの姿	ねらい（育てたい姿）		保育者の 配慮・援助点	環境構成
		生活	遊び		
心 ０歳11月 個別の計画を立てる。	・午前寝をすることが多いが、少しずつ園での生活リズムに合うようになっている。 ・はいはいで好きな場所に移動することを楽しんでいる。	・好き嫌いなく、何でも食べようとする。 ・生活リズムが安定し機嫌よく過ごす。	・好きなおもちゃを見付け、いろいろな遊び方をする。 ・散歩やデッキなど戸外で過ごし、喜ぶ。 週案ではさらに、人形、パズルなど具体物をあげる。	・本児のリズムに合わせ、ゆったり関わる。 ・手づかみでも自分で食べるように楽しい雰囲気をつくる。	・安全なスペースを確保し、十分に遊べるようにする。
太郎 ０歳11月	・担任を覚え、他の保育士等だと不安な様子をみせている。 ・つたい歩きをしながら、好きな乗り物にのって飽きずに遊んでいる。 ・母子分離のときは泣くことが多い。	・保育士との信頼関係をつくり、安心して過ごす。 ・好き嫌いなく、何でも食べようとする。 月齢が同じでも、個々のねらいは異なる。	・好きなおもちゃで遊びながら、保育士等と関わる。 ・音楽やリズムを楽しむ。	・優しく声をかけながら、本児が安心安定して過ごせるように、信頼関係を築く。 ・好きな玩具で一緒に遊ぶ。	・午睡がしやすいように準備をする。 ・玩具を清潔にしておく。
家庭・地域 との連携	・連絡帳や口頭でやりとりし、家庭での過ごし方や様子を聴きながら、親子で安心して園に来ることができるようにする。 ・持ち物等の連絡を密にする。 ・地域に園だよりを配布し、園の様子を知らせる。 ・園庭開放を行う。				
評価の視点	・新しい環境に慣れるように、じっくりと個別での関わりを意識して保育を行った。 ・慣らし保育の難しかった子どももおり、園での生活リズムに慣れていくよう、ゆっくり、ゆったりとした雰囲気になるように心がけた。 ・おもちゃが一人一人いきわたる事など物的な環境に関して話し合いを行った。 ・チームがとれるよう朝必ず打ち合わせをしたため、各自落ち着いて保育ができた。				

月末に評価をする。保育の内容や保育チームの反省等を記入する。

図表5-9　０歳児の月の指導計画

4．3歳未満児の指導計画の作成

1歳以上3歳未満児　5月　指導計画（月案）

M保育園　平成○年度　　　　　　　　　　　　　　担任：○○○○

（　2　）歳児（　5　）月	（　12　）名（男　5　名／女　7　名）

前月の子どもの姿	・担任が代わり、教室環境も変わったが、次第に慣れてきている。 ・自分のマークの椅子や棚を覚え、自分で片付けをしようとする気持ちが芽生えている。 ・保育者や友達の真似をしてダンスを楽しむなど、体を動かすことが好きである。 ・時間を決めて排泄をしたり、「おにいさんパンツ」と名付けたトレーニングパンツを試みる子どももいる。　・散歩が大好きである。		

2歳児は、クラスの計画と個別の計画の2本立て。

今月のねらい	◎ 養護 ◎ ・家庭的な雰囲気のなかで、保育者に気持ちを受け止めてもらいながら、安心して遊ぶ。 ・連休などを見据え、一人一人の健康状態や生活リズムを把握し、健康で気持ちよく過ごせるようにする。	今月の行事	花見　（入園式） 保護者会　避難訓練　（誕生日会） **2歳児の行事への参加は要検討。**
	◎ 教育 ◎ ・保育者と一緒に手遊びやリズム遊びなどを体験しながら、体を動かすことを楽しむ。 ・自分の持ち物を自分で扱おうとする。	家庭との連携	・連絡帳を活用し、子どもの様子を伝え合いながら、信頼関係を強めていく。 ・家庭訪問の機会に、家の場所を確認する。

室内遊び、戸外遊びや生活習慣などを具体的に書く。

	◎ 環境構成 ◎ ・子どもが自分でしようとする気持ちを大切にし、見守ったり、共感の言葉かけをしながら、意欲につなげる。 ・玩具の種類や数、配置に配慮しながら、子どもが好きな遊びができるよう、コーナー等を工夫する。	健康・安全	・感染やけがのないように、おもちゃは定期的に消毒して、破損などに注意する。 ・排泄の自立に向けて、着替えの場所をつくり、トイレの清潔に気を付ける。 ・外遊びでは、固定遊具や段差などの点検を行う。

評価の視点	・月齢の高い子どもがいるため、排泄の自立へ向けた指導を行った。無理強いはせず、個々の意欲を確かめながら、外遊びの前にトイレに誘導したところ、いやがらずに便器に座る姿があった。排泄の指導を計画的に進めていきたい。 ・遊具をコーナー的に配置したことで、ままごとや電車遊び等を、自分で選んで継続する様子が見られた。今後は座って遊べるようなパズルなども導入していきたい。 ・クラス担任の3名で保育チームを組んで、T1を交代しながら保育を行った。落ち着かない行動の多いF男の対応はT3に負うところが大きいが、固定していった方がよいのか、ケースカンファレンスを行う必要がある。			

評価は月末に記入する。

氏名・年齢	前月の子どもの姿	ねらい（育てたい姿）		保育者の配慮・援助点	環境構成
		生活	遊び		
藍 3歳0月	・進級して新しい教室に興味しんしんで、玩具を一通り使って遊んでいた。 ・語彙が増え、自分の気持ちを保育者に伝えている。 ・妹が生まれ、自分のことは「ねえね」と呼んで、かわいがっている。	・安心してゆっくり午睡できるように配慮する。 ・トイレで排泄しようという気持ちをもつ。	・好きな遊びを見付け、遊具の使い方を自分で工夫して遊ぼうとする。 ・生活や遊びの中で順番があることに気付く。	・排泄について時間を決めて誘導する。 ・言葉で伝えようとする気持ちを大切にし、話を聞き取っていく。	・遊具は置き場所を定め、片付けをしやすいように配置する。 ・じっくり遊べるように時間に余裕のある計画を立てる。
健二 2歳2月	・4月の入所時は、緊張していたのか静かな印象だったが、だんだんと慣れ、保育者に甘える姿がある。 ・食欲旺盛で、何でも喜んで手づかみで食べている。	・保育者と一緒に安心して一日を過ごす。 ・いろいろな食材に触れ、食べようとする。	・室内にある玩具を使ってみる。 ・園庭で体を動かして遊ぶ。	・フォークやスプーンの使い方を示していく。 ・思い切り遊べるように固定遊具等の遊び方を知らせていく。	・触ってみたくなるような様々な素材を用意する。

全員分の個別の計画を作成する。

図表5-10　1歳以上3歳未満児の月の指導計画

5. 食育・預かり保育・子育て支援などの計画

　指導計画には、日常の保育活動の計画だけではなく、園で実践しているほかの様々な保育について計画を作成することが求められています。保育活動は園のみで行うものではなく、また、思い付きで行うものでもないことは、これまでの学習で理解できているでしょう。

　以下、実際に行われている保育の計画について、事例をあげておきます。ボランティアや実習のときなど、実際の活動について掲示物等で目にするかもしれません。地域の園に求められている事柄の一端が理解できると思います。

（1）特別な配慮を必要とする子どもと個別の指導計画

　クラスの指導計画は全ての子どもを対象として作成するため、障害がある子どもやアレルギーをもつ子ども、日常生活で日本語を使うことが苦手な子どもなどについても、指導計画に位置付けていく必要があります。全職員が情報を共有するためにも、月案や週案に入れていくことが必要です。

　また、特別な配慮を必要とする子どもへの指導については、幼稚園教育要領に「障害のある幼児などへの指導に当たっては、集団の中で生活することを通して全体的な発達を促していくことに配慮し、特別支援学校などの助言又は援助を活用しつつ、個々の幼児の障害の状態などに応じた指導内容や指導方法の工夫を組織的かつ計画的に行うものとする」として、園全体で取り組む必要性が述べられています。また、「家庭、地域及び医療や福祉、保健等の業務を行う関係機関との連携を図り、長期的な視点で幼児への教育的支援を行うために、個別の教育支援計画を作成し活用することに努めるとともに、個々の幼児の実態を的確に把握し、個別の指導計画を作成し活用すること」が求められ、子どもの課題に応じた個別の指導計画を作成することになっています。保育所保育指針でも、「障害のある子どもが他の子どもとの生活を通して共に成長できるよう、指導計画の中に位置付けること。また、子どもの状況に応じた保育を実施する観点から、家庭や関係機関と連携した支援のための計画を個別に作成するなど適切な対応を図ること」が求められています。

　子どもの障害の状況や発達の様相をよくみて、長期の個別指導計画や短期の個別指導計画を作成します。家庭との連携や、関係機関との連携も記録しましょう。就学指導の資料としても有用になるかと思います[7]。図表5-11（p.107）に、3歳児の「個別支援計画」の事例を示しました。ケースカンファレンスを行いながら作成する計画で、各市町村また所属施設によって、書式は工夫されています。

---

7) 保護者と、子どもが属する施設・機関が相談して、どのような育ちを期待するか、発達の見通しをとらえた目標を考え、「個別支援シート」を作成します。乳幼児期から幼児期へ移行する際、さらに小学校や中学校へ進学する際に、保護者が子どもの育ちの様相を所属機関に伝えられるように作成します。

（2）食育計画

　食べることは子どもにとって、生活に欠かせない重要な事柄です。一日の園の生活の中でも、主要な活動の一つです。食べることを通じて、子どもは様々な事柄を学んでいきます。

　幼稚園教育要領の健康の領域の内容に、「(5) 先生や友達と食べることを楽しみ、食べ物への興味や関心をもつ」とあります。同じく内容の取扱いには、「健康な心と体を育てるためには食育を通じた望ましい食習慣の形成が大切であることを踏まえ、幼児の食生活の実情に配慮し、和やかな雰囲気の中で教師や他の幼児と食べる喜びや楽しさを味わったり、様々な食べ物への興味や関心をもったりするなどし、食の大切さに気付き、進んで食べようとする気持ちが育つようにする」と記されています。

　園では、まんべんなく様々な食べものに出会えるように献立がつくられています。S認定こども園のあるH町では、町内の認定こども園、保育所に、管理栄養士の作成した献立に沿って給食が提供されており、季節の野菜を使っていること、和洋中がバランスよく配置されていること、味に変化があること、また行事食が豊富であるといった特徴があります。

　環境の領域の内容には、季節の変化や、地域における様々な文化や伝統を感じるという文言が入っています。行事食は、季節を感じると同時に、その地域における人々の生活や文化が反映しています。たとえば、漁業が盛んなO市では魚の干物が提供され、ひな祭りにはいなり寿司を持ち寄るという地域もあります。文化をつないでいくという意味で「食」は大切です。

　また、幼稚園を訪問すると、畑があってサツマイモの葉っぱが茂っていたり、プランターにブロッコリーが植えられていたりします。栽培と食育は、子どもが長い時間をかけて取り組んでいく活動です。当番活動として水やりをして野菜の成長を楽しみにし、野菜を収穫してカレーパーティーをしようとか、豚汁を味わおう、苦手な野菜も食べてみよう等の活動は、継続性と連続性をもって年間計画の中に位置付けられています。1月にどんど焼きの団子をつくる際に「緑の粉」を混ぜたところ「ゴーヤーの粉だ」と話題になったことがありますが、栽培と食育が子どもの経験の中で関連付けられている事例です（p.108　図表5 - 12 参照）。

（3）子育て支援の計画

　幼稚園、保育所、認定こども園では、就園前の地域の親子が参加できる「園庭開放」や「○○クラブ」と呼ぶ幼児グループが行われていたり、お話し会なども企画されています。

　保育所保育指針、幼保連携型認定こども園教育・保育要領では、地域の実情や園の体制等を踏まえて、地域の保護者等に対して、専門性を生かした子育て支援に努めることとしています。その際、地域の人的資源を活用したり、関連機関と連携したりして、地域の子どもが健やかに育成される環境を提供するよう求めています。

第5章　指導計画（長期的・短期的）の作成

　図表5-13の子育て支援計画（p.110）を見てみると、M保育園では、地域の親子が集う場を月1回提供する、園児と地域の子どもが一緒に活動するなどの計画をしています。その際に、給食体験や季節の行事体験、また育児情報を提供したり、育児相談・発達相談を実施したりするなど、年間計画を立てて園全体で取り組んでいます。

（4）教育課程に係る教育時間の終了後等に行う教育活動の計画（預かり保育の計画）

　預かり保育は、保護者の希望に応じて、幼稚園の教育時間の前後や休日などに行われる教育活動です。園にもよりますが、13〜14時の間を降園時間とし、その後、利用希望に応じて18時過ぎまで預かり保育を行う場合もあります。

　図表5-14（p.112）のA幼稚園では、預かり保育を通常利用（毎日利用する）と臨時利用の2つに分けて行っています。預かり保育において留意すべきことは、利用する子どもがいつも同じメンバーではないという点です。保護者からの利用希望は毎日違うこともあり、いつも利用している子どもとそうでない子どもが入り混じった保育を行う必要があります。そのため、教育時間内の指導計画と比較して、より柔軟な対応が求められます。

（5）保健計画および安全計画

　就学前の教育・保育施設では、子ども一人一人の健康の保持と安全の確保とともに施設全体においても健康および安全の確保に努めています[8]。そのため、子どもの健康に関する保健計画や安全に生活するための安全計画なども、食育計画等と同じように全体的な計画に基づいて年間計画を作成します。

　保健計画は、内科検診・歯科検診を適切な時期に行うこと、身長・体重測定を定期的に行うこと、子どものかかりやすい病気に関する情報提供、救命救急講座等、園の実情に合わせて計画します。

　また、2017（平成29）年の改訂（定）で、保育所保育指針、幼保連携型認定こども園教育・保育要領に、新たに「災害への備え」についての項が加えられ、「1　施設・設備等の安全確保」「2　災害発生時の対応体制及び避難への備え」「3　地域の関係機関等との連携」について、取り組むべき内容が示されています。

　各施設では、防火設備・避難経路の定期的な点検、備品の確保や保管について、日常的な取り組みが求められています。図表5-15の防災・防犯年間計画（p.114）は、M保育園で実施された避難訓練の事例です。4月当初から子どもが防災体験を段階的にできるように計画され、最終的に地域の公園に避難できるように計画されています。

8）　保育所保育指針、幼保連携型認定こども園教育・保育要領、いずれも「第3章 健康及び安全」を参照。

個別支援計画

（平成○年５月○日記入）

M保育園　平成○年度

氏名	生年月日　　年　　月　　日	（ ３ ）歳児　（ ばら ）組	園長　内山　印	担任　上野、宮川　印

本児の状況と課題
- 大人の言葉は理解しているようだが、有意語がほとんど出ていない。「マー（まんま）」「オイ（ちょうだい）」、語尾語頭の音が出ることもある。
- 落ち着きがなく、じっとしていることが難しいため、集団での集まりなどでは、教室から出ていくこともある。
- ほかの友達の行動を見て、一緒にやろうとする場面もある。
- 障害の特定には至っていないが、医師には、言葉の理解、行動の調整の問題があると思われる。

> （具体的な行動・障害名などを書く。）

長期目標（年）
- 生活の流れを理解し、クラスの中で落ち着いて過ごす。
- 自分のことは自分でしようとするなど、基本的な生活習慣を身に付ける。
- 集団での活動に興味をもち、一緒にやろうとする気持ちをもつ。
- 生活の中で必要な言葉を話そうとする。

> （「できる」が目標ではなく、興味・関心・意欲等を書く。）

中期目標（期）

Ⅰ期（4〜8月）	Ⅱ期（9〜12月）	Ⅲ期（1〜3月）
・クラス担任を信頼し、安心感をもって過ごす。 ・自分のものを置く場所が分かり、自分で身支度しようとする。 ・好きな玩具や好きな場所で遊ぶ。	・行事に興味をもち、参加しようとする。 ・友達のしていることに興味をもち、関わろうとする。	・友達と一緒の活動を楽しむ。 ・排泄に興味をもつ。 ・言いたいことを言葉で表現しようとする。

短期目標（月）

4	5	6	7	8	9	10	11	12	1	2	3
・クラス担任が分かる。 ・好きな玩具を見付けて、安定して遊ぶ。	・シール帳に自分でシールを貼る。 ・集まりのときは座って待つ。	・散歩のときは手をつなぐ。 ・スプーン、フォークを使いこなす。									

> （ねらいと対応させて、子どもの変化を書く。）

月の評価

4	5	6	7	8	9	10	11	12	1	2	3
・ブランコが気に入り、遊んでいる。 ・困ったときは担任の手を取るようになった。	・紙芝居のときは椅子に座って楽しめた。 ・数字に興味が出てきてシールを貼っている。										

> （6月末に記入する。月案は前月の評価を踏まえて書く。）

> （週案ではさらに、本児に対する保育者の配慮や工夫の評価を記入するとよい。）

家庭との連携
- 家族構成（父、母、本児、祖父、祖母）
- 父母は本児の有意語が少ないことを心配している。
- 父母は本児の教室を紹介することにした。療育の教室を紹介されたので、週1回通うことになった。保健師の勧めで、保健師の教室を紹介し、週1回通院することになった。
- 本児の動きが大きいので目が離せず、母親は育児疲れの様子が見られる。

関係機関との連携
- 1歳半健診時に、有意語が少ないこと、指さしをしないことなどがあり、保健師のフォローがかかっている。
- 母親の養育力に課題があると思われるため、子育て支援センターを紹介し、親子教室にも通うことになった。
- 保健師の勧めで、K病院の小児科を受診。経過観察となっている。
- 医師の情報は共有できることになった。

発達の評価
- 巡回相談の記録と共に、別紙に記入する。
- 巡回相談の記録助言等は別紙。

図表 5-11　個別支援計画

第5章　指導計画（長期的・短期的）の作成

食育計画　S認定こども園　平成○年度

		1期			2期		
		4月	5月	6月	7月	8月	9月
食育活動	体験		・旬の食材に触れてみよう ・空豆のさやむきを体験してみよう		・クッキング体験 ・トウモロコシ、枝豆の下処理体験		
	行事食	入園お祝いメニュー	こどもの日メニュー	時の記念日メニュー	七夕メニュー		お月見（十五夜団子バイキング）
	保護者等	給食だより（春号）			給食だより（夏号）		給食だより（秋号）
		第1回保護者試食会			第1回給食試食会		第2回給食試食会
乳児			・園の食事に慣れる（薄味に慣れる） ・食事のリズムをつかむ ・食前に手をふいてもらう ・ゆったりした雰囲気の中で、食べさせてくれる人に関心をもつ（楽しい雰囲気の中で、一緒に食べる人に関心をもつ）		・旬の食材を使用した料理を食べる ・食事の時間が規則的になる ・保育者が挨拶をしてみせる ・食事を見るとうれしそうにする（お腹がすいたら泣く、または喃語によって乳や食べ物を催促する） 座って食べる		
満3歳未満児	月齢や個々の発達に合わせて無理なく進めよう	新しいクラス、環境での食事に慣れる	・行事食を体験する ・食事時の挨拶をしぐさで表す ・甘味、塩味、旨み以外の味を体験する ・食事ですよの声かけをする ・おいしいとうれしそうに言う ・手伝ってもらい、うがい手洗いなど身のまわりを清潔にし、食生活に必要な活動を自分でする ・もっとほしい、いらないの意思表示をする ・保育者がよくかむ真似をしてみせる		・いろいろな食品があることを知る ・規則的に食事をする ・食事時の挨拶をする ・身近な動植物をはじめ、自然現象をよく見たり、触れたりする 機能的に食べられる形態の食品をいろいろ体験する 保育者を仲立ちとして、友達とともに食事を進めることに喜びを味わう		
満3歳以上児		・新しいクラス、環境での食事に慣れる ・好きな食べ物をおいしく食べる ・身近な大人や友達とともに食事をする喜びを味わう	・行事食を体験する ・食事時の挨拶をする（栽培者、調理者、食品への感謝とともに挨拶をする） ・食材の色、形、香りなどに興味をもつ ・健康的な生活リズムを身に付ける ・様々な食べ物を進んで食べる ・うがい、手洗いなど身のまわりを清潔にし、食生活に必要な活動を自分でする ・大抵の食品は機能的に喫食可能になるので、よくかむようにする ・食後のうがいをする（歯みがきを自分からする）		・旬の食品があることを理解する ・様々な食品を食べる楽しさを味わう ・身近な動植物に関心をもつ ・植物に水をやるなど世話をする（成長を楽しみに待つ） ・収穫の時期に気付く ・ちぎるなどの簡単な調理を体験する（年長） ・様々な食品を体験することにより、食べられる食品が増える ・動植物と触れ合うことで、命の美しさ、不思議さなどに気付く		

図表5-12　食育計画

5. 食育・預かり保育・子育て支援などの計画

		3期			4期		
		10月	11月	12月	1月	2月	3月
食育活動	体験	・お米に触れてみよう（お米とぎ体験） ・魚をおろすところを見てみよう。 ・クッキング体験		もちつきを体験しよう	・防災備蓄食材の炊き出し訓練 ・本物のだしの味を体験しよう		
	行事食	ハロウィーンメニュー	七五三メニュー	クリスマスバイキング	どんど焼だんご	節分メニュー	ひな祭りメニュー お店屋さんごっこ
	保護者等		給食だより（冬号）			給食だより（卒園・進級おめでとう号）	
		第2回保護者試食会					
乳児	月齢や個々の発達に合わせて無理なく進めよう	・手に持って食べる（自分で食べようとする） ・離乳期に本来の味を大切にした料理を食べる			・よく遊び、よく眠り、食事を楽しむ ・いろいろな食べ物に関心をもち、自分で進んで食べものを持って食べようとする（スプーン・フォークなどを使って自分から意欲的に食べようとする）		
			嫌いな物でも少しずつ食べられるようにする				
満3歳未満児		食べ物に関心をもち、自分で進んで、スプーン・フォークなどを使って食べようとする			・よく遊び、よく眠り、食事を楽しむ ・楽しい雰囲気の中で、一緒に食べる人、調理する人に関心をもつ ・スプーン・フォークを正しく持って食べられる		
			いろいろな食べものを進んで食べる				
				友達と一緒に食べることを楽しむ			
満3歳以上児		・体と食べ物の関係に関心をもつ（食事を食べ過ぎても少なすぎても発育に適さないことを知る） ・園生活における食事の仕方を知り、自分たちで場を整える			・身近な大人の調理を見る ・食の場を共有する中で、友達との関わりを深め、思いやりをもつ		
			慣れない食べ物や嫌いな食べ物にも挑戦する			・楽しく食事するために必要なきまりに気付き、守ろうとする ・食べたいものを考える ・伝統的な食品加工に出会い、味わう	
			・食べものを皆で分け、食べる喜びを味わう ・自分の食べられる量が分かる ・外国など自分と異なる食文化に興味や関心をもつ			・食べることに感謝する ・食事が楽しくなるような雰囲気を考え、おいしく食べる ・地域の産物を生かした料理を味わい、郷土への親しみをもつ ・楽しくおいしく食事ができる	

図表5-12　食育計画（続き）

第5章　指導計画（長期的・短期的）の作成

子育て支援計画

M保育園　平成○年度

　本年度は、地域の親子にふれあいの場として「親子広場」と、地域の子ども
と在園児の交流の場として「にこにこ広場」を実施する。親子広場や在園児育
児交流会を通じて、子育ての悩みや保育園入園の相談等を行う。

【親子広場　年間計画】

　地域の親子ふれあい広場として10月を除く4月から3月までの月1回、
第4土曜日に、親子広場を開催する。

日程	テーマ	内容
4月23日	こいのぼりをつくって遊ぼう	折り紙を使ったこいのぼりをつくり、季節の行事の準備を行う。
5月28日	ちぎって、やぶいて遊ぼう	新聞紙、チラシ、色画用紙、段ボールなど様々な紙を、ちぎったり、丸めたりして遊ぶ。
6月25日	小麦粉粘土で遊ぼう	家庭でもつくることのできる小麦粉粘土をつくり、様々な形をつくって遊ぶ。
7月23日	風鈴をつくって、音をかなでよう	飾り付けをしたカップ等の廃材を材料に、鈴を付けて風鈴をつくり、音を楽しむ。
8月27日	色水をつくり、水遊びを楽しもう	花などを使って、色水遊びを楽しむ。
9月24日	段ボール箱を使って電車ごっこ	段ボール箱に飾りを付けて電車をつくる。電車を使って電車ごっこを楽しむ。
11月26日	体を動かして遊ぼう	マット、フラフープ、ボール、ソフト平均台などの運動用具を使い、山や坂道、トンネルなどに見立てて、サーキット的な運動遊びを行う。
12月24日	クリスマスツリーをつくろう	はがきコラージュを使い、クリスマスツリーをつくる。
1月28日	毛糸で遊ぼう、写真立てつくり	毛糸を貼ったり巻いたりして枠をつくり、画用紙でかいた絵を飾る。
2月25日	体を動かして遊ぼう	風船を飛ばしたり、触ったりして遊ぶ。新聞紙をちぎってお風呂ごっこで遊ぶ。模造紙に絵をかくなど遊びを楽しむ。
3月25日	手づくりおもちゃで遊ぼう、ままごと遊び	ふれあい遊び後、ペットボトルを使ったキラキラスノードームを作成する。

評価と反省

（参加者数は省略）

・親子広場に参加後、園見学者があり、保育士の仕事の内容を知ってもらうことができた。

・6月は案内チラシ配布・周知が遅く、また悪天候が重なり、参加者なし。

・12月は計画が遅く、また日程的な問題があり、参加者なし。

・来年度は、日程検討（特に季節と行事との関連）と周知の方法を検討する。

図表5-13　子育て支援計画

5. 食育・預かり保育・子育て支援などの計画

【にこにこ広場　年間計画】

　地域の子どもと在園児との交流の場として、また保育園の様子を周知するため、5月から3月まで月1回、平日の午前中に実施する。

日程	テーマ	内容
5月19日	園庭で元気に遊ぼう	在園児と園庭で自由に遊ぶ。室内でおもちゃを使って遊ぶ。保護者同士の懇談を行う。
6月21日	元気に遊ぼう	2歳児と一緒に、簡単な体操とリトミック。
7月19日	パネルシアターを楽しもう	1歳児の部屋で、在園児と一緒にパネルシアターを楽しむ。
8月13日	水遊び楽しいね	ペットボトルで魚をつくり、ビニールプールに浮かせて遊ぶ。
9月20日	音を出して遊ぼう	ペットボトルでマラカスをつくり、タンバリン、鈴などの楽器も使い、歌に合わせて音を出して遊ぶ。
11月22日	木の実や草花を使って親子で遊ぼう	好きな入れ物に花や木の実を差し入れて、フラワーアレンジメントをつくる。
12月20日	クリスマスを楽しもう	クリスマスのパネルシアターと歌・ふれあい遊びの後、給食の試食をする。
1月24日	おやつをつくろうⅠ	マカロニときなこを使った園での定番おやつをつくって食べる。
2月21日	おやつをつくろうⅡ	じゃがいも餅をつくって食べる。
3月21日	園の友達とお楽しみ会をしよう	パネルシアター、ペープサートを楽しんだ後、給食の試食。

評価と反省

（参加者数は省略）

・町内会の協力を得て、町内会の掲示板に案内を掲示していただいたため、初回は参加者が多かったが、2回目以降の参加者が思わしくなかった。そのため、企画内容や地域への発信の仕方を再検討した。

・1月から3月までおやつづくりとしたことで、参加者は増えたが、在園児との交流より、食べることに偏ってしまった。来年度の検討課題としたい。

図表5-13　子育て支援計画（続き）

第5章　指導計画（長期的・短期的）の作成

預かり保育の計画　A幼稚園

年間目標	・保育者との関わりの中で、安心感をもって生活する。 ・身のまわりのことが自分でできることに喜びを感じ、自信をもつ。 ・遊びや体験活動に興味や関心をもち、意欲的に表現活動を行う。 ・他の人々と親しみ、支え合って生活する。 ・身近な動植物や自然事象に触れ、いたわり、世話をしながら、興味や関心をもつ。	
期	I期（4～5月）	II期（6～8月）
ねらい	・新しい環境に慣れ、安心して過ごす。 ・自由遊び・午睡・おやつ等、生活のリズムに慣れる。 ・保育者や友達と一緒に好きな遊びを見付けて遊ぶ。 ・おやつを食べるときの挨拶や姿勢・態度を身に付ける。 ・皆で一緒に過ごすために必要な生活の仕方に気付き、覚える。	・生活の仕方や流れが分かり、自分でしようとする。（4・5歳児は、自分でできることは自分で行う） ・新しい活動に興味をもち、遊びの場を広げていく。 ・夏ならではの遊びを全身で楽しむ。 ・思いやりやいたわりの気持ちをもちながら遊ぶ。 ・自分の思いや考えを言葉や動きに出しながら、クラスとは違う仲間と楽しく遊ぶ。
内容（遊び・活動）	・自分の持ち物の場所、生活の仕方や流れを知る。 ・身のまわりのことを自分でしようとする。（大きい子や慣れている子は、できない子に声かけや手助けをする） ・保育者や友達と一緒に歌や手遊びをしたり、遊具で遊んだりして楽しむ。 ・園外に出て体を動かして、元気に遊ぶ。 ・学級とは違う預かり保育の環境に慣れ、共同の遊具や用具を大切に使い、譲り合って使う。 ・挨拶や返事ができ、預かり保育担当の保育者や友達の名前を覚える。	・砂遊び・水遊びなど、開放感や変化のある遊びの面白さを十分に味わう。 ・水遊びの脱衣に際し、衣服のたたみ方などを覚える。 ・保育者の声かけで、身のまわりのことを自分でする。（衣服の調節、汗をふく、うがい、手洗い等） ・異年齢の友達と手をつないで散歩に行き、夏の自然や園周辺の様子を一緒に楽しむ。 ・保育者の動きや異年齢の友達の遊びからの刺激を受けて、遊びが広がる。 ・簡単なゲームや遊びを楽しむ中で、ルールを守る大切さを知る。
食育	・残さないように、こぼさないように食べる。 ・お皿の持ち方、運び方を覚える。 ・食事やおやつをつくってくれる人の気持ちを考え、食べ物を大切にしようとする気持ちをもつ。	・おやつの準備やお皿の片付けなど、簡単な手伝いをする。
環境・配慮事項	・一人一人の子どもの気持ちを受けとめ、スキンシップをより多くし、安心感がもてるようにする。 ・異年齢や個人差を十分に考慮して、無理なく生活習慣の自立ができるようにする。 ・保育者も一緒に遊びながら、楽しさに共感していく。 ・自由にのびのび遊べる場所や遊具を提供したり、自然を身近に感じられる場所を選び、子どもの発見や驚きを大切にする。 ・園内外の安全点検をし、健康で安全な生活ができるように環境を整える。 ・無理に寝かせようとせず、横になって体を休めることの大切さが分かるよう知らせる。	・砂・水・泥を全身で感じて楽しめるよう、遊具や場所を用意する。後始末がスムーズにできるよう配慮する。 ・水遊びなどで汚れた衣服を着替えたり、手足を洗ったりするなど、清潔になるよう声かけをする。 ・園庭に出る時間が長くなるので、帽子をかぶること、水分をとること、木陰を見付けて休息すること、汗をふくことなどを知らせる。 ・自分でできた喜びや満足感が得られるよう、声かけをする。 ・友達同士のトラブルでは、お互いの思いをしっかり受けとめ、相手の気持ちにも気付けるよう働きかける。 ・発見や感動、疑問などに保育者も耳を傾け、まわりの友達と共有していけるようにする。 ・小さい子との生活の中で、してあげるうれしさ、頼られる誇らしさを感じている姿に共感する。 ・一人一人のペースに合わせて無理なく水に慣れることで、自信と意欲をもたせる。
家庭や地域との連携　年間	・緊急連絡先や送迎者などの確認をし、送迎時には園生活や家庭での様子を伝え合う。 ・体調を崩さないよう、家庭でも十分休息をとるようお願いし、体調の変化を知らせてもらう。 ・好きな遊び、何をして過ごしたか、仲のよい友達などを知らせ、楽しく遊んでいる様子や、おやつの食べ具合、午睡などその日の様子を伝える。	・休み中の生活習慣や健康管理に留意してもらう。
期	・家庭環境や子どもの性格の把握をする。	・夏休み中に様々な体験を通して、親子で一緒にいる時間や会話を大切にしてもらう。

図表5-14　教育課程に係る教育時間の終了後等に行う教育活動の計画

5. 食育・預かり保育・子育て支援などの計画

- 手洗い・うがいを習慣付ける。
- 基本的生活習慣を身に付ける。
- 異年齢児との活動の中で自主性・協調性をもち、思いやりや感謝の気持ちをもつ。
- 様々な食べ物への興味や関心をもつ。
- 身近な自然や社会事象に興味や関心をもち、好奇心や探究心をもつ。

期		Ⅲ期（9〜12月）	Ⅳ期（1〜3月）
ねらい		・身近な自然に触れ、色や形の違い、変化に関心をもつ。 ・友達と一緒に行動したり、運動会での競技・リズムなどを教え合い、一緒に楽しむ。 ・夏の体験を話す中で、会話が広がり、友達とのつながりを取り戻す。 ・草花・秋の実・紅葉などに関心をもつ。	・基本的生活習慣が身に付き、自信をもって過ごす。 ・友達とイメージを伝え合いながら遊びを楽しむ。 ・預かり保育の中での大切なことやきまりごとを理解し、それを守りながら楽しく遊ぶ。 ・感じたこと、思ったことを安心して伝え合う。 ・一つ一つの生活や遊びに自信をもち、進級や就学への期待をもつ。
内容（遊び・活動）		・できることは、自分でする。 ・秋の自然に触れ、その大きさ、美しさ、不思議さに気付いたり、身近な素材を使って製作や遊びを楽しむ。 ・思ったこと、感じたことを言葉で伝えようとする。 ・ごっこ遊びで、役になりきって表現することを楽しむ。 ・身近な素材や遊具を使って、仲間とともに想像力をめぐらせ、一つのものをつくり上げる充実感や達成感を味わう。 ・友達とゲームやごっこ遊びなどに積極的に関わり、喜びや悲しみを共感し合う。	・自分の生活に関係の深い人々に興味や関心をもつ。 ・皆で共通の話題を話し合い、自分の考えを話す。 ・冬の自然事象に興味や関心をもち、園外で元気に遊ぶ。 ・身近な文字や標識などに興味をもち、意味を理解する。 ・異年齢児との関わりの中で、小さい子に優しくしたり、大きい子を頼ったり、進級、就学への期待を膨らませる。 ・1年間過ごしてきた保育室に感謝の気持ちをもつ。 ・伝統的なお正月遊びを、友達と関わり合いながら十分に楽しむ。
	食育	・慣れない食べ物や苦手なものも食べてみようとする。	・食生活に必要な習慣や態度を再確認する。
環境・配慮事項		・挑戦しようという気持ちを大切にし、それができたときにほめて励ましながら、活動や遊びの意欲を高める。 ・保育者も一緒に体を動かし、全身運動ができるような遊具や用具での遊びにも誘う。 ・散歩に行くなど活動の範囲を広げ、自然物に触れる機会を多くする。 ・共通のイメージをもちやすいようにお話や絵本を用意し、伝えたり話し合ったりする場や時間をとる。 ・様々な楽器に触れ、リズムをとったり歌ったりして、表現方法が広げられるようにする。 ・一人一人の成長を把握し、その子なりの表現を引き出せるよう配慮する。 ・新しい遊びや経験が広がるように友達同士で話し合ったり考えて、意欲的に取り組めるようにする。 ・日々の行事や生活を通して、過度な運動をせず、休息・発散のバランスを考える。	・子どもがしようとする手伝いを見守りながら任せ、喜ばれたり認められる充実感が味わえるようにする。 ・保育者もゲーム遊びに仲間入りし、皆で遊ぶ楽しさを共感しながら、喜びが十分に味わえるようにする。 ・健康状態を管理し、冬の自然に十分触れる。 ・思いのくい違いなどによるトラブルでは、お互いが納得できる方法を子どもと一緒に見付けていく。 ・進級や就学への期待が高まるよう、子どもの成長を具体的に認め、ともに喜び、自信と見通しをもって新年度を迎えられるようにする。 ・一人一人の工夫や意見に対して認め、自信をもって活動できるよう援助する。
家庭や地域との連携	年間	・けんかやけがについては、お迎えのときに直接伝える。また、けんかやトラブルも子どもの育ちの表れであることに気付いてもらえるように配慮する。 ・おたよりに何か気付いたことがあったときは、「保育者がいつも見守ってくれている」という安心感を届けるような記入をする。	・家庭でも子どもの健康に留意し、風邪の予防や怪我への注意に努めてもらう。
	期	・気候に合わせて、衣服の調節に配慮してもらう。	・子どもの成長を認め、進級や就学への意識をもつように促す。 ・新年度の預かり保育の説明会を行う。 ・一年間の反省を生かし、次年度につなげる。

図表5-14　教育課程に係る教育時間の終了後等に行う教育活動の計画（続き）

第5章　指導計画（長期的・短期的）の作成

防災・防犯年間計画

M保育園　平成○年度

毎月1回、防災訓練やAED訓練を実施し、園児や職員の安全確保に努める。

日程	訓練種別	状況設定	訓練内容
4月14日	消火・通報	調理室で出火	調理員の初期消火。 園児が避難できる体制をつくる。
5月24日	消火・避難・通報	震度6の地震発生により調理室で出火	初期消火。消防署へ通報。 園児と保育士の集合訓練。
6月22日	消火・避難・通報	3階北側コンセント（長期間挿したまま）より出火	初期消火。消防署へ通報。 園児と保育士が避難する。
7月15日	消火・避難・通報	2階乳児室（調乳室）より出火	初期消火。消防署へ通報。 園児と保育士が避難する。
8月9日	消火・避難・通報	地震により調理室で出火	初期消火。消防署へ通報。 園児と保育士が避難する。
9月15日	消火・避難・通報	地震により調理室で出火	初期消火。消防署へ通報。 園児と保育士が避難する。
10月13日	消火・避難・通報	2階休憩室より不審火発生	園庭に避難する。
11月10日	消火・避難・通報	2階倉庫より不審火発生	園庭に避難する。
12月13日	不審者侵入・通報	園庭に不審人物侵入	警察に通報する。
12月16日	消火・避難・通報	地震発生後に、給食室で火災発生	火の勢いが強いため、屋上に避難する。
1月16日	消火・避難・通報	調理室から火災発生	初期消火で鎮火せず、F児童遊園に避難する。
2月14日	消火・避難・通報	震度6の地震発生、その後給食室から出火	初期消火で鎮火せず、余震もあるため、園庭に避難する。
3月2日	不審者侵入・通報	1歳児が園庭で遊んでいる際に、裏口から不審人物侵入	子どもを避難させ、警察に通報。
3月28日	消火・避難・通報	調理室から火災発生	初期消火で鎮火せず、F児童遊園に避難する。

評価と反省

・防災計画は、月ごとに難易度を高めて計画した。
・計画通りに毎月1回あるいは2回、防災訓練やAED訓練を実施し、園児や職員の安全確保に努めた。避難の方法や通路などを各回ごとに確認しながら訓練を行った。
・防災用品の拡充に努め、非常用発電機も購入した。
・防火管理者、防災管理者資格の取得のため、防火・防災管理講習会に職員が参加した。

図表5-15　防災・防犯年間計画

第6章
指導計画の実際

学習のねらい

　前章までの保育の計画の重要性や基本の考え方を踏まえ、実際に保育を展開するにあたって具体的な指導計画を作成することを学びます。

　この章では主に、実習生として部分実習を行う際の指導計画案の例を載せています。最初に、実習でよくテーマにする「音楽遊び」「運動遊び」「言葉遊び」「造形遊び」について、指導計画を立てるときの配慮事項を学びます。各表現活動の特色をとらえ、指導計画を作成する際の参考にしてください。次に、食育活動の指導計画や、総合的な展開として行事に向けた劇遊びの週日案の立て方を示します。保育を継続して行う活動においては、特に計画が重要であることを理解しましょう。

　また、指導計画を作成した後、模擬保育をするなどシミュレーションをして、自信をもって保育実践を行いましょう。

第6章　指導計画の実際

1.　指導計画を立てるときの基本の考え

（1）事前に確認しておきたい事項

　実際に部分実習指導計画を立案する際には、その保育によって子どもはどのような経験をすることができるのか考えたり、実際に実施するときのことをイメージしたりしながら、なるべく具体的に書くことが求められます。そのために、立案の前に把握しておきたいことがいくつかあります。

①園の保育方針や教育目標

　その園で過ごす子どもを対象に実施するわけですから、保育の軸を大切にし、それに沿った計画を立てるためにも、あらかじめ確認しておくことが必要です。

②クラスの月案や週案など、長期・短期の指導計画

　①と同じく、担任の指導計画を理解し、それに沿った計画を立てることが求められます。

　この2点は立案の前に園の先生にうかがって把握しておきます。

（2）作成の際のポイント

　部分実習指導計画案の作成にあたって、発揮してほしい力や考え方、書き方のポイントがいくつかあります。

　まず、「子どもの実態」をとらえるには、観察力が求められます。子どもが何に興味を示しているのか、集団としてどのような様子なのかなど、観察するときに自分自身が着目したいことを意識しましょう。そのように客観的に子どもの様子をとらえ、それを文章化していきます。

　「ねらい」「主な活動内容」を決めるためには、知識や体験による発想力が求められます。保育や幼児教育に関する学びを総合的にとらえ直し、「子どもの実態」に書かれた、子どもに経験してほしい活動や、今後の育ちにつながる活動とは何かを導き出すことが必要になります。

　また、「環境構成」「予想される子どもの活動」「保育者（実習生）の援助・配慮点」を書くにあたっては、想像力（展開をイメージする力）が大切になります。活動がどのような展開になるのか、様々なパターンを想像し、保育者の立場や子どもの立場になってイメージしたり、その場に立ったつもりで考えたりしながら、時系列で記載していきます。このとき、保育活動は点ではなく、線でつながっていることを意識し、場面転換が唐突にならないように留意します。加えて、多様な子どもの姿が想像できると、いっそう具体的に記載できるようになります。

　さらに、指導計画立案の際には「子どもが主体であること」を忘れてはなりません。たとえば、「～させる」「～を教える」という文言は保育者が主体であり、保育者が主導の保育といえます。子どもが何を経験するか、子どもがどのような活動をするか

116

1. 指導計画を立てるときの基本の考え

等、子どもを軸にすることを意識しましょう。そうすると、書き方や言葉の使い方の留意事項が明確になり、「ねらい」「予想される子どもの活動」は主語が「子ども」になるような文末表現になり、「保育者（実習生）の援助・配慮点」は主語が「保育者」で、かつ、あくまでも「援助」の視点であり、「指導」的な文末表現にはならない、ということになります。

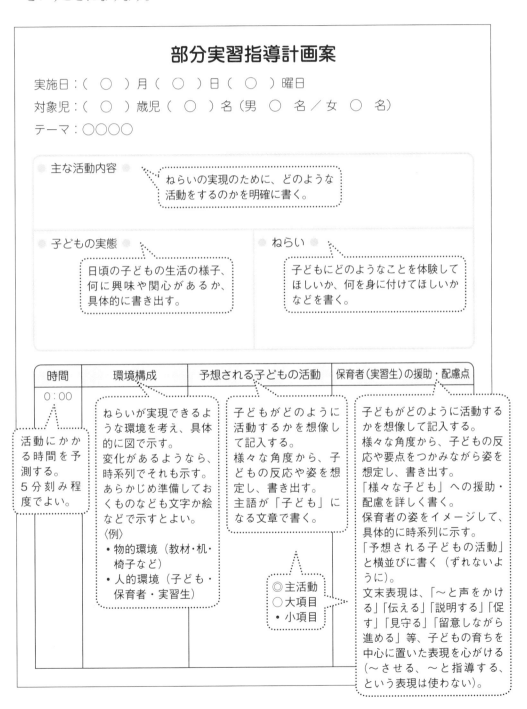

（3）3歳未満児の指導計画の留意点

　乳児〜3歳未満児のクラスにおける指導計画を立案するときは、「養護と教育が一体」となった保育の営みが基本であることを忘れてはなりません。次にいくつかの留意事項をあげます。

①養護面を意識し、計画の段階での充実を目指す

　乳児や1歳以上3歳未満児の活動は、「遊び」というよりも、「生活の中の遊び」という考え方が適切ではないでしょうか。3歳未満児にとっての園生活は、「生命の保持」と「情緒の安定」が基本となります。その中での指導計画なので、「ねらい」「主な活動内容」「保育者（実習生）の援助・配慮点」も、事前にいかに配慮できているかが、とても大切になります。具体的には、基本的生活習慣（食事、睡眠、排泄、着脱衣、清潔）の自立や援助に関する記載や、愛着形成や子どもと保育者の基本的信頼関係の形成に関する記載が求められます。そして、3歳未満児も「遊び」を通して経験を重ね、育ちが促されます。中でも5領域の総合的な経験は、1歳以上3歳未満児にとっても重要な要素なので、養護面を意識しながらも、3歳以上児への連続性のある遊び活動を計画していきましょう。

②複数の保育者が保育に携わることを踏まえる

　乳児や1歳以上3歳未満児の保育は、複数担任制だったりチーム保育という形態をとったりするなど、保育者が複数関わっていることが多いのが特徴です。「環境構成」「保育者（実習生）の援助・配慮点」を書くときに、その集団には保育者が何人いるのか、その形態はどのような様子で、その指導計画を実施する際にはどのような体制なのか、事前に把握しておくことが必要です。

③個別計画への配慮

　乳児や1歳以上3歳未満児の保育は、少人数で、かつ月齢や発達にも個人差・個別性があり、育ちの姿が個々によってかなり異なります。それに従い、個別の指導計画を立てることが必要になっています。部分実習指導計画の立案の際も同様です。「予想される子どもの活動」とそれに対応する「保育者（実習生）の援助・配慮点」の欄には、可能な限り個別に子どもの姿を書き、それに応じる保育の援助を書くことが求められます。

④衛生面・安全面への配慮を含めた環境構成

　先に記載した「養護」には、安全面への配慮も含まれます。保育環境の安全面や衛生面についても十分留意し、「環境構成」「保育者（実習生）の援助・配慮点」の欄に、具体的に書いておくことが必要です。

（4）3歳以上児の指導計画の留意点

　3歳以上児のクラスにおける指導計画を立案する際、集団としての経験・育ちと、個々の経験・育ちの双方を意識しながら計画することが求められます。次にいくつかの留意事項をあげます。

① 「子どもの実態」から子どもを理解し「ねらい」「主な活動内容」につなげる

うまく保育を実践するための計画ではなく、子どもの活動を主体とした計画であることを念頭に置きましょう。このとき、「子どもの実態」は個別の姿の現れもありますが、主としては集団としての姿を意識することが多いのが3歳以上児の計画になります。

② 5領域を意識する

その活動は、5領域（健康、人間関係、環境、言葉、表現）のどの要素が含まれているのか、総合的に考えることが大切です。一つの領域のみで子どもの活動が営まれることは基本的にはないので、活動を多角的にとらえ、複数の領域が絡み合った保育が想定されます。ねらいを立てるときにも、それが意識できるように工夫し、事前準備や援助をする際の言葉がけや支援方法に反映させることが求められます。

③ 環境設定や関係性に対し、広い視野でとらえる

「環境構成」を考えるとき、人、もの、空間等を、時系列の変化に応じて具体的に記しましょう。また、実際の活動の中では、様々な関係性（保育者―子ども、子ども―子ども、もの―子ども等）が発生することが予想されます。さらに、たとえば「子ども―子ども」の関係も、状況によっては少人数だったり、集団としての関わりだったりすることもあります。ものの大きさや数なども、大切な環境要素です。活動全体を時系列の中で広い視野でイメージして立案しましょう。

2. 音楽表現を教材にした部分実習指導計画案

指導計画を立てるにあたって

① 音楽表現のねらい

部分実習指導計画案の作成にあたっては、保育所保育指針の「第2章 保育の内容」のうち、「1 乳児保育に関わるねらい及び内容」の「(2) ねらい及び内容 ウ 身近なものと関わり感性が育つ」や、「2 1歳以上3歳未満児の保育に関わるねらい及び内容」「3 3歳以上児の保育に関するねらい及び内容」の「(2) ねらい及び内容 オ 表現」に示されている、音楽領域に関する項目を踏まえて考えていきましょう。そのうえで、日頃の子どもの行動や興味等をよく観察し、その実態に合わせ、子どもの育ちにふさわしいねらいを定めていきます。音楽的な活動では、音やリズム、メロディーやハーモニーを正確に表現するといった技術面が重視されがちですが、子どもにとって無理なく、自然と音や音楽に親しめるように配慮し、ねらいを設定することが大切です。

② 音楽表現の実際

音楽的な表現は、日頃の子どもの遊びや生活の中に見出せることがあります。たとえば、呼びかけや合図の声があげられます。友達を誘うときの、「○○ちゃん、遊ぼ

う」という言葉に、「ラーソーラ、ラーソーラー」というような音の高さ（音程）と、「♩ ♩ ♩ ♪ ♩ ♩ ♩」というようなリズムが伴い、歌のように聞こえることがあるでしょう。そのほかにも、思いついた言葉で歌をつくって歌ったり、ものを叩いて出る音を楽しむ姿などがあげられます。

いっせいに行う活動の場面にも、様々な音楽表現があります。例をあげると、皆で一緒に歌う、合奏する、リトミック、手遊び、リズム遊び、歌遊び、劇音楽、ボディーパーカッションなどです。これらの活動を通して、子どもは音や音楽を感じ、味わい、楽しみ、自らの思いを表現したり、友達との関わりの中で表現を広げていったりするでしょう。また、同じ活動を繰り返し行うことによって、音や音楽の面白さに気付いたり、表現をより深めたり、楽しさが増すこともあります。

保育者は、生活の中に、いかに音楽的な要素を見出し、遊びの中に取り入れられるかを考えるとよいでしょう。活動を準備するにあたっては、子どもの実態と比較しながら、どのような音楽的要素を用いて活動を展開すると子どもが楽しめるか、工夫していくことを心がけたいものです。

③音楽表現と指導計画

各月や季節、行事に歌う歌や扱う楽器について、年間を通して計画している園もあります。指導計画案の作成にあたっては園に確認し、園の計画がある場合には、それに沿うような活動を考えるとよいでしょう。たとえば楽器活動においては、低年齢であれば、楽器の持ちやすさ、鳴らしやすさを考慮した内容となっていたり、月齢が上がるにしたがって、音域の広がりやリズムの複雑さ、曲の長さを考慮した内容となっていたりするでしょう。

④音楽表現を教材にした指導計画を立てるときのポイント

・得意・不得意の個人差

活動を展開する中では、声を出したり身体を動かすのが恥ずかしいと感じたり、音楽の楽しさを感じていてもそれを思うように表現できなかったりするなどの個人差がみられることがあります。場合によっては、無理に参加させるのではなく、どうしたら子どもが自信をもってやってみようと思えるのかを考え、そのきっかけを工夫したり、参加したい気持ちになるまでゆっくりと見守ることも大切です。その活動を繰り返し行うことで、活動への理解が深まり、負担を感じることなく参加できるようになる場合もあります。

・集団の活動か、個の活動か

音楽的な活動では、個々でじっくりと音や音楽に向き合うことが必要な場合もあります。たとえば、楽器を見て触ってその感触を味わったり、音の響きの美しさに気付いたり、自分なりに音楽を楽しむ時間などです。一方で、いっせいに活動することで味わえる楽しさもあります。たとえば、合奏活動があげられます。楽器を一人で鳴らしたときと、全員で合わせたときとの響きは異なります。グループで交互に鳴らしたり、追いかけっこしたり、違う響きを同時に鳴らすことで味わえる面白さもあります。同じ教材を使いながらも、個の活動、集団の活動をバランスよく織り交ぜると、

より活動が深まるでしょう。

・準備

活動によっては、保育者がピアノを弾きながら子どもと一緒に歌う機会もあります。子どもの様子に合わせ臨機応変に対応していくために、子どもの顔を見ながらピアノが弾けて、歌詞はよどみなく歌えるように練習しておきます。

楽器を使う場合には、その楽器が壊れていないか、子どもにとって危ない部分がないかなど、事前に点検をしておくことも大切です。

活動を展開する中で、言葉を用いるだけでは、イメージしにくい場合もあります。たとえば、歌詞や動物の絵のカードなど、あらかじめ視覚的な教材を準備しておくとよいでしょう。

予想される子どもの活動への対応も準備しておきます。活動にスムーズに入れない子どもへの対応や、実際の子どもの活動の様子によって柔軟に対応できるよう、あらかじめアレンジを考えたり、反応が○○なときはこうする、などバリエーションを用意しておくとよいでしょう。

・発達に合っているか

各年齢において、子どもの発達を踏まえ、環境を整え、教材を選び、無理のない活動となるよう考えていきましょう。たとえば、楽器活動を行う場合、低年齢では、手の大きさや鳴らし方に無理のかからない楽器を選択したり、リズムの難易度や音楽の好みを考えることも大切です。

歌唱活動では、年齢によっては歌える音域の幅が狭かったり、音程が取りにくかったり、曲の長さによっては十分に楽しめなかったりすることがあります。わらべうたは、低年齢でも歌いやすく、親しみやすいものが多くあるので、積極的に取り入れたいものです。

いずれも、子どもの実態や興味とも照らし合わせながら、曲を選んだり、活動の内容を工夫する必要があります。

・導入・展開・発展になっているか

部分実習指導計画案の活動の構成においては、導入・展開・発展の流れで計画を立てていきます。まず導入では、子どもの日頃の様子や興味に合わせ、これから行う活動に関わりのある話をするとスムーズです。展開での活動のつながりを意識した内容を取り入れるとよいでしょう。展開では、メインとなる活動のバリエーションをいくつか用意したり、静と動の活動のめりはりを付けながら展開していくと、子どもの表現をより引き出したり、表現の幅を広げたり、理解を深めたりすることにつながります。活動の最後には内容を振り返り、友達と気持ちの共有をしたり、次の活動へ期待がもてるような話をしていきます。活動した内容が、その後の遊びの中に取り入れられる、家庭でも行えるなど、遊びのつながりを意識するとよいでしょう。

第6章　指導計画の実際

音楽表現を教材にした部分実習指導計画案の例（1）　2歳児　2月の計画

①この指導計画案の音楽表現のねらい

　この指導計画案においては、子どもが日頃、音が出る玩具や楽器に興味を示したり、音楽が流れると身体を揺らしたりする様子から、「音や音楽を感じたり、音に耳を傾けたりする」ことをねらいの一つとしています。また、子どもが保育者や友達の真似をして遊ぶ姿が見られることから、「動物の動きをイメージし、音楽に合わせながら身体全体で表現することを楽しむ」ことをもう一つのねらいとしています。

②この指導計画を立てるときのポイント

・得意・不得意の個人差

　動物になりきって表現する活動では、身体いっぱい使って動き、楽しむ子どももいれば、恥ずかしがって積極的に表現できない子どもや、表現の仕方がよく分からない子どもなど、表現に個人差がみられることも予想されます。その場合に、どのように子どもに寄り添って活動を展開させていくか、その援助の仕方や、表現を引き出すための言葉がけを考えておきます。

・集団の活動か、個の活動か

　導入の活動では、皆で同時に「音」を聴きますが、聴くというのは個の活動でもあります。主活動では、音楽に合わせていっせいに活動をしますが、イメージや音楽から感じたことを表現する個の活動でもあります。一方で、友達の動きを真似る、思いを共有するなど、友達との関わりの中で初めて生み出される表現もあるでしょう。個が音や音楽を楽しんでいるか、集団の中での個の表現にも着目し、大切にしましょう。

・準備

　導入では、音を聴くことに集中できるよう、鳴らす「もの」が見えないように工夫して音を出します。たとえば、牛乳パックに鈴、砂や木の実などを入れておくと、身近なものが楽器となり、音への興味も増すでしょう。変身ごっこでは、子どもが変身する動物の動きをイメージしやすいように、動物カードを用意しておくとよいでしょう。活動の中で、子どもの様子を見ながらピアノを弾けるよう、十分に練習しておきます。テンポを自由に変えたり、強弱を付けられる余裕があると、子どもの表現をより引き出すことにつながります。活動を行う中で、ピアノを弾くことが難しい場合には、あらかじめ演奏を録音しておき、活動の中で流してもよいでしょう。

・発達に合っているか

　2歳児においては、友達の動きを見て真似たり、音楽に合わせて身体を揺らしたりする姿が見られる時期でもあります。また、動物が出てくる絵本を好んで読んだり、見立て遊びを好んだりする姿も見られるようになります。この指導計画案では、子どもの真似をしたがる実態や音への興味を踏まえ、全身を使った動きを自分なりに表現できるような活動としています。

・導入・展開・発展になっているか

　この指導計画案では、これから行う活動につながるような「音」の話をすることか

ら始め、子どもの興味を促しています。主活動でキーとなる「鈴の音」への注目を促すため、鈴はどんな音だったかを確認する遊びを取り入れています。導入で「聴く」意識を高めたところで、展開では、鈴の音の合図を聴いて反応したり、音楽の変化も楽しみながら身体全体で表現するような活動としています。活動の最後には、楽しかった気持ちを友達と共有したり、活動で出てきた動物に遠足で会える期待を促しています。

部分実習指導計画案

実施日：（ 2 ）月（ ○ ）日（ ○ ）曜日

対象児：（ 2 ）歳児（ 16 ）名（男 8 名／女 8 名）

テーマ：耳をすませて動物に変身ごっこ

主な活動内容
- 「動物に変身ごっこ」を通して、全身で表現したり、皆で活動する楽しさを味わう。

子どもの実態	ねらい
・音が出る玩具や楽器（鈴）に興味を示したり、音楽が流れると身体を揺らしたりする。 ・保育者や友達の真似をして遊ぶ姿が見られる。	・音や音楽を感じたり、耳を傾けたりする。 ・音楽に合わせて、動物の動きをイメージし、身体全体で表現することを楽しむ。

時間	環境構成	予想される子どもの活動	保育者（実習生）の援助・配慮点
10：30	［ピアノ］ ◎実習生　○子ども 〈準備するもの〉 ・牛乳パックに、①砂、②木の実、③鈴を入れたものを用意する。	○実習生のまわりに集まり、座る。 ・立ったり、友達と話をしている子どもがいる ○実習生の話を聞く。 ○実習生の出す音に耳を傾け、牛乳パックの中身をあてる。 ・分からない子どもがいる。 ・「石」「はっぱ」「鈴」など想像したものを思い思いに言う。 ・「わぁ」と声をあげる。 ・実習生の話を聞いて「やったー」などと言い、活動に興味を示す子どもがいる。	○実習生のまわりに集まって座るように声をかける。 ・静かに座るよう促す。 ○「先生は今日、素敵な音がするものを見付けました。それはこの中に入っています」と話をする。 ○「何か分かるかな」と言って、牛乳パック楽器を①→③の順に鳴らしていく。 ・子どもの表情を見ながら「お庭にあるものだよ」などとヒントを出す。 ・子どもの反応を見て、中身を見せる。 ・鈴をあてた後、「これは魔法の鈴です。これから皆に魔法をかけます。」と話し、次の活動への期待を促す。

第6章　指導計画の実際

時間	環境構成	予想される子どもの活動	保育者（実習生）の援助・配慮点
10：35	〈準備するもの〉 •ウサギ、ネズミ、ゾウのカード •ピアノ •鈴 〈教材〉 「おつかいありさん」 関根栄一（作詞） 團 伊玖磨（作曲） 〈進め方〉 ①鈴を鳴らし、変身する動物を言う。 ②おさんぽの音楽（「おつかいありさん」）を弾き、子どもは音楽に合わせて変身した動物になって歩く。 ③楽しんで歩いている様子が見られたら鈴を鳴らし、音楽を止める。次に変身する動物の名前を言い、動物カードを見せ、再びピアノを弾く。 ④何度か③をくり返す。	○実習生の話を聞く。 ○「ウサギ」「ぴょんぴょん」とイメージを言葉にする。 •自らのイメージした動物の動きを、身振り手振りで表現する。 ○立って歩く準備をする。 ◎鈴を合図に、動物になりきって歩く。 •テンポの速い音楽にキャーと声を上げたり、ゾウの鼻の動きを表現したりする。 •自分なりのイメージをもって楽しむ様子が見られる。 •走り続ける子どもがいる。 •動かずに見ている子どももいる。 •友達の動きを見て、真似る子どももいる。	○「鈴が鳴ったらみんなは先生の言った動物に変身します」と、動物に変身ごっこの説明を始める。 ○動物に変身するイメージがもてるよう、ウサギのカードを見せ、「ウサギさんはどう歩くかな」と聞く。ネズミ、ゾウも同様にする。 •イメージがもてないようならば、実習生が歩いてモデルを示したり、実際に子どもと一緒に歩いたりする。 ○「先生はおさんぽの音楽を弾くので、動物に変身して歩いてみよう。途中で鈴が鳴ったら違う動物に変身するから、よく聴いてね」と話し、ピアノを弾く準備をする。 ◎「最初の動物は〔リンリンと鈴を鳴らして〕ウサギさん！」と動物カードを見せて、「おつかいありさん」を弾く。 •イメージをより膨らますために、ウサギは軽快に、ネズミは高い音で速く、ゾウのは低い音でゆっくりとピアノを弾く。 •子どもが楽しめる速度を考慮する。 •音楽の変化を感じるよう「音楽もよく聴いて歩いてね」と伝える。 •子どもの様子を見て、声かけをする。 •子どもの様子によって繰り返したり、他の動物に変身するように言ったりする。
10：48		○活動を振り返る。 •「楽しかった」「またやりたい」と言う子どもがいる。	○「みんなで変身して楽しかったね」など活動を振り返って、気持ちを共有する。 •「来週の遠足ではぞうさんに挨拶しようね」と次の活動への期待を促す。

③この指導計画案の特徴

　この指導計画案における音楽的表現の特徴は、「音を聴く」ための工夫を取り入れているところにあります。導入では、鈴や身近なものを楽器にして鳴らし、聴く意識を高める遊びをします。展開では、「鈴の音で変身する」という、音への反応を楽しんだり、音楽のテンポや音の高さなどの変化を感じて表現する内容としています。全体的には、聴くという静かな活動と、全身を使って表現するという動きのある活動を取り入れ、めりはりを付けています。身近なものが楽器になるという面白さや、音に耳を澄まし味わう楽しさを子どもに提案することで、この経験が音への意識を高めるきっかけにもなりうるでしょう。

④実施するときのポイント

　導入の音を聴く遊びでは、子どもの音へのイメージが膨らむよう「サラサラって音がするね」「大きいものが入っているのかな」などと言葉がけを工夫します。子どもが少しでも興味をもてるように、声をかけたり、近くに行って牛乳パックの音を聴かせたりするなど、対応を考えておきます。

　動物に変身ごっこでは、子どもが動物の表現をより楽しめるよう、変身する動物によって音楽のテンポや音の高さに変化を付けてピアノを弾きます。テンポは、子どもの様子を見て、楽しんでいるかどうかを確認しながら調整します。変身する動物は、日頃の遊びや絵本などでよく見るものを選ぶと、よりイメージを具体的に表現しやすかったり、友達と同じイメージをもって動き、一体感を味わえたりするでしょう。変身の合図である鈴を鳴らすときは、子どもが音に反応しているかよく観察します。どう動いたらいいか迷っている様子であれば、モデルを示して一緒に動いたり、友達と向かい合ってやってみるなど工夫します。ウサギのときは「ぴょんぴょーん」、ゾウのときは「ズシーン、ズシーン」など、声をかけながらピアノを弾いてもよいでしょう。最後に、ゾウのゆっくりとした動きを行うことで気持ちをクールダウンします。

☝　先輩からのアドバイス

　最初の音を聴く活動は、音に耳を澄ますよい経験になるでしょう。牛乳パックの中身が日頃よく目にするものなので気持ちが高まり、意欲的な取り組みへつながるのではないかと思います。変身ごっこは、子どもが身体をいっぱい使って楽しめる活動だと思います。楽しい気持ちが増し、走り出す子どもも見られることが予想されるので、ぶつかったり、けがをしないように配慮しながら行いましょう。子どもが一緒に楽しめているかどうか、よく様子を見て実践してみてください。

音楽表現を教材にした部分実習指導計画案の例 (2) 4歳児 8月の計画

①この指導計画案の音楽表現のねらい

　身体は、最も身近な楽器でもあります。この指導計画案において、日頃の「楽器を鳴らしてリズムをとることを楽しむ」子どもの姿から、自身の身体を楽器に見立てて身体から出る音に気付き、自分で考えて音の出し方を工夫することをねらいとして活動を組み立てています。また、「ルールを守って友達と遊ぶ」子どもの様子から、リズム打ちのルールを理解し、身体で表現する楽しさを味わうこと、友達と一緒に音を出す楽しさを感じられることをねらいとしています。

②この指導計画を立てるときのポイント

  • 得意・不得意の個人差

　リズム遊びをするとき、すぐにリズムを模倣しようとする子どももいれば、そうでない子どももいることが予想されます。正確にリズムを表現する技術面を重視するのではなく、出てくる音に興味を深めたり、友達と一緒に同じ動きをすることを楽しめるような声かけや配慮をします。

  • 集団の活動か、個の活動か

　この指導計画案では、全体を通していっせいに活動をしていきますが、個の活動も同時に含まれています。導入のまねっこゲームは、実習生の動きを真似たり、自分の身体から出る音に向き合うという個の活動であったりします。最後に、皆で輪になってリズム打ちをすることで、友達と呼吸を合わせるコミュニケーションを楽しんだり、一体感を味わうことにもつながるでしょう。

  • 発達に合っているか

　4歳児では、音楽やリズムを自分なりに表現しようとしたり、遊びながら歌をつくったりする姿も見られるようになるため、活動の中に、自身で考え、音の出し方を工夫できるような場面を設定しています。「○○ちゃん、かっこいい音が出るね」など、友達の音に注目したり、自ら工夫したいと思えるような言葉がけをすると、より楽しさが増すでしょう。このころの子どもは、集団で歌ったり、楽器を鳴らしたりすることにも慣れてきます。自分の順番を待って交互に演奏する活動もできるようになるため、リズムの模倣だけでなく、簡単なルールを用いてのリズム遊びを組み込むと、子どもは発達に合った楽しみ方ができるでしょう。

  • 導入・展開・発展になっているか

　指導計画案の構成として、いきなり活動を始めるのではなく、子どもの日頃の興味や活動に合わせて話をし、リズム遊びへとつなげていきます。導入では、展開での活動をより楽しめるよう、身体から出る音の面白さに気付いたり、自分の身体に向き合う時間を設けています。展開では、それらの音の面白さを皆で楽しむ活動にしています。足を鳴らして出る音、手を鳴らして出る音など、響きの違う音の組み合わせや、全員で音がそろう楽しさも味わえるでしょう。最後に、活動の振り返りをし、またやってみようねと次への期待を促します。

2. 音楽表現を教材にした部分実習指導計画案

部分実習指導計画案

実施日：(8)月(○)日(○)曜日

対象児：(4)歳児(18)名（男 8 名／女 10 名）

テーマ：身体を使ってリズム遊び

◎ 主な活動内容 ◎
• 身体を使って音を出し、リズム遊びを楽しむ。

◎ 子どもの実態 ◎
• 皆で一緒に歌ったり、楽器を鳴らしてリズムをとることを楽しんでいる。
• ルールを守って友達と遊ぶ様子が見られる。

◎ ねらい ◎
• 身体を使って音を出すことを楽しみ、出し方を工夫したりする。
• リズム打ちのルールを理解し、友達と一緒にリズム遊びする楽しさを味わう。

時間	環境構成	予想される子どもの活動	保育者（実習生）の援助・配慮点
10:00	◎ 実習生 ○ 子ども	○ 実習生が見えるところに集まる。 • 話をしたり、集まらない子どもがいる。	○ 実習生が見えるところに集まるよう声をかける。 • 静かにするよう声をかける。
	〈教材〉 「こぶたぬきつねこ」 山本直純（作詞・作曲）	○ 実習生に注目する。 • 「わぁい」「えー」など声をあげる。	○「昨日はタンブリンで遊びましたが、これから皆の身体をタンブリンにして遊びましょう」と話をする。
	〈身体表現例〉 手を2回叩く　子どもが真似る **「お手々・トントン、** 腹を2回叩く　子どもが真似る **お 腹 ・トントン、** 膝を2回叩く　子どもが真似る **膝　　・トントン、** 尻を2回叩く　子どもが真似る **おしり・ポンポン」**	○ 実習生を見て真似る。 • 「できるよ」「簡単」と言う子どもがいる。	○「よく見て、先生のまねっこできるかな」と実習生に注目するよう声をかけ、「こぶたぬきつねこ」のメロディーにのって身体を鳴らす。 • 子どもの表情や動きを見てタイミングを計りながら行う。
		○ 自分の身体の様々な部位を叩いたり擦ったりして音を楽しむ。	○ 身体の部位に興味がもてるよう「皆の身体からは他にもいろんな音が出るよ。どんな音がするかな」と声をかける。
		• 友達の動きを真似する子どもがいる。「○○ちゃんはこうだよ」と声をあげる。	• 音への気付きを促すよう「○○ちゃんはこんなふうに鳴らしているよ」と紹介したり、模範を見せる。

第6章　指導計画の実際

時間	環境構成	予想される子どもの活動	保育者(実習生)の援助・配慮点
			・いろいろな音が出せたことをほめる。
10:05	〈教材〉 「幸せなら手をたたこう」 木村利人(作詞) アメリカ民謡(作曲) 〈身体表現例〉 足拍子 足拍子 「し あ わ せ な ら 手拍子 手拍子 お腹 手 を た た こ う お腹 両足 × ×」 (以下同じ)	○実習生の説明を聞く。 ・話を聞きながら真似る子どもがいる。 ◎実習生や友達の動きを見て手(足)拍子をする。 ・分からない子どもがいる。 ・リズム打ちを楽しむ様子が見られる。 ○一つの輪になる。	○「しあわせなら手をたたこう」のリズム遊びの説明をする。 ・「足・足・手・手・お腹・お腹・両足」と動きだけの説明をした後、歌に合わせて模範を示す。 ◎実際にリズム遊びをする。ゆっくりから始め、様子を見て繰り返す。 ・分からない子どものそばに行って手拍子をする。 ・子どもが自信をもてるよう、大きな音で叩けたことをほめる。 ○「今度はみんなの顔を見ながらやってみよう」と、一つの輪になるよう声をかける。
		・集まらない子どももいる。 ○顔を見合い、リズム遊びをする。 ・友達同士で目が合い、笑顔になる。 ・歌いながら手拍子をする子どもがいる。	・輪に加わるよう促す。 ○全員でリズム遊びをする。大きな声で歌う。 ・時間があれば、テンポを速く(遅く)する、2人組で行う、グループに分け交互に打つなど工夫する。
10:18		○「面白い音がした」「楽しかった」など活動を振り返る。	○「今日はみんなの身体が楽器みたいだったね」など活動を振り返る。

③この指導計画案の特徴

　この指導案における音楽的な特徴は、身体を楽器に見立てて、リズム遊びをするところにあります。単にリズムの模倣だけでなく、自らの身体から出る音に親しんだり、音の違いを楽しんだり、皆で同じ動きをして同調したりと、いくつかの変化を楽しめるような活動内容となっています。

④実施するときのポイント

　導入では、子どもがこちらに注目しているかどうかをよく観察し、子どもが模倣し

やすいようタイミングを計りながら行います。子どもの興味によっては、鳴らす身体の部位を変える、繰り返して行うなど工夫してもよいでしょう。自分の身体の部位から出る音に注目する活動では、「○○ちゃんはこんなふうに鳴らしているよ」と友達の動きを紹介したり、実習生から「ここを○○すると○○な音が出るよ」と具体例を投げかけると、刺激を受け、より意欲をもって活動に取り組むことができると考えられます。展開のリズム打ちでは、まずは基本のルールとなる足拍子や手拍子の鳴らし方を子どもが理解できるよう、始めに「足・足・手・手・お腹・お腹・両足」と具体的に身体の部位を言いながら動きのみの説明をします。「ドンドン　パンパン　ポンポン　ジャンプ」と音を言葉で表現してもよいでしょう。子どもが動きを楽しんでいる様子を確認したら、実習生の歌に合わせてリズム打ちをしていきます。活動がスムーズに進み、時間に余裕があれば、2人組で行ったり、グループを2つに分け交互に行ったりしてもよいでしょう。活動の振り返りでは、ねらいに沿った子どもへの言葉がけも工夫しましょう。

先輩からのアドバイス

　活動の導入のまねっこゲームは、子どもの気持ちが高まり、やってみようと興味をもつきっかけになると思います。子どもが理解できるよう、大きく、はっきりした声で模範を示すとよいでしょう。隊形を変えるときは、子どもが動きに迷わないよう、具体的な言葉がけや、必要な援助をしていきましょう。皆で同じリズムの動きがそろったときには、達成感を味わうことができるのではないかと思います。身体という身近な音の面白さに気付く経験により、今後、子どもの日常がより豊かなものになっていくだろうと思います。

3. 身体表現を教材にした部分実習指導計画案

指導計画を立てるにあたって

① 身体表現のねらい

　保育における身体表現は、適切に構成された環境のもとで、子どもが自発的に取り組む様々な遊びを中心に、体を動かすことを通して、生涯にわたって心身ともに健康的に生きるための基盤を養うことをねらい（到達目標）としています。身体表現を援助する際のポイントとして、〈1〉多様な動きが経験できる、〈2〉発達の特性に応じた遊び（運動）を提供する、〈3〉楽しく体を動かす時間を十分に確保する、などがあげられます。

② 身体表現の実際

　身体表現は、走る、跳ぶ、投げるといった基本的運動能力を高めるような運動、様々な遊具や身のまわりにある道具を使った運動遊び、鬼ごっこなどのゲーム（的）遊び、自分の体そのものを使う表現運動遊びなど非常に幅広い領域といえます。ま

第6章　指導計画の実際

た、音楽・造形・言葉といった、ほかの表現領域とも密接に関わるため、実際の保育では「ここからここまでが身体表現」と分けずに、うまく融合させ関連付けて指導していくことになります。

③身体表現と指導計画

　指導計画案は、年間計画、月案、週案とも連動していますが、園の実情や子どもの状況によっては直前に変わることもあります。特に身体表現については、子どもの心身の状態、天候、温度や湿度といった様々な環境要因の影響により指導計画案の修正が必要なこともあり、状況に応じた柔軟な対応力は、保育者として必ず身に付けておくべき能力といえます。園行事を基本におき、子どもに季節感のある活動をより多く体験させるためにも、年間を通じた長期的な指導計画のどこに位置付けるのが効果的なのか、指導者間でよく相談しておくことが大切です。

　指導計画を立てるうえで留意すべき事柄として、以下のようなことがあります。

- これまでの運動経験や、園での身体活動に関する取り組みなどについて把握しておく。
- 「走・跳・投」などの基本的な運動を毎回取り入れることによって、身体操作能力の向上につなげる。
- 子どもが知っている遊びを取り入れたり、新しい遊びを提案したりするなど、集団遊びをする機会を多くもつことによって、大勢の友達と一緒に遊ぶ楽しさを経験させる。
- グループや友達同士で活動することにより、教え合ったり協力したりすることで、友達のよさを感じたり、仲間意識を深めたりできるようにする。
- 遊びに伴う危険や安全な遊び方について、遊びの中で一緒に考える機会をもつようにする。
- 天候や気温などを考慮し、できるだけ条件のよい中で遊べるようにする。

④身体表現を教材にした指導計画を立てるときのポイント

　導入は、子どもに「面白そう、やってみよう」といった興味や関心をもたせる場面です。この導入部分は、主活動へとつながる動機付けとして大切であり、導入の出来不出来が主活動を左右するといっても過言ではありません。絵本や手遊びをはじめとして、準備運動的な要素を含んだ「基本の運動」などを上手に用いることによって、スムーズな主活動へ子どもを導くようにしたいものです。

　展開は、本時の教材の柱となる部分です。子どもが思いきり体を使って楽しめるような活動の手順や準備物の再チェック、安全面に対する配慮なども、展開部分で不可欠です。また、子どもが集中して積極的に遊びの中へ入っていけるような雰囲気づくりも、導入から展開へと続く「つなぎ」の部分で重要な要素となります。実際の指導では、計画した指導計画案どおりに実施することは難しいものです。指導計画案は、最初に設定したねらいが大きく横道に逸れないための保育者の道しるべ（ガイド）なのです。子どもに問いかけ、反応を見ながら進めていくこと、子どもと保育者との関係の中で築いていく展開がのぞまれます。

3. 身体表現を教材にした部分実習指導計画案

　最後のまとめは、主活動を終えた子どもが楽しさを共有し、次回への期待などを確認する場面となります。子どもの努力やがんばりといった心情面についても、保育者は言葉に出して子どもへ伝えることを忘れてはいけません。幼稚園教育要領や保育所保育指針等の総則、目標を十分に踏まえて指導計画を立案（構想）していきますが、指導計画案はあくまでも計画であって、そこにいる子どもの実態をしっかり見据え、その子どもにとってよりよいものにすることが重要です。

身体表現を教材にした部分実習指導計画案の例（1）　2歳児　11月の計画

① この指導案の身体表現のねらい

　低年齢の子どもの遊びを見ると、一般的に個で遊ぶこと（一人遊びや並行遊び等）が多い傾向にあります。例え一人で遊んでいたとしても「みんなと一緒に遊んでいる」といった場の設定は、遊びに対する興味や関心をもたせるうえで非常に効果的です。2歳の後半ごろになると、ゲーム的要素を含んだ遊びにも適応できますので、実習生や保育者も子どもと一緒に活動していく中で、楽しさを創出するような遊びづくりをしていきましょう。

② この指導計画を立てるときのポイント

　簡単なルールのあるゲーム的要素を含んだ遊びですが、はじめはルールが理解できない子どもが多いことが予想されます。この指導計画案では、「白い色紙」「黒い色紙」「白ヤギさんのバケツ」「黒ヤギさんのバケツ」といった言葉や道具（色紙やバケツ）を用いながら、子どもが自由に遊ぶ時間を十分に確保し、関心をもたせることが、スムーズな遊びの展開へとつながっていくことになります。子どもの遊び方やルールの理解度をみて、制限時間を設ける、投げ入れる距離や場所を変えるなどの工夫を行ってみてください。

部分実習指導計画案

実施日：（　11　）月（　○　）日（　○　）曜日

対象児：（　2　）歳児（　14　）名（男　7　名／女　7　名）

テーマ：お手紙配達競争

主な活動内容
自分のチームの色紙を運び（持ってくる）、丸めて、投げ入れる。

子どもの実態	ねらい
走・跳・投の基本的な運動機能が伸び、自分の体を思いきり動かすことを楽しんでいる。	・色の違いや、紙が様々な形に変化することに気付く。 ・決められた場所へ物を運ぶ。

131

第6章　指導計画の実際

時間	環境構成	予想される子どもの活動	保育者（実習生）の援助・配慮点
10：00	〈準備するもの〉 • 色紙（黒・白 各50枚、人数に応じて枚数を調整する） • バケツ（ヤギのイラスト付き、黒・白 各1個） • カラーコーン • ストップウオッチ • ホイッスル • ごみ袋等 投げる位置 （線を引く） ■ 色紙　▢ バケツ	○実習生の持っている色紙、イラスト入りのバケツに興味を示す。 ○実習生の話を聞く。 • 実習生の投げる動作（上投げ、下投げ等）を真似しながら何回も行う子どもが多い。 ○スタートの位置に並ぶ。 ○「終わり」で座る。 ○大きな声で数を数える。	○子どもに「楽しいことが始まるよ」と声をかけながら黒・白の色紙を間隔を空けて床に置く。 ◎ルールの説明を行う。 •「自分のチームのお手紙（黒・白の色紙）を持ってきて、ここの位置にきたら（ボール状に）丸めます。自分のチームのヤギさんのバケツの中へお手紙を投げ入れます」「こうやって、バケツの中へ入れます」と見本を見せながら動きと動線の確認を行う。 •投げる位置とバケツまでの距離を子どもに合わせる。 ○チーム分けをする。 •子どもの人数や場所によってグループの数を決める。 ○ホイッスルの合図で始める。 ○子どもの動きを見て時間を計る。 •複数回行う場合は時間を変える。 ○ホイッスルで終了の合図を行う。 ○各色のバケツの中の折り紙を、子どもと一緒に数える。 •それぞれの色紙の数を発表し、勝ったチームには拍手する。
10：20		○ゲーム感覚で（楽しみながら）色紙をビニール袋へ入れる。	○「これから片付けます」とビニール袋（ごみ袋）の中へ入れるように指示をする。 •「片付けはどちらが早いかな」と片付けも意欲的に行えるように声かけをする。

132

③ この指導計画案の特徴

　この指導計画案で取り上げた、道具（色紙）を用いた遊びは、「走・跳・投・捕」といった様々な体の動き（動作）を行うことにより、基礎的な運動能力の獲得につながります。また、子どもの発達や理解度に応じてルールや勝敗の決め方等についてもアレンジしやすい教材の一つといえます。決められた色紙を手に取り、両手を使って丸め、決められた場所から投げるといった動作に一人で挑戦してできるようになる喜びと、簡単なルールに従って友達と競争する楽しさを味わうことなどが、この運動遊びの魅力といえます。

④ 実施するときのポイント

　子どもが投げる動作を、事前に何回かやっておくことが必要です（導入時、または前時までの活動の中で）。それによって、丸めた色紙をバケツ（または箱）の中へ投げるのに適した（投能力に応じた）距離を確認することができます。投げ方も、下手投げ、上手投げ、両手投げや、単に色紙をバケツへ運ぶだけなど、子どもの発達（運動能力）に応じて自由にやらせてみます。一方、スムーズな投動作が可能な子どもに対しては、腕や手の使い方、体の向き、投げる方向など、具体的な動作（身体操作）についても言葉がけ（アドバイス）を行うことによって、「もっと遠くへ投げよう」といった意欲向上にもつながっていきます。

👆　**先輩からのアドバイス**

　2歳児（年齢の低い子ども）に遊び方やルールの説明をするときには、保育者が実際に動作をし、子どもに分かる言葉で、反応を見ながら説明することが大事です。

　筆者がこの指導を行った際、最初は「ルールを理解させる」ことばかり意識してしまい、子どもの反応を見る余裕がもてませんでした。その結果、ルールを理解していない子どもが多く、盛り上がりに欠けたように思います。そのため、最初に作成した指導計画案をもとに修正を重ねて複数回実施し、2回目以降は「白ヤギさん、黒ヤギさん、お手紙」といった、子どもが関心をもって聞いてくれそうなところを意識しながら言葉がけを行い、ゆっくりと大きく全身で動作することを心がけました。そのことが、子どもの理解を助けることにつながったように思います。

身体表現を教材にした部分実習指導計画案の例（2）　5歳児　10月の計画

① この指導計画案の身体表現のねらい

　導入で行う「表現運動遊び」は、「ニン、ニン、ニン」と言いながら保育者の後ろを子どもが付いて行き、保育者が振り向いた瞬間、動かずに止まるという非常に簡単な遊びです。一列や円などの隊形変化や、2人組やグループになって友達と関わることによって、動作もより大胆になり、歩くだけでは物足りず、駆け足やスキップ、寝転ぶ等、子どもがアイディアを膨らませて自由にやるようになっていきます。友達の動作を真似る、皆で息を合わせるなどの工夫も見られるでしょう。さらに、忍者を

第6章　指導計画の実際

テーマにした音楽や小道具などを使用することによって、発表会や運動会といった園行事につなげることもできます。

　遊具を用いた「器械運動遊び」は、登る、ぶら下がる、バランスをとるなど体の様々な動きを楽しむことによって、「体を動かしたい」という運動欲求を満足させてくれるものです。また、スリルや爽快感の獲得といった器械運動遊び特有の魅力もあります。一方、落下などの危険も時としてありますので、子どもの発達の状況に合った指導と環境整備は何より大切です。適切な補助や援助法の習得のほか、危険なことはしないなど、子どもに分かるようにきちんと話すことも大事です。

②この指導計画を立てるときのポイント

　子どもの発達に適した動作を体験させることがこの指導計画案のねらいです。跳び箱は跳び越すもの、鉄棒は回るものというような、特定の技の習得を目標としてはいけません。まずは用いる遊具の特性を生かし、子どもの基本的動作（走る、跳ぶ、転がる、回る、ぶら下がる等）を重視するような流れを考えます。基本的動作を繰り返し行うことによって、跳び箱を基地にしたり、平均台を橋に見立てたりして鬼ごっこの道具にするなど、5歳児はアイディアが豊富です。跳び箱や平均台、鉄棒といった高低差を活用することによって、よりダイナミックな遊びも可能となります。子どもが安心して楽しく遊べる援助を保育者は心がけましょう。

部分実習指導計画案

実施日：（　10　）月（　○　）日（　○　）曜日

対象児：（　5　）歳児（　20　）名（男　10　名／女　10　名）

テーマ：忍者サーキット

● 主な活動内容 ●
- 忍者になって遊ぶ。
- 様々な遊具（跳び箱、鉄棒、平均台、マット）を使って多様な動きを経験する。

● 子どもの実態 ●
運動機能の発達に伴って、器械運動遊びに意欲的に取り組んでいる。

● ねらい ●
- 忍者のイメージで、いろいろな動きに挑戦する。
- 友達と一緒に遊びを楽しむ。

時間	環境構成	予想される子どもの活動	保育者（実習生）の援助・配慮点
10：00	〈準備するもの〉 遊具（跳び箱、鉄棒、平均台、マット等）	○服装を整えて集まる。	○遊具の点検と、活動場所の安全確認をする。

3. 身体表現を教材にした部分実習指導計画案

時間	環境構成	予想される子どもの活動	保育者（実習生）の援助・配慮点
		○実習生の話を聞くことによって興味をもつ。 •歩き方の工夫や忍者の動作を自由に行いながら楽しむ。 •忍者に関するアニメや、忍者特有のポーズなどを口々に発言する。	○本時の活動について話をする。 •「忍者について知っていることは？」などと子どもに問いかける。
	 ○実習生　○子ども	○イメージを言葉にしながら動いている子どもが多い。 •夢中になっている子どもが多い。	○忍者のイメージづくりと、準備運動をする。 •簡単に動作の説明をする。 •保育者を先頭に「ニン、ニン、ニン…」と言いながら、様々な歩行動作を行う。 •「ソロリ、ソロリ」「ササ、ピタッ」など、保育者の言葉を聞きながら自由に動く。 •実習生が振り向いたら動かない。
	鉄棒　跳び箱 平均台　マット •遊具は安全な場所に設営する。 •広さに応じて遊具の間隔や配置の順番を考慮する。 •活動の途中で遊具の移動を行う場合は安全確保に努める。 •指示があるまで遊具に触らないなど、きまりを守ることを子どもに伝える。	○苦手な遊具にも積極的に挑戦している。 ○終わった子どもから、決められた場所に座る。	◎各遊具を用いて練習する。 •跳び箱（駆け上がる、飛び越すなど） •鉄棒（ぶら下がり、前回りなど） •平均台歩行（前後歩き、横歩きなど） •マット（前回り、横回りなど） ○忍者のイメージで一連の動作を連続して行う （跳び箱→鉄棒→平均台→マット） •「風のように速く」「音を立てずに素早く」等、多彩な動きづくりにつながるような言葉がけを行う。 ○順番を守る等、注意深く見守る。 ○一連の動作を何回か行った後、集まる場所を知らせておく。

135

第6章　指導計画の実際

時間	環境構成	予想される子どもの活動	保育者（実習生）の援助・配慮点
10：40		○実習生の話を聞く。	○本時の活動のまとめを行う。 ・子どもの工夫や楽しさを共有し、次回へ期待をもたせる。

③この指導計画案の特徴

　本教材は、導入部分で行う、子ども自らが忍者そのものになりきって遊ぶ「表現運動遊び」と、それに続く、跳び箱、鉄棒、平均台、マットを用いた「器械運動遊び」の２つを、同時限の中で取り扱うという特徴があります。歩く→走る→止まる→回るなどの体を思いのまま自由に操る身体操作能力や、幼児期以降に続く各種スポーツ技能の習得につながる「調整力」の獲得には、非常に効果的な遊びといえます。

　また、「始めから終わりまで１回も落ちずに平均台を渡った」「跳び箱へ登れた」「鉄棒でぶら下がりができた」といった、日常生活の場では経験しにくい挑戦的課題に対して、その子なりに「やりきった」という達成感や満足感などを得ることも、この指導計画案で取り上げた遊びの特徴といえます。

　一見大変そうに見えますが、導入部分の「表現運動遊び」だけを取り上げたり、遊具の種類や組み合わせ、遊び方やルール等を変化させることによって、どの年齢の子どもに対しても活用できる指導計画案といえます。

④実施するときのポイント

　屋内（遊戯室等）で体を使った遊びをする場合、活動場所が決まっており、保育者は全体が見渡しやすいという反面、活動範囲が限定されるため、器械運動遊び等の全身運動を伴うダイナミックな遊びは、環境整備や安全配慮などが特に重要となります。本指導計画案で取り上げた教材は、身体発育の違いや運動機能面の発達において「できる、できない」の差が出やすい遊びという側面もあります。技能面だけではなく、がんばり続けた姿をまずは認め、できない子どもの悔しさにも共感し、励ましの言葉とともに「先生が少しだけお手伝いするよ」といった対応をすることが、子どもの意欲向上へとつながります。

先輩からのアドバイス

　筆者が実習に行った園では、遊具の技術的指導（逆上がり、開脚跳び等）は、外部の専門の講師が週１回指導に来園されていたので、園の保育者が技術的な指導をすることはありませんでした。しかし、就職した園では、器械運動遊びを日常的に教材として取り上げていました。５歳児の担任になってからは、子どもが安全に楽しんで鉄棒や跳び箱に取り組むための工夫を心がけるようにしました。この指導計画案のよう

に器械運動遊びだけを行うのではなく、子どもがイメージを膨らませやすい、動物や乗り物といった変身遊びや、音楽に合わせて走る、ジャンプするなどの全身運動を毎回、導入部分で取り上げました。多種多様な身体動作ができるようになると、子ども自らが目標をもって挑戦しようとする姿が見られるようになりました。

　保育者は、がんばって取り組んでいる姿を認め、子ども一人一人の状況に合わせて共感したり、励ましたりする関わりを常に心がけていくことが大切だと思います。

4. 造形表現を教材にした部分実習指導計画案

指導計画を立てるにあたって

①造形表現のねらい

　幼稚園教育要領、保育所保育指針等において、「表現」領域では「感じたことや考えたことを自分なりに表現することを通して、豊かな感性や表現する力を養い、創造力を豊かにする」として、生活の中で様々なものに触れ、心を動かし、イメージを豊かにし、自由に表現する術を経験することが「ねらい」とされています。「内容」も特別なことが述べられているわけではなく、子どもが生活する中で様々なものに気付いたり、楽しんだりして、イメージを膨らませて自分の感性を表現する第一歩を経験することがあげられています。

　もちろん、造形表現に対する保育者の個人的な好き嫌いはあるにしても、重要なのは表現することを楽しめる感性をもてるかどうかです。子どもにとっては初めての経験であり、ドキドキわくわくする時間です。子どもが初めて道具を使ったり表現したりする場面に立ち会えるのが保育者です。その保育者が、楽しいと思える感性をもたないでどうしましょう。上手い下手を抜きにして、子どものころに感じたドキドキわくわく感を思い出してください。その気持ちを大事にして、子どもの表現に向き合ってください。

　ここでは、子どもと向き合う表現の時間として、部分実習の主活動に製作を取り入れた場合を述べていきます。

　まず直面するのは、自分で製作するのと教えるのとでは大きな違いがあることに愕然とするはずです。その差を埋めるためには、経験が必要です。しかし、実習での経験時間は限られます。経験の時間を補うのが入念な教材研究です。実際に繰り返し実践して、様々な状況を想像できるように準備が必要です。経験の浅い実習生にとってはままならないことかと思われますが、ある程度の準備ができたら思いきって実践に臨んでみましょう。初めからうまくいくことは期待しない方がよく、たぶん失敗することがほとんどでしょう。失敗も重要な経験となり、次につながっていくことでしょう。

②造形表現の実際

　造形活動は、素材に触れて認識して、道具と手を用いて頭に浮かんだイメージを形

にする活動です。活動に取り組む姿勢は発達や環境、経験によって違いが生まれ、活動の時間や難易度には、個人に見合った内容と配慮が必要です。

しかしながら、保育者の能力や経験によって内容は大きく左右されます。実習生にとって重要なのは、いろいろなものを見て、いろいろな経験をすることです。人ですから好き嫌いはあるのは当然です。一方、経験の少ない子どもには未知なことがほとんどです。保育者の経験の幅が、子どもの可能性の幅を狭めてしまいかねません。思いきっていろいろな経験をして、自分の幅を広げてください。

③造形表現と指導計画

保育施設ではそれぞれの園での理念に基づき、子どもの生活や発達を見通した長期的な計画と、これに関連しながら具体的な子どもの生活に即した短期的な計画を作成して、保育を適切に展開しています。

造形表現において、長期的な計画で子どもの発達の段階を照らしてみると、成長の過程でみえてくる身体的な能力の獲得と、それに合った道具の選定、また心の発達に伴う環境との関わりを意識して計画を策定しています。

短期的にみると、上記の長期計画と合わせつつ、1年の流れとして年度の始まりから終わりまでや、四季や月行事を取り込んだ計画が入念に練られています。

実習で意識しなければいけないのは、実習に入ったクラスの子どもの年齢の発達のほか、時期、季節も大きく関わるので、十分意識して臨む必要があります。

④造形表現を教材にした指導計画を立てるときのポイント

・得意・不得意の個人差

指導計画案作成に求められるのは、まずは子どもの実態をとらえるところから始まります。同じクラスでも、発達の段階や、育ちの環境による個人差があります。また、これらを起因とする得手不得手の意識をもち始めている時期でもありますので、機会があれば実習前に個々の子どもの作品を見せてもらうか、担任保育者から子ども個人の状況を把握しておくことをお勧めします。この聞き取りで子どもの実態を把握してください。それがかなわないようであれば、偶然性を期待でき、上手い下手が表れ難い内容の立案をする配慮が必要となります。

・集団の活動か、個の活動か

造形活動のグルーピングは内容にもよりますが、実習での主活動を考えると、個人での活動がよいでしょう。製作の場合を発達段階から考えると、基本的には、4歳児以降がグループ活動に適しており、3歳児までは個人の世界に入ることが多く、他者と関わろうという意識はまだ芽生えていません。しかしながら、製作の内容によっては、個の作品を集めて一つの作品とすることもできますので、一概に否定はできません。内容の発展形としての集団活動も要素に入れておいてもよいでしょう。

・準備

実習に入ったクラスの子どもの発達段階や道具経験の把握のほか、素材や時節柄に合っているかの検討が重要になります。担任の保育者や主任保育者と相談し、担当クラスの子どもの状況を確認し、先走らずにクラスの年間計画に沿った無理のない内容

の指導計画の立案を心がけましょう。もちろん、実習生自身による内容についての素材研究という事前準備が前提となります。

実習での活動の準備は、用具以外は基本的に全てを実習生が準備しなければなりません。用意しなければならない材料は、クラスの人数を把握し、入手方法を確認する必要があります。生活廃材であれば家族や友達に協力を仰ぐとか、購入できるものであれば必要数がそろうか店舗に確認するといった事前準備が必要となります。これは日頃からの意識のもち方で変わってきますので、造形を主活動に取り入れたいならば、実習前には準備の意識をして、造形の引き出しを多くつくっておきましょう。

・発達に合っているか

実習に入ったクラスの年齢の発達段階の把握、そして、実習の時期にもよりますが、造形活動に関する用具の教授状況を把握する必要があります。実習の時期を6月と2月に設定すると、子どもの経験には8か月間の差があり、発達の過程を考えれば大きな開きがありますので、事前に相談して子どもの状況を把握する必要があります。これができて初めて発達に合った内容を考えることができます。

・導入・展開・発展になっているか

物語の流れの起承転結と同じように、活動内容に流れがあります。「導入・展開・発展」の流れが活動内容には求められます。対象が子どもですから、なおのこと丁寧な流れが求められます。「導入」は子どもが心が動かされ、活動に取り組む意欲が芽生える働きかけです。思い出の込められた素話や、活動の内容に関連した絵本の読み聞かせなど、工夫してみてください。「展開」はこの活動のメインとなるところです。ねらいを達成するために必要な援助を考え、様々な状況を予測し、子どもが起こしうる場面を想像して考えてください。「発展」はまとめであり、造形の場合は作品が完成すれば終わりと考えがちですが、つくって終わりではなく、ゲーム形式にしてつくったもので遊ぶとか、つくった作品を集合させてクラスの壁面に仕立てるとか、次の活動への期待が高まる締めくくりになるように考えてみましょう。このように、指導計画案は活動の流れを考えて組み立ててください。

造形表現を教材にした部分実習指導計画案の例（1）　2歳児　7月の計画

①この指導計画案の造形表現のねらい

自然物や人工物などの様々な素材に親しみ、色・形・手触りに気付き、描写が未熟な年齢の子どもに対して、版での代用で形の表現を容易にして、かつ写る楽しさを経験することができます。まずは自分でできる喜びを味わうことが、大きなねらいとなるでしょう。

②この指導計画を立てるときのポイント

この年齢の子どもは、月齢によって身体の能力の発達の段階での差はみられますが、表現の能力的にはほぼ横一線に並んでいます。しかしながら、家庭環境により年上のきょうだいがいた場合、その影響が経験になり、表現能力の差がみられることも

第6章　指導計画の実際

あります。

　表現としての差がみられず、身体的な活動が造形表現につながる内容が好ましいです。指先を使った遊び、ちぎったり、切ったり、貼ったり、折ったり、造形の基本となる活動の前段階となる内容を取り入れるように配慮してください。

部分実習指導計画案

実施日：（　7　）月（　○　）日（　○　）曜日
対象児：（　2　）歳児（　16　）名（男　9　名／女　7　名）
テーマ：野菜でスタンピング

◎ 主な活動内容 ◎
身近にある野菜や道具でスタンピングを楽しむ。

◎ 子どもの実態 ◎	◎ ねらい ◎
• 絵本を楽しく聞くことができ、内容に興味を示し、感想を口にしている。 • 虫に興味をもっており、虫に関する本を読んでいる。	• 身近にある段ボールなどの素材の形が、絵の具の色で写ることを楽しむ。 • 実物のヒマワリを見ながら、ヒマワリの花の模様を自分なりの豊かに表現することを楽しむ。 • 自分で版の材料や色を選び、スタンピングすることを楽しむ。

時間	環境構成	予想される子どもの活動	保育者（実習生）の援助・配慮点
10:00	● 実習生　○ 子ども • 子どもは床に座り、実習生は子どもの前に座る。	○ 何をするのと言いながら実習生のまわりに集まる。 • 声かけに応じず、走り回っている子どもがいる。	○ 実習生のまわりに集まるように声をかける。 • 声かけに応じない子どもの名前を呼び、「今から何がはじまるのかな？　一緒に手遊びをしよう」と興味をもたせる。
10:05		○ 実習生の手の動きを真似る。	○ 手遊び「はじまるよ」の手遊びを行う。 • 子どもが真似できるようにゆっくりと手遊びを行って製作の始まりの雰囲気をつくる。
10:10	〈教材〉 絵本「ぽんこちゃんポン！」 乾 栄里子（作） 西村敏雄（絵）	○ 絵本「ぽんこちゃんポン！」の絵本を聞きながら、実習生の手振りを真似る子どももいる。	○ 活動につなげられる内容の絵本「ぽんこちゃんポン！」を、身振り手振りを付けて読む。

140

4. 造形表現を教材にした部分実習指導計画案

時間	環境構成	予想される子どもの活動	保育者（実習生）の援助・配慮点
10：15		○物の名称を知っている子どもは、質問に答えて名称を口にする。	○スタンピング材を見せながら、「これは何だろう？」と質問しながら紹介する。
		○「花！」「黄色！」「ヒマワリ！」と口々に質問に答え、近くで見た感想を述べる。	○ヒマワリのイメージがわくように実物の花を見せ、「この花は何の花かな？」と質問を投げかけ、よく見えるよう近くに置く配慮をする。
	・子どもは自分の席に座り、実習生は子どもの前に立つ。	・順番にヒマワリを取りに来る。受け取った子どもは席に座る。	○あらかじめ用意しておいた画用紙のヒマワリを取りに来るように促す。受け取った子どもから席に座るように促す。
10：20	〈準備するもの〉 ・新聞紙（事前に机の上に敷いておく）	○スタンピングの材料を見て、実習生と一緒になって手や体を動かして、押す動作を表現する子どもがいる。	○全員が取りに来たことを確認したら、子どもの目の前で様々なものを使って「ちょんちょん、ぺったん」と言葉を添えて、スタンピングの実演を行う。
	・ヒマワリ（実物と、画用紙でつくったもの） ・絵の具　・浅いバット ・薄いスポンジ ・スタンピング材 　段ボール、ふた各種、野菜（カットしたオクラ、レンコン、ピーマン）	◎様々な絵の具が出されたスタンプ台に興味をもち、意欲的な発言をする子どもがいる。 ○ヒマワリの形に添って、思い思いの表現をしてスタンピングを楽しむ。	◎「それではみんなでやってみよう」と伝え、用意したスタンプ台を出す。
		・たくさんの色のスタンピングを楽しみ、カラフルなヒマワリをつくる。	・「たくさん色を使っていいよ」と伝え、隣の机のスタンプ皿と交換する。
	・スタンプ皿は2人に1個、スタンプ材は1人に1個ずつあるように、子どもの届くところに配置する。	・「ちょんちょん、ぺったん」のリズムに合わせて模様を付けていく。 ・色が混ざることに戸惑っている子どもがいる。	・「ちょんちょん、ぺったん」と言いながら子どものスタンピングにリズムをもたせる。 ・製作過程を見守り、状況に応じて支援する。 ・「使ったものは返してね」と伝え、それぞれの表現が楽しめるように配慮をする。

第6章　指導計画の実際

時間	環境構成	予想される子どもの活動	保育者（実習生）の援助・配慮点
		○自分の指や手でもスタンピングができることに気付く子どもがおり、実習生に促されると喜んで表現を楽しむ。	○指や手でも写すことができることに気付いた子どもがいたら制止しないで、子どもが押したいようにできるよう、見本を示しながら働きかける。
		○完成した作品を掲げて実習生に見せる子どもがいる。	○完成した子どもから、順次手を洗いに行くように伝える。
		○手洗いを済ませ、完成した作品を見せる子どももいる。	○全員が手洗いを終えたことを確認し、席に着かせる。
	• 子どもの作品は乾燥のため、いったん預かり、乾燥棚で保管する。	○完成した作品を掲げて実習生に見せる。また、お互いの作品を見せ合いながら口々に感想を述べ、興味を示す。 • 実習生に作品を手渡す。	○「みんなのつくったヒマワリを見せてください」と伝え、作品を掲げさせる。「ヒマワリ畑みたいで素敵だよ」と自信のもてる声かけをする。
10：35		○「楽しかった」等、感想を話す子どももいる。	○子どもの言葉を拾い取って、子どもの投げかけに対応する。

③この指導計画案の特徴

　細かな内容まで設定されており、立案者の綿密さがうかがえます。主活動の過程の中で話す言葉も決められているので、入念な下準備がされたことを感じ取れる指導計画案になっています。

　導入では、絵本の読み聞かせでスタンピングの楽しさを伝えています。また、イメージしやすいようにヒマワリの実物を用意していますが、スタンピング素材や色、さらに手を使うなど、自由な表現を促しています。

④実施するときのポイント

　造形にとって、教材研究は特に十分に行わなければならず、実際、主活動で行ってみて初めて分かることですが、自分でやるのと教えてやるのでは全然違うことを実感できます。ゆえに、綿密な教材研究は必要です。ここでは、野菜の切り方によって断面のスタンプされる形が変化するのを確認する、野菜を子どもの持ちやすいサイズにカットする、モチーフをヒマワリ以外でも子どもの興味が強いものに設定するなどが考えられます。シミュレーションも重要になります。初めのうちは中々できませんが、経験を積むとできるようになってきます。よって、経験の浅いうちは、この指導

4. 造形表現を教材にした部分実習指導計画案

計画案のように話すセリフを決めておいた方がスムーズに取り組むことができるでしょう。

 先輩からのアドバイス

　丁寧でよく書かれた指導計画案に感じられます。これだけ丁寧に練られているのであれば問題なくスムーズに臨めると思います。実習では緊張してしまい、頭の中だけにあったことは、予測しないことが起こると飛んでしまいがちです。子どもの動きは予測不能で何が起こるか分かりません。子どもの急な行動に驚いてしまい、あわててしまうと元も子もありません。丁寧な指導計画案こそわが身を助ける術となるでしょう。

造形表現を教材にした部分実習指導計画案の例（2）　4歳児　2月の計画

①この指導計画案の造形表現のねらい

　この製作は、工作と描画の二面性をもっていることにつきます。指先の器用さと、経験上知っていることをかく描画の二面性です。指先と手のひら全体を使った、紙を細く巻いてつくる丈夫な紙の棒の製作と、これまで味わってきて好き嫌いもある中で経験として獲得した、果物の色や形を思い出して描画する力が求められます。また、完成品としての「魔法の果物の杖」は、使うことで、友達に自分が好きな果物の魅力を伝えるきっかけの道具となるでしょう。

②この指導計画を立てるときのポイント

　想像で好きな果物をかかせるわけですから、導入の部分が重要となってくるでしょう。絵本などで具体的な果物がかかれたものを見せて、イメージを膨らませる内容がよいでしょう。できれば、見本で様々な果物の完成品を用意して、子どもの記憶を呼び覚ますように味覚も意識してお話に加えると、イメージにつながりやすいでしょう。

部分実習指導計画案

実施日：（ 2 ）月（ ○ ）日（ ○ ）曜日
対象児：（ 4 ）歳児（ 21 ）名（男 11 名／女 10 名）
テーマ：果物の魔法の杖

第6章　指導計画の実際

● 主な活動内容 ●

製作「果物の魔法の杖」

● 子どもの実態 ●	● ねらい ●
• 絵本の読み聞かせを静かに聞くことに慣れている。 • 自分の意見や考えを友達や先生に伝えながらも、まわりの人の意見を聞こうとする。	• 絵本の読み聞かせを静かに聞き、言葉遊びの楽しさを知る。 • 製作を楽しむとともに、果物の形や名前を覚える。

時間	環境構成	予想される子どもの活動	保育者（実習生）の援助・配慮点
9:50	 ● 実習生　○ 子ども • 子どもは床に自由に座り、実習生は子どもの前に座る。 〈教材〉 絵本「くだもの だもの」 石津ちひろ（文） 山村浩二（絵） 〈準備するもの〉 • 広告紙 　（21枚＋予備） • 丸く切った厚紙 　（21枚＋予備） • セロテープ • クレヨン • 完成作品	○ まわりの友達と話をしている子どもがいる。 ○ 実習生の質問に答える。 • 一人一人が意見を言い、友達と話す子どもがいる。 ○ 絵本「くだもの だもの」を聞く。 • 面白くて笑う子や果物の名前を出して話し始める子どもがいる。 ○「魔法の杖ってなあに？」と聞く子どもがいる。 • 子どもがうれしそうに見る。	○ 子どもを実習生の前に座らせて、全員がそろったのを確認し、静かになるように促す。 ○ 導入として子どもにどんな果物を知っているかを聞く。 • 子どもの反応に応じる。 • 果物が出てくる絵本を読むことを子どもに伝える。 ○ 絵本「くだもの だもの」を読む。 • ページをめくるたびに間を取って、子どもの楽しいと思う気持ちに共感しつつも、「次に行っていいかな？」と声をかける。 ○ 読み聞かせが終わったら、絵本に出てきた果物や、出てこなかった果物の話をして、「果物の魔法の杖」をつくることを伝える。 • 事前につくっておいた見本を子どもに見せる。 •「先生は大好きなイチゴの絵をかきました。これでみんなもイチゴが好きになる」などと声をかける。

144

4. 造形表現を教材にした部分実習指導計画案

時間	環境構成	予想される子どもの活動	保育者(実習生)の援助・配慮点
10:00	子どもは自分の席に座り、実習生は皆に見える位置に立つ。〈つくり方〉❶広告を丸める ❷テープで留める。	○クレヨンを持って自分の席に着く。 ◎製作をする。 ・広告や厚紙を上げて見せる。 ・テープで貼った、できたものを見せる。	○自分のクレヨンを道具箱から出して、席に着くように促す。 ◎製作をする。 ○まずは杖の棒の部分をつくることを伝える。 ・広告の紙と丸く切った厚紙を一人一人に渡す。 ・全員に行き渡ったかを確認する。 ○確認ができたら「今から紙をクルクルしていくよ」と見本を見せながら声をかけて製作を促す。 ・子どもの様子を見回る。 ・できた子どもにはテープを渡し、貼るように声をかける。できない子どもへは援助をする。
	❸丸い厚紙にクレヨンで絵をかく。	○まわりの友達と会話をして、悩みながらも好きな果物の絵をかく。 ・「できた」と見せる子どもがいる。	○厚紙に好きな果物の絵をかいてもらう。 ・「みんなはどんな果物が好きかな? 好きな果物の絵をかいてね」などと声をかける。 ・「みんなできたかな?」などと声をかけ、様子をみる。
	❹丸めた棒と絵をかいた厚紙を、テープで留める。	○「ぺったんこ」と言いながら貼る子がいる。 ・つくったものを掲げて見せる子どもがいる。	○「クルクル棒と、かいてくれた果物の絵をぺったんこしましょう」と伝える。 ・セロテープを切ったものを配り、貼るように声をかける。 ・「みんなできたかな?」と言い、次に「みんな見せてください」と言って、見本の作品を掲げる。

145

第6章　指導計画の実際

時間	環境構成	予想される子どもの活動	保育者(実習生)の援助・配慮点
	〈完成品の例〉	○作品を手に持ち、友達に魔法をかけるふりをして楽しむ。 ○手を洗い、片付ける。	○「これを使ってみんなに魔法をかけて、自分が好きな果物を好きになってもらおうね」と声をかける。 ○終わった子どもから手を洗い、片付けをするように促す。

③この指導計画案の特徴

　この製作では広告紙でつくる丸棒という特殊な製作物が出てきますが、ある園では3歳児クラスから手の発達を促す意味合いでこの丸棒の製作を取り入れていて、子どもの間でちょっとしたブームになっていました。

　実習生はこの園で、担当クラスの保育士と部分実習の打ち合わせを行い、上記の丸棒の話を聞いて、製作に取り入れることができないかと考えて、この指導計画案を作成して部分実習を行ったのが、この指導計画案の大きな特徴となっています。

　事前学習の段階で部分実習の内容を考えていく必要もありますが、実習が始まってから、実習園の子どもの様子を観察し、また、保育者に様子を聞くなどして、実情を把握した後に内容を決めていくと園の流れにスムーズに入って行ける内容となり、園の計画にも支障のない実習が行えます。

④実施するときのポイント

　指導計画案の設定として、机の上で製作の全てを行う内容となっていますが、製作の過程をイメージすることも大事です。

　まず、広告の紙を丸めるとき、はたして机の上で間に合うでしょうか。紙の大きさや机の広さによりますが、広告の大きさは基本的にB3からB4サイズのため、保育室にある机で複数の子どもがいっせいにその作業を行うのは、かなり狭く感じられます。子どもがのびのびと製作できるようにするならば、床も使って製作を行うことも考えられるでしょう。

　イメージをするためには、まずは経験が重要な鍵となりますが、経験がないうちはありとあらゆる状況設定を想像しておくのが重要となってくるでしょう。

先輩からのアドバイス

　この指導計画案では、材料を全て実習生が配布するとなっていますが、一人で行うと時間のロスが生まれ、子どもを待たせることになりかねません。4歳児の発達の過

程を考えて、自分で取りに来させるように配慮してもよいでしょう。その場合は、材料を置いておく机を用意して、子どもの進行に合わせた動きができるような配慮も必要でしょう。実習生は経験がない分、イメージが難しいかもしれませんが、子どもの発達を把握し、子ども一人一人の動きを想像して動線を考えたりすることで、活動の幅は広がると思います。

5. 言語表現を教材にした部分実習指導計画案

指導計画を立てるにあたって

① 言語表現のねらい

「保育所保育指針」第2章には、言語表現のねらいが下記のように示されています。

> 3　3歳以上児の保育に関するねらい及び内容
> 　(2)　ねらい及び内容
> 　　エ　言葉
> 　　　ア　ねらい
> 　　　　③　日常生活に必要な言葉が分かるようになるとともに、絵本や物語などに親しみ、言葉に対する感覚を豊かにし、保育士等や友達と心を通わせる。

　つまり、言語表現には主に、「言葉に対する感覚を豊かに」（知育）することと、「保育士等や友達と心を通わせる」（徳育）ことの、2つのねらいがあります。「言葉に対する感覚を豊かに」するとは、絵本や言葉遊びなどを通して言葉のリズム感や美しさを味わい、言葉で表現する楽しさを実感するということです。「保育士等や友達と心を通わせる」とは、ストーリー性のあるお話を通して保育者や友達と喜びや悲しみ、うれしさ等を共有し、絆を深め、生きる喜びを実感し合うということです。

② 言語表現の実際

　言語表現は、子どもの言語発達に関わる児童文化財を用いた保育活動です。具体的には、わらべ歌、遊び歌、お話、絵本、紙芝居、ペープサート、パネルシアター、エプロンシアター、手袋シアター、人形劇、言葉遊び（児童文化とは分けて考えることもあります）などを使いながら、子どもの発達を促します。これらは、ただ単に保育者が実践すればよいというものではありません。常に子どもの発達を考慮し、子どもとともに楽しみながら実践していくことが大切で、子ども自身が歌や絵本、紙芝居等をつくって発表するなど、主体的に関われるようになると理想的です。全員参加のペープサートをつくり、お客さんを呼んで実演したというような事例も多数あります。

③ 言語表現と指導計画

　言語表現で用いる児童文化財は、子どもの言葉を豊かにするだけでなく、保育者や

第6章　指導計画の実際

友達との人間関係を深め、生きる勇気や希望を与えてくれるので、年齢を問わず長期の指導計画の中に過不足なく位置付けるとよいでしょう。

ただし、個々の児童文化財には適切な対象年齢というものがあります。たとえば言葉遊びの場合、手遊びを交えた簡単な遊びなら0歳児に与えても問題ありませんが、しりとりは音韻意識の芽生える4歳以降でないと楽しめません。子どもの発達段階と個々の児童文化財の内容をよく理解し、勘案しながら計画を立てることが大切です。

④言語表現を教材にした指導計画を立てるときのポイント

指導計画案の作成は、子どもの実態をとらえるところから始まります。自由に行動している姿をよく観察し、どのような発達段階にいて、何を望んでいるのかを理解するように努めましょう。

最初のうちは、子どもの発達段階が分からず、どうしても大人の目線で計画するので難しい内容になりがちです。たとえば、絵本の読み聞かせでよくあるのが、自分が感動したお話を選んでしまうという失敗です。2歳ごろまでは、知っているものが出てくることがうれしく、繰り返しのある表現を好むため、いわゆる生活絵本が適切です。どんなに素敵なお話でも、ストーリー性のあるものは3歳以降でないと理解できません。ことに、登場人物の複雑な心情に思いをはせることは、小学校国語の指導目標となっており、年長児でも難しいものです。

また、個々の活動に必然性をもたせることも必要です。なぜ、今、この時間にやらなければならないのか。子どものやる気を引き出すためには、季節感ある教材を選び、他の活動との関係性も考慮しながら計画を立てることが大切です。

言語表現を教材にした部分実習指導計画案の例（1）　2歳児　5月の計画

①この指導計画案の言語表現のねらい

この時期、子どもの語彙は著しく増加し、自分の意思や欲求を言葉で表現することができるようになってきます。また、盛んに模倣したがり、物事の共通性を見いだすことができるようになる年齢でもあります。「こぐまちゃん」シリーズは、生活絵本の名作として知られており、ここで取り上げた「こぐまちゃんとふうせん」は、風船にまつわる様々な出来事を疑似体験させてくれます。また、言葉遊び「大きい風船、小さい風船」は、風船の大きさを楽しく実感することのできる遊びです。

絵本の読み聞かせと、それに関連した言葉遊びという一連の活動によって、生活に根ざした語彙を確かなものにするとともに、保育者や友達との交流の楽しさを味わい、関係性を深めることがねらいです。

②この指導計画を立てるときのポイント

0・1・2歳ごろまでは、膝に抱っこしたり、両脇に座らせたりする少人数の読み聞かせが望ましいのですが、少しずつ集団行動に慣れてもらうため、あえて対面式の読み聞かせを設定しました。この指導計画案は、子どもの集中力が発達し、一定時間、保育者の話を注意深く聞くことができるようになっていることが前提です。

もし、子どもがまだ風船を知らないようであれば、事前に風船遊びを楽しみ、風船を膨らませるとはどういうことなのか、割れるとどのような音が出るのか等、体験させておくとよいでしょう。

言葉遊び「大きな風船、小さな風船」も、できれば少人数が望ましいのですが、集中力が持続するようでしたら、そのままの座り方で、実習生対子どもで楽しんでみましょう。

部分実習指導計画案

実施日：（　５　）月（　○　）日（　○　）曜日
対象児：（　２　）歳児（　８　）名（男　４　名／女　４　名）
テーマ：「こぐまちゃんとふうせん」「大きい風船、小さい風船」

主な活動内容
- 絵本「こぐまちゃんとふうせん」の読み聞かせを聞く。
- 言葉遊び「大きい風船、小さい風船」を楽しむ。

子どもの実態
- 新しい保育室や保育者に慣れ、落ち着いて話を聞いたり、会話をしたりする姿が見られる。
- 語彙が増え、「自分で！」と身のまわりのことを自分でやりたがったり、自己主張したりすることが多くなる。一方、言葉で上手に表現できず、黙って友達のものを取り上げ、いさかいになる姿も見られる。

ねらい
- 絵本の読み聞かせを通して、風船遊びを追体験し、風船の感触や大きさを楽しむ。
- 言葉遊びを通して、生活に根ざした語彙を増やすとともに、保育者や友達との交流の楽しさを味わう。

時間	環境構成	予想される子どもの活動	保育者（実習生）の援助・配慮点
11：00	○ 実習生　○ 子ども ○ 椅子を扇形に並べておく。	○ 遊びの片付けをして、席に着く。 ・片付けを済ませ、実習生を囲んで座る。 ・何が始まるのか、楽しみにしている。 ・どこに座ってよいか分からない子どもや、じっとしていられない子どもがいる。	○ 遊びの片付けをしてから、実習生の前に並べてある椅子に座るよう促す。 ・絵本を読むことを伝える。 ・右端、左端の子どもが見えづらくないか、声をかけて確認する。もし見えづらいようであれば、2列の千鳥型に並べるなど対処する。 ・全員そろったことを確認し、お話を聞くときの約束（最後まで静かに等）を伝える。

第6章　指導計画の実際

時間	環境構成	予想される子どもの活動	保育者（実習生）の援助・配慮点
11:05	• 子どもの集中を妨げないように、雑然とした場所を避け、すっきりとした落ち着ける場所を準備する。特に、実習生の後方に余計なものを置かないようにする。 • 余分な椅子、机等は子どもの後方に移動しておく。	◎ 絵本「こぐまちゃんとふうせん」を聞く。 • 静かに聞いている。 • 知っていることが出てくると、指さししながら声に出して感情を表現する子どもがいる。	◎ 導入のお話をしてから絵本を読む。 • ストーリーの展開を理解しやすいように、一つ一つの見開きをじっくりと見せながら読む。 • 擬音語、擬態語は平坦に読まず、十分臨場感を出すようにする。 • 子どもの指さしや声があれば、共感的に受け止める。
11:10	〈教材〉 絵本「こぐまちゃんとふうせん」 わかやまけん（著） こぐま社 〈準備するもの〉 • 風船	◎ 言葉遊び「大きい風船、小さい風船」を楽しむ。 • 喜んで真似をする。 • 勝手なおしゃべりをする子どもがいる。 • 実習生につられて間違える子どもがいる。	◎「大きな風船が出てきたね。みんなもつくってみようか」と、言葉遊び「大きい風船、小さい風船」につなげる。 • 最初は実習生の真似をするよう伝え、両手で大きい、小さいを十分体感させる。 • 落ち着かない子どもがいたら、視線を合わせるなどして合図する。 • 実習生は、声だけ出して手を動かさなかったり、わざと間違えたりする。 • 最後にもう一度、大きい、小さいを両手で確認し、よくできたことをほめる。
11:15			○ 担任の保育者に引き継ぐ。

③ この指導計画案の特徴

　絵本「こぐまちゃんとふうせん」に出てくる風船は、こぐまちゃんよりもずいぶん大きくかかれています。子どもはその大きさに驚き、強い印象を受けます。その感動を言葉遊びに生かしたところが、この指導計画案の特徴です。「大きい風船」「小さい風船」と言いながら、両手をいっぱいに広げたり小さく狭めたりすることで、子どもは絵本の感動をいっそう深めることができるだけでなく、「大きい」「小さい」を実感を伴った言葉として強くイメージすることができます。

④ 実施するときのポイント

　事前に十分な練習をしておきましょう。実習生が読むのに一生懸命になっているようではだめで、子どもの表情を確かめながら読み進める余裕が必要です。

　今回は8名のクラスを想定し、対面式としましたが、小さな本ですし、まだ視力が

十分発達していないことも考えられますので、子どもと実習生との距離はできるだけ近付けましょう。絵本の読み聞かせでは、あまり強く感情を込めないのが原則ですが、2歳児の場合、淡々と読んだのでは理解できない可能性もあります。擬音語、擬態語も含め、驚きや楽しさなどが十分伝わるように読みましょう。

なお、物語性のある絵本の読み聞かせは静かに聞くことが原則で、話の途中で説明を加えることはありません。ただ、2歳児に生活絵本を読み聞かせていると、どうしても声や指さしが出てしまいがちです。その際には、短い言葉や笑顔で共感的に受け止めるようにしましょう。

☝ 先輩からのアドバイス

絵本「こぐまちゃんとふうせん」は、2歳児にはちょっと簡単すぎるかなと思っていましたが、実習では案外楽しそうに聞いてくれました。1歳児では気付かない、いろいろな発見があるようです。

絵本と手遊びの間には、スムーズな接続のためのお話が必要です。筆者は「こぐまちゃんたちの風船、大きかったね。どれくらい大きかったかな。みんなも両手を広げて風船つくってみようか」と言って、手遊びにつなげました。

手遊び「大きい風船、小さい風船」は、ちょっとしたテクニックが必要です。最初は「先生の真似をしてみよう」と指示し、「大きい風船」と言いながら両手を大きく広げます。次に「小さい風船」と言って両手を小さく寄せます。これを何回か繰り返した後、わざと間違えます。子どももつられて間違えると思いますが、「あれー、先生間違えちゃったね」といって正しい手の形を示します。そのうち、実習生が間違えても子どもが間違わなくなったらしめたものです。今度は、縦に大きく広げたり縮めたりして、「長い風船、短い風船」を楽しむこともできますよ。

言語表現を教材にした部分実習指導計画案の例（2）　5歳児　11月の計画

①この指導計画案の言語表現のねらい

5歳児も後半になると、思考力や認識力、自立心が高まり、子どもは小学校入学を強く意識するようになります。期待に胸躍らせる子どもがいる一方、不安にさいなまれる子どももおり、双方の心に寄り添った丁寧な保育が必要となります。

言葉遊び「いろはに金平糖」では、「名称→性質→名称」と展開する歌詞を皆で歌い継いでいくことにより、言葉の意味を確かめ、想像力を広げ、豊かな語彙力を育むことをねらいとしています。また、紙芝居「じいさまときつね」では、物語性のあるお話を通して、物事の因果関係に気付くとともに、そこに内包されたユーモアを楽しむことをねらいとしています。

いずれも、一見難しそうですが、体験してみるとそれほどでもなく、期待を抱いている子、不安を抱いている子の双方に、「小学生の勉強ができた」という喜びと満足感をもってもらうことが共通のねらいです。

第6章　指導計画の実際

②この指導計画を立てるときのポイント

　子どもは、新たなことや今までできなかったことに挑戦し、その壁を乗り越えることによって成長していきます。子どもの成長には、この壁、ハードルがどうしても必要なのですが、その高さには細心の配慮が必要となってきます。

　集団の中で言葉をつないでいく遊びは、「ものの名前リレー」（たとえば食べ物や動物の名前をリレーする）、「3文字言葉のリレー」「しりとり」など、発達段階に応じて徐々に高度なものにしていくのが原則です。「いろはに金平糖」は、それらの中で一番難易度の高い言葉遊びで、「砂糖は白い→白いはウサギ→ウサギは跳ねる」のように、名称とその性質を理解し、性質から他のものを連想する能力が育っていることが必要です。

　ここでは「いろはに金平糖」に初めて接することを前提として、そのまま扱うことはせず、歌詞の内容を理解しながら楽しんで歌うことを目標にしています。歌詞は地域や年代によって様々なバリエーションが伝わっていますので、自分で確かめてください。なお、歌詞を子どもとつくる場合には、「名称→性質→名称」といった難しい形式にこだわらず、「砂糖といったらお菓子→お菓子といったら遠足」等、連想を楽しむことを目標にするとよいでしょう。

部分実習指導計画案　テーマ：

実施日：（　11　）月（　○　）日（　○　）曜日
対象児：（　5　）歳児（　17　）名（男　8　名／女　9　名）
テーマ：「いろはに金平糖」「じいさまときつね」

● 主な活動内容 ●
- 言葉遊び「いろはに金平糖」を楽しむ。
- 紙芝居「じいさまときつね」を鑑賞する。

● 子どもの実態 ●	● ねらい ●
・基本的な生活習慣が身に付き、運動機能が伸び、仲間とともに活発に遊ぶ。 ・砂場での遊びや保育室でのごっこ遊び等では、友達との会話を楽しみながら、共通のイメージをもって集団で行動する姿が見られる。 ・思考力が高まり、自分の気持ちを分かりやすく伝えたり、相手の気持ちを理解したりすることができるようになる。	・「いろはに金平糖」は、名称からその性質を想起し、次々と連想を広げてゆく言葉遊びである。この歌詞を歌うことにより、言葉の意味を確かめながらリズム感を楽しみ、想像力を広げ、豊かな語彙力を育むことが狙いである。 ・物語性のあるお話を楽しみ、原因と結果を理解できる年齢なので、いたずらの報いとして怖い目に合うことや、そこに内包されるユーモアにも気付かせる。

5. 言語表現を教材にした部分実習指導計画案

時間	環境構成	予想される子どもの活動	保育者(実習生)の援助・配慮点
	◎ 実習生　○ 子ども • 椅子は、千鳥の扇型に2列あるいは3列に並べる。 • 子どもの集中を妨げないように、雑然とした場所を避け、すっきりとした落ち着ける場所を準備する。 〈教材〉 紙芝居「じいさまときつね」 松谷みよ子（監修） 童心社 〈準備するもの〉 • 模造紙（歌詞入り） • 金平糖 • 紙芝居用舞台 • 舞台を置く台	○ 保育室の片付けをする。 • 遊んでいたものを片付け、席に着く。 • どんなお話が始まるのか、興味をもってワクワクしている。 • 遊びを止めず、片付けない子どもがいる。 ◎ 言葉遊び「いろはに金平糖」を楽しむ。 • 「やったことがある」と言う子どもがいる。 • 言えない子どもや、違うことを言う子どもがいる。 ◎ 紙芝居「じいさまときつね」を鑑賞する。 • 怖い場面で声をあげる子どもがいる。 • 終了後、「おじいさんがかわいそう」等、感想を語る子どもがいる。	• 保育室の片付けをしてから、実習生の元に集まるよう伝える。 • 片付けられない子どもがいたら、一緒に片付けながら声をかけて励ます。 ◎ 金平糖についてのお話をし、「いろはに金平糖」の歌（わらべ歌）を紹介する。 • 全員で一緒に歌った後、言葉遊びのルール（1人1つずつ歌詞を歌い継いでいく）を伝え、楽しく歌うことを促す。 ◎ 導入のお話をし、紙芝居鑑賞の約束を確認する。 • 舞台がよく見えるか、全員に確認する。 • 鑑賞中は静かにすることや、聞きたいことがあったら終わってから聞くことなどを伝える。 • 演じている最中に、おしゃべりをする子どもがいたら、そっと目配せするなどして気付かせる。 • 余韻を残して終了する。ただし、子どもから感想が出てきたら、共感的な態度で受け入れる。 ○ 担任の保育者に引き継ぐ

③この指導計画案の特徴

この指導計画案は、小学校への接続を意識した内容になっていることが特徴です。

5歳児になると、子どもは徐々に「勉強」を意識するようになります。あまり高いハードルは好ましくありませんが、たまには少し難しい教材を取り入れてみるのもよいでしょう。小学校学習指導要領（平成29年改訂）の国語では、1, 2年生の内容として、「長く親しまれている言葉遊びを通して、言葉の豊かさに気付くこと」や「昔

153

第6章　指導計画の実際

話や神話・伝承などの読み聞かせを聞くなどして、我が国の伝統的な言語文化に親しむこと」という項目があり、伝統的な言葉遊びや昔話の読み聞かせが必須となっています。

「いろはに金平糖」は、各自が言葉を考えてつないでいく言葉遊びですが、この指導計画案では、歌詞を楽しむことだけにとどめています。子どもは大きな負担を感じずに、「小学生の勉強ができた」という充実感を味わうことができます。

紙芝居「じいさまときつね」は、怖くて面白いユーモアの中に、いたずらの報いとして怖い目にあうという因果関係が内包されており、物語の構造を知るのに格好の教材です。

なお、「いろはに金平糖」の歌詞は、いろいろな種類が伝わっているようですが、大抵は「～おばけは消える　消えるは電気　電気は光る　光るは親父のはげあたま」という歌詞で終わっており、お化け（ゾンビ）が出てくる次の紙芝居につなげることができます。

④ 実施するときのポイント

まずは、「いろはに金平糖」を楽しんで歌うことを目指しましょう。歌詞を全員で歌い、次に個別の名称や性質について一人一人が歌い継いでいくという単純な活動の中にも、大きな教育的意味があります。「さよなら三角またきて四角」や「マジカルバナナ」など、類似した言葉遊びに代えても楽しめそうです。

紙芝居は、高度な技術の要求される奥の深い文化財です。「じいさまときつね」は、上手に演じることで、きつねに化かされた怪異をより際立たせることができます。事前に作品をよく読み、抜き方や語り方を工夫しながら練習しましょう。演じる際には必ず舞台を使ってください。

先輩からのアドバイス

実習では、言葉遊び「いろはに金平糖」を知らない子が多かったので、歌詞を模造紙に書いて貼り出しました。最初は、手を叩いてリズムを取りながら皆で歌いました。次に、「金平糖は甘い」「甘いは砂糖」と一人一つずつ歌い継いで楽しみました。歌詞の途中、「白いはウサギ」まで歌ったところで、「雪だって白いよ」と叫んだ子がいたので、次回は皆で歌詞を考えて楽しみたいと思いましたが、残念ながら時間が取れませんでした。この遊びを知っている子の多いクラスなら、自分たちで歌詞を考えることも可能だと思います。

「いろはに金平糖」に「おばけは消える」という歌詞が出てくるので、紙芝居の導入では、「ちょっとだけ怖い、ゾンビが出てくるお話です」と伝えました。思い切り感情を込めて語ったので、子どもはとても楽しんで聞いてくれたようです。ただ、この作品には、実習生が紙芝居をゆっくり抜いて怖がらせたり、さっと抜いて驚かせたり、絵を動かしてじいさまの震えを表現したりする等、抜き方の見せ場がいくつもありますが、「次はどの抜き方だったかな…」と途中でためらった場面があったので、事前によく練習しておくことが必要だと痛感しました。

6. 食育活動の部分実習指導計画案と展開

指導計画を立てるにあたって

①食育活動のねらい

　子どもが食についての正しい知識を獲得し、そして、正しい食習慣を身に付けることは、子どもがこれからの長い人生を健康に過ごすための基礎づくりとして重要です。保育所保育指針の第3章には、食育の目標が下記のように明記されています。

　2　食育の推進

　（1）　保育所の特性を生かした食育

　　ア　保育所における食育は、健康な生活の基本としての「食を営む力」の育成に向け、その基礎を培うことを目標とすること。

　園での食育の要である「食を営む力」は、一生涯かけて形成する要素であるため、乳幼児期にはその基礎づくりが目的です。園では、保育者が子どもの実態に目を向け、子どもが園での生活や遊びの中で食に関する体験を積み重ねる食育計画や環境づくりを行うことが求められます。

　さらに、園における食育は、保育活動と同様に「養護」と「教育」を一体的に行うことが重要であることから、食育活動は養護とともに教育の5領域（健康、人間関係、環境、言葉、表現）の視点を組み入れることが重要です。養護と教育が一体となった食体験を積み重ねる食育活動の取り組みは、子どもの「食を営む力」の形成、そして、日々の正しい食習慣の形成につながっていきます。

②食育活動の実際

　食育活動は、食材や栄養素等の食事に関わる内容だけではなく、行事や季節、衛生等の食に関わる内容全てが対象であり、園での年間行事と連動させて実施します。ここに事例を3例紹介します。

　【事例：行事】1月　どんど焼き

　「どんど焼き」は、自宅にある古いお札や正月の松飾り、お守り、縁起物等を持ち寄って一箇所で焼き、1年の振り返りと新しい年の家内安全、無病息災を祈る行事です。古いお札などを焼く火（お焚き上げ）で団子や餅等を焼いて食べると、1年間風邪をひかないと伝承されています。

　園では、園庭や地域のお焚き上げで、園児の家から持ち寄った松飾りや、園児が書いた書き初めを燃やし、その火で焼いた団子を皆で食べる場合が多いです。団子は、上新粉を使って子どもが手づくりしたり、市販の餅を用いたりします。お焚き上げの行事と団子を食べる意味を組み合わせた食育活動となります。

第6章　指導計画の実際

【事例：季節】7月　野菜の栽培

　野菜の栽培は、子どもが自分の食べている野菜の生育過程を知り、また、収穫を通して野菜のいのちをいただく感謝の気持ちを育む食育活動です。子どもが自ら種まきを行い、水やり当番や観察を通して野菜の世話を担い、最後に野菜を収穫する喜びを知ります。そして、収穫した野菜が給食で提供されることで、野菜は調理によって変化すること、野菜のいのちが自分の身体につながる尊さを知ります。

　園に園庭や屋上がある場合は菜園を利用しますが、小規模園ではプランターを用いて栽培できることから、園の規模に関わらず実施できる利点があります。野菜の種類としては、ミニトマト、ナス、オクラ、キュウリ等、様々な野菜を栽培する食育活動が実施できます。

【事例：防災訓練】避難指定場所での屋外喫食

　園では、定期的に火事・地震・津波等を想定した防災訓練・避難訓練を実施しています。災害が発生した際、避難場所に数時間から数日とどまる可能性があることを想定した避難訓練と避難場所での喫食を組み合わせた訓練が可能です。

　午前の訓練の場合は、自宅から主食（おにぎり等）を持参してもらい、汁物のみを屋外の避難場所で提供して喫食します。午後の訓練の場合は、避難場所が園庭ならば、避難した後に間食として提供するおやつやおにぎりをそこで食べます。これは、災害時の食事を想定した訓練としての食育活動です。

③季節に合った食育指導計画

　食育活動は、給食等の食事の提供を含む食育計画を、全体的な計画に組み入れて展開していくことが重要です。そのため、年間の計画と連動して食育計画を作成する必要があります。その中に、日本の季節を感じる食材や四季の行事、入園や卒園等の園の行事のほか、「歯と口の健康週間」（6月4日を含む1週間）や「食育月間」（6月）等の啓発行事を関連付けると、効果的な食育活動が展開できます。

年間行事と主な食育活動テーマ

季節[1]	月	食育活動に適する主な行事
冬	1月	正月、七草粥、どんど焼き
	2月	節分
春	3月	桃の節句（ひな祭り）、春分の日、卒園式
	4月	入園式、イースター（復活祭）[2]
	5月	端午の節句
夏	6月	食育月間、歯と口の衛生週間、夏至
	7月	七夕、土用丑の日
	8月	お盆
秋	9月	防災の日、秋分の日、中秋の名月[3]
	10月	ハロウィン
	11月	立冬、七五三
冬	12月	冬至、クリスマス、年越し

※1　気象庁による四季の区分を示している。
※2　3月または4月。
※3　9月または10月。

6. 食育活動の部分実習指導計画案と展開

食育を教材にした部分実習指導計画案の例　5歳児　5月の計画

部分実習指導計画案

実施日：（ 5 ）月（ ○ ）日（ ○ ）曜日

対象児：（ 5 ）歳児（ 18 ）名（男　10　名／女　8　名）

テーマ：そらまめのさやむき体験

◉ 主な活動内容 ◉
• 季節の食材であるそらまめに興味をもって、調理を楽しむ。
• 何でも食べようとする。

◉ 子どもの実態 ◉	◉ ねらい ◉
• 子どもが給食当番を担い、給食メニューの発表が習慣付いてきた。朝から毎日の給食を楽しみにしている。 • 6月の展示絵本である「そらまめくんのベッド」に興味をもって聞く。	• そらまめのさやむきを体験し、五感を通して触れることで、旬の食材に関心をもつ。

時間	環境構成	予想される子どもの活動	保育者（実習生）の援助・配慮点
9：30	給食当番 ○○○○ ○　　○ ○○○○○ ○○○○○ 実習生 ◎保育者　○子ども	○給食当番が今日の給食とおやつのメニューを発表する。 • 椅子を前向きに並べて座る。 • ①主食と汁物、②主菜、③副菜、④間食を皆の前で発表する。 • 発表後は、自分の席に座る。	• 椅子を持ってきて、前向きに並べるように伝える。 • 給食当番に前に出るように促し、発表後は自分の席へ戻るように伝える。 • 今日の間食が「そらまめのおにぎり」であることを強調する。
9：40	〈準備するもの〉 絵本「そらまめくんのベッド」 なかやみわ（作・絵） 福音館書店	○絵本「そらまめくんのベッド」を聞く。 • 絵本を聞きながら、そらまめの柔らかさや、大きさ等を考えながら発言する。	○実習生が「そらまめくんのベッド」を読み聞かせする。 • 本の内容について、「そらまめくんのベッドはどのくらいふかふかだろう？」等、子どもに質問する。
9：45	〈準備するもの〉 • そらまめ • 枝豆、グリーンピース、ピーナッツ（見本）	○食育活動「そらまめのさやむき体験」の説明を聞く。 • 椅子を後方の机へ移動させて座る。	○食育活動「そらまめのさやむき体験」の説明をする。 • 椅子を後方の机へ移動させて座るように伝える。
9：50	• 小ボウル（そらまめを入れる） • 新聞紙（机の上に敷き、ガムテープで固定しておく） • ごみ袋（準備台に付けておく）	• 栄養士からの説明を聞く。 • 豆の種類による大きさの違いを、絵本の内容を思い出しながら考える。	• 栄養士がそらまめの名前の由来と旬を説明する。 • 実習生が、そらまめ、枝豆、グリーンピース、ピーナッツを子どもに見せる。 • 絵本の様子と同じかどうかを問いかける。

157

第6章　指導計画の実際

時間	環境構成	予想される子どもの活動	保育者（実習生）の援助・配慮点
10：00	実習生　栄養士 （準備台） そらまめ等を準備した台	・そらまめのさやの中が白いこと、雲みたいだと驚く。	・栄養士がそらまめのさやのむき方を説明する。「筋を引っ張って取り除くと、さやが2つに割れて、中からそらまめが出てくる」
10：05		◎食育活動「そらまめのさやむき体験」を行う ・そらまめ2本をとる。 ・そらまめのさやをむく。 ・栄養士、保育者、実習生に分からないところを聞く。	◎食育活動「そらまめのさやむき体験」を行う。 ・栄養士、保育者、実習生それぞれが、担当する机の子どもを見守る。
	・保育者、実習生がそらまめを各机に1人2さやずつ配布する。 ・枝豆、グリーンピース、ピーナッツを各机に配布する。	・そらまめに触りながら、大きさを枝豆、グリーンピース、ピーナッツと比べる。	・そらまめの大きさを枝豆、グリーンピース、ピーナッツと比べるように、実物を渡す。 ・触った感触を質問する。
		・そらまめのさやを振って音を聞く。	・そらまめのさやを振って音を確認するよう伝える。
		・そらまめのさやの色を見て、中身を触り、匂いを嗅ぐ。 ・ふかふかしているさやに驚き、感想を発言する。 ・そらまめが1さやに何粒入っているか発言する。	・そらまめの色、触った感触、におい、1さやに入っているそらまめの数を質問する。
		・取り出したそらまめをボウルの中に入れる。	・取り出したそらまめをボウルの中に入れ、さやはそのまま机の真ん中に集めておくように伝える。
		・今のそらまめがおやつに出てくることを知り、楽しみになる。	・実習生はそらまめがおやつにでてくることを伝える。
		・給食当番2人は、そらまめを給食室へ運ぶ。	・保育者が机のそらまめをまとめて、給食当番に調理室へ運ぶように伝える。
10：30		・片付けをする。	・新聞紙にさやを包んで、準備台に付いたごみ袋へ入れる。
		・手を洗い、排泄をする。	・実習生が、手を洗い、排泄をするように促す。 ・机を拭く。

6. 食育活動の部分実習指導計画案と展開

④この指導計画案の特徴

　5～6月が旬の食材であるそらまめのさやをむく食育体験を行う指導計画案です。食育活動の指導計画案の特徴の1つは、実施者が保育者だけではなく、栄養士や調理員等の他職種と協力して複数人で実施をすることです。そのため、食育活動は事前に他職種と協力して準備を行うことが重要となります。実習生が部分実習として食体験を含む食育活動を担う場合も、他職種との協力、役割分担を把握して、指導計画案の中で明確に示す必要があります。

　旬の食材についての食育活動を行う場合は、食材に関する手遊びや絵本の読み聞かせから始めると、子どもは遊びを通じて食材を身近に感じることができます。今回は、子どもに人気がある絵本「そらまめくんのベッド」を取り上げ、そらまめのさやがふかふかしていることや、そらまめの実とさやの両方に子どもの関心が向くような構成となっています。また、絵本に登場する、そらまめくんと仲間たちの大きさは、実物を用いて比較をし、豆類には様々な大きさや種類があることを学びます。絵本の内容とそらまめのさやむきの食育活動が連動しています。

⑤実施するときのポイント

　・そらまめの皮をむく際の注意点

　そらまめを取り出す方法は、主に次の3つがあります。

〈1〉　さやの端をぷちっと取り、つながっている筋ごと取り除いてから、さやを割って豆を取り出す。

〈2〉　さやの接合部を爪で裂きながら割って、豆を取り出す。

〈3〉　さやの中心部を折り、分断されたさやを割って、豆を取り出す。

　3つの方法の中で、〈1〉の筋を取り除く方法が、力が少なくて済み、爪を傷付ける可能性が低い方法です。それでも、硬いさやが深く爪に入りこむと爪が浮くけがが生じるため、保育者は十分な注意をはらう必要があります。

　・絵本「そらまめくんのベッド」の活用

　子どもに人気がある絵本「そらまめくんのベッド」を通して、食材に興味をもってもらいます。その際、そらまめだけではなく、絵本にでてくる他の仲間（枝豆、ピーナッツ等）も準備し、豆の仲間には大きさや色が異なるものがあることを体験します。

　・五感を使った食材との触れ合い

　視覚、聴覚、味覚、嗅覚、触覚の五感を使って、そらまめを感じる内容となっています。子どもがさやや豆を観察し、さやの中の音を聞き、おやつとして食し、匂いをかぎ、さやや豆を触り、そして、それぞれの感覚に対しての感想がもてるように保育者が問いかけるようにします。

　・造形製作を通じた食育活動の記録

　今回の指導計画案には示していませんが、食育活動としてそらまめに触れた感動を、造形製作を通して表現することができます。食育活動の後、造形製作につなげていく内容として、画用紙にそらまめのさやの形の紙を貼り付け、その上に綿でそらまめのベッドをつくります。食育活動が子どもの保育、製作活動につながる計画として

実施可能です。

 先輩からのアドバイス

　食体験を取り入れる食育活動は、保育者だけではなく他職種の人達と協力することが求められるため、事前に各職種の人の役割を明確にする必要があります。この指導計画案は、栄養士が説明する内容、実習生が説明や実演をする内容、保育者が分担する内容が想定できている点が非常によいです。

　実際に子どもの前でそらまめのさやむきを実演するときは、迷いがあると子どもに伝わります。事前に練習するようにして、堂々とした態度で実演しましょう。

　また、子どもがそらまめのさやむきをする際、爪が長い子の爪の中にそらまめの筋が入り込まないよう、配慮が必要です。比較的安全な食材であるそらまめであっても、けがに結び付く可能性がある行動に配慮をしましょう。

7. 総合的な展開　行事と指導計画

行事に向けた保育を進めるにあたって

　行事に向けての指導計画は、継続的に時期ごとテーマを決めて取り組みます。

　これから紹介する指導計画案は「ごっこ遊び〜劇遊び〜創作音楽劇へ　ステップ1〜5　子どもの表現を大切にした劇遊び」と名付けて取り組んだ、音楽発表会での劇発表に向けた事例です。

　子どもは、日頃から絵本やパネルシアターに親しんだり、友達同士で身振り手振りの真似っこをしたり、つくって遊ぶ経験を積んでいます。言葉のリズム感、何かになりきって体を動かす快感、身近なものを生かしてつくる製作など、表現する力は日頃の遊びの中で培われます。子どもが日常の遊びを通じて、表現の楽しさや面白さを感じることや、友達と一緒に活動する喜びが、行事へ取り組む意欲を高めます。

　劇遊びを行うにあたっては、保育者が劇のもとになるお話の価値とテーマをよく理

ステップ1〜5までのねらい

ステップ	日程	ねらい
1	日頃から	様々な表現活動を体験する
2	4週間前	お話の楽しみ方を広げる
3	3週間前	劇遊びの楽しさを味わう
4	2週間前	劇遊びの楽しみを深める
5	1週間前	劇の発表を楽しみにする
発表	当日	人前で発表する楽しさと充実感を味わう

解し、この題材を通して何が育まれるのか見通しをもって計画することが大切です。
劇遊びの発表においては、保育者は総監督の立場でもあります。ステップごとに子どもの楽しみが積み重なっていくように、また、子どもに無理のないように計画を立てましょう。

それでは、ステップごとに指導内容や、ポイントと具体例をみていきましょう。

ステップ1：様々な表現活動を体験する

① 何かになりきる面白さ

2〜3歳児…特徴をとらえやすい動物などの身体表現遊びをする。その動物の雰囲気に合う音楽やリズムに合わせて、動物になりきって歩く体験をしてみる。

4〜5歳児…日頃の保育の中で、自然の中の音や色や形、ものや動物などの特徴について、イメージをもてるようにしておく。

② 歌やお話を題材にした見立て遊びの楽しさ

2歳児…段ボールや新聞紙などの小物を使ったごっこ遊びを体験する（例「犬のおまわりさん」[1]「3匹の子ぶた」）。

3〜5歳児…パネルシアターなどを使う（例「あめふりくまのこ」[2]「てぶくろ」）。

③ クラスの雰囲気や子どもの発達に応じた題材探しと台本の作成

2歳児…歌やお話の中に繰り返しの言葉や擬音語があるもの、手遊びの延長線上にあるような簡単な身振りや手振りで表現できる登場人物が出てくるものを選ぶとよい。

3〜5歳児…セリフ、歌、踊りなどによって、個々の子どもの表現を生み出せるものを選ぶとよい。子どもが思い入れをもって取り組めるお話や、劇的な場面があるものがよい。既製の脚本はそのまま使えないことが多い。日頃から子どもの様子を観察してメモし、動きや歌やセリフを入れていく。5歳児は、皆でお話を選ぶのもよい。

ステップ2：お話の楽しみ方を広げる

① お話の楽しさを広げる

2〜3歳児…子どもが好きなセリフのリズム感や言いやすさを重視し、子どもと一緒に声に出してセリフを読む。

4〜5歳児…登場人物の様子や声色などのイメージを広げる意見交換を。

② いろいろな役を皆で体験する

2〜3歳児…いろいろな役を、なりきり遊びで楽しんでみる。最初は保育者がやって見せてもよい。

4〜5歳児…お話のイメージを十分に伝え、それぞれの役について知る。台本の全

1） 佐藤義美（作詞），大中 恩（作曲）
2） 鶴見正夫（作詞），湯山 昭（作曲）

てのセリフを、保育者と子どもで読み合わせする。

③舞台の俯瞰図を踏まえて必要最低限の大道具や小道具を考える

配役が決まっていない段階から、必要な道具の準備を計画的に始めていく。

4〜5歳児…「この劇は、みんなで考えて劇の動きや踊りをつくる」ことを伝える。

ステップ3：劇遊びの楽しさを味わう

①配役は基本的に子どもが決める

やってみたい役の希望を聞きながら、子どもと話し合って決める。個々の子どものよい所が発揮できる配役に付けるよう声かけをする。1つの役に人気が集中したら、人数を変更したり、セリフを増やしたり柔軟な対応をする。じゃんけんなどで決めることは避け、子どもの意欲を大切にし、保育者の配慮で決める。

4〜5歳児…配役に納得して引き受けられるように、話し合いには時間をかけたい。どの役も大事であることを感じられるような指導をする。

②衣装や小物には子どものアイディアを生かす

2〜3歳児…子どもが作成できるものは一緒につくってみる。

4〜5歳児…子どもがイメージを共有できるように、製作物を一覧にして絵にかいてみる。子どものアイディアに耳を傾け、生かしていく。

③衣装づくりの計画を立てる

衣装はシンプルで着脱が簡単なものとする。45ℓのカラーポリ袋や、スズランテープなどを組み合わせて使用するなど、オリジナルの衣装を考える。保護者の協力を必要とするときには、早めに詳細を伝えるようにする。

4〜5歳児…ふだん使っている洋服や帽子、身近な素材のもので工夫を。配役の特徴を生かした配色にしておくと、演じる子ども同士もお互いに分かりやすい。子どものアイディアを取り入れた、世界に一つだけの衣装づくりを楽しむ。

ステップ4：劇遊びの楽しみを深める

①舞台の様子をイメージする

できてきた舞台道具を目に付くところに置いたり、小物を使って劇遊びを体験することで気持ちを高めていく。舞台道具の製作を計画的に仕上げ、子どもの楽しみを深めていく。

②魔法の言葉がけを

人の前に出るのをいやがったり、保育者から離れない子どもがいる場合には、本番までの対応や考えを保護者と共有しておく。

高まってきている気持ちを大切にする言葉がけをする。「もっと大きな声で」と言うよりも、「見に来てくれる人の心に届くようにするにはどうしたらいいのかな？」と子どもの気付きにつながるような言葉がけをしたい。

③子どもの表現を大切に

セリフの表現を考えだしていけるように、時に台本に立ち返り、セリフの読み合わ

せを行う。子どもの意見や工夫を上手にまとめていく。

挿入曲の種類や変化に気付き、表現に生かしていけるように、音楽だけを聴く時間をつくる。

グループの子ども同士で動きの表現を考えたり、グループ同士や異年齢で劇を見合って感じたことを言い合う時間も、子どもの意欲を引き出していく。

ステップ5：劇の発表を楽しみにする

①自信をもって取り組む

子どもが自信をもって舞台に立てるように、不安材料があったら取り除いておく。セリフの覚えがあいまいな子、立ち位置や出番に自信がない子には、舞台の床にカラーテープで印を付けるなどして、自信をもって舞台に立てるように配慮する。友達同士で教え合うように声をかけておく。

②保育者間で舞台の動きや流れを共有する

保育者同士で役割分担を確認しておく。各場面ごとの舞台マップをつくっておくとよい。クラス担任以外の保育者に手伝いをお願いするときは、リハーサルの時点から一緒に動いてもらうようにする。

③舞台道具や衣装などの点検を綿密に

リハーサルを終えるたびに、一つ一つ手に取って丁寧に点検し、次の練習がスムーズに始められるようにしておく。

④保育者、子ども、保護者、皆でつくりあげる総合表現活動を楽しむ

友達や保育者などとの共同活動によって得られる楽しさを味わう。

発表：人前で発表する楽しさと充実感を味わう

①保育者、子ども、保護者、皆でつくりあげる総合表現活動を楽しむ

友達との共同活動によって得られる楽しさと、人前で役を演じる経験によって得られる観客との共感は、保育者、子ども、保護者、見ている人の中に、相互作用の共同的発達を生む。本番は、子どもを信じて、見守るつもりで臨む。

②全「表現」領域を覆う劇発表

セリフを覚え、動きや踊りを考えだし、舞台道具を製作し、人前で歌うことを楽しむといった全表現領域を覆う「子どもの表現を大切にした劇遊び」の過程を通して、クラスの仲間意識、みんなでつくったから見に来てほしいという思いを育てる。

このように長期にわたって取り組むプログラムは、劇発表ならではである。日頃の保育から本番までのプロセスの過程をもう一度振り返り、子どもの心や表現がより豊かになることが達成されるようにしたい。

③事後の保護者への意見聴取

保護者の意見を聴取し、劇遊びを始めてからの子どもの取り組みの変化や家庭での様子などを聞く。

第6章　指導計画の実際

行事（劇遊び）の指導計画案（週案）の例　5歳児　11月

指導計画（週案）

実施日：（ 11 ）月（ ○ ）日（ ○ ）～（ 11 ）月（ ○ ）日（ ○ ）

対象児：（ 5 ）歳児　（ さくら ）組

テーマ：劇遊び　ステップ5

主な活動内容	・劇の題材となっている絵本のストーリーを振り返り、全体の流れを確認しておく。 ・登場場面や舞台での立ち位置を確認し、本番当日を楽しめるよう、不安のないようにしておく。 ・役のイメージをもって、セリフの言い方や声の出し方を自分なりに工夫する。 ・手洗い、うがい、早寝を徹底し、当日に向けて体調を整える。
ねらい	・音楽劇「ブレーメンの音楽隊」の発表に向かって、舞台道具を設置し、実際に衣装を身に付けて、リハーサルを楽しむ。 ・11月○日の本番当日を、クラスの皆が期待感をもって迎えられるようにする。
前週の子どもの姿	・セリフや歌、動きをだいぶ覚えてきた。ふだんの生活の中でも役になりきって自分のセリフを言い、遊びの中で友達とセリフを確認し合っている様子や、劇遊びで使う歌や音楽をロずさんでいる子どもが多く見られた。 ・当日使用する舞台道具や背景画を実際に使って劇遊びを行い、舞台の雰囲気を体験した。道具の出し入れを積極的に手伝う子どもが出てきたため、道具出し入れ係を決めた。
環境・援助	・発表のための声の出し方を考えさせたり、話し合ったり、イメージを出し合ったりできるような場や時間をつくる。 ・当日まで気持ちを高めていけるように、よくなっている所はほめて、自信をもって発表していけるような声かけを意識する。 ・舞台道具や衣装、小物などで、壊れている部分や壊れそうな部分がないかどうか、丁寧に点検しておく。また、使用楽譜や照明、音響に関する最終確認をしておく。 ・クラス担任以外に手伝いをお願いするスタッフ間の打ち合わせや確認を万全にしておく。

日	11/○（月）	11/○（火）	11/○（水）	11/○（木）	11/○（金）
予想される子どもの活動／保育者の援助・配慮点	室内遊び　（リハーサル、招待状作成） ・園内のホールでリハーサルを行った。セリフは覚えているが、立ち位置などがあいまいな子どもが見られたので、立ち位置に貼ってあるビニールテープの色と形を確認する。 ・退場時や裏手で待つときのルールを伝え、友達との共同的活動であることを意識付ける。 ・A太が、「年老いたロバの感じがしない」と言ったことから、「年老いた動物」の様子や歩き方について話し合いの時間を設けた。子どもが考えながら動きを工夫し、友達の動きに刺激を受けながら、本番当日まで楽しんで進めていくことができるようにする。 ・自分たちで衣装を着脱し、決められた場所に片付けができるようにする。 ・フィナーレの全員登場場面での最後のポーズについて、B子から提案があった。リハーサルの経験によって、子どもからアイディアがでてきているので、生かしながら進めていく。 戸外遊び ・なわとび …周囲をよく見て縄跳びを行うように声かけする。けががないように一人一人をよく見ていく。 ・探検ごっこ …遊びの後のうがい、手洗いを行うように声かけをする。				

誕生会 …ゲーム等で異年齢の関わりを楽しむ

栽培物や飼育物の世話 ———————————————————➤

等配布物				招待状を持ち帰る。	
反省と評価					

164

行事（劇遊び）の指導計画案（日案）の例　5歳児　11月

指導計画（日案）

実施日：（ 11 ）月（ ○ ）日（月）
対象児：（ 5 ）歳児　（ さくら ）組　出席（ ○ ）人／欠席（ ○ ）人
テーマ：劇遊び　ステップ5

● 前週○日の子どもの姿 ●
C美…猫役③であるが、出のタイミングが遅れてしまう。どうやら、ほかの子の演技に見入ってしまうようである。友達の動きに合わせて動けるように声かけし、気付かせていく。
D男…泥棒役が楽しいらしく、興奮してくるとふざけてしまうので、その都度、声かけをしていく。

● ねらい ●
- 友達と一緒に協力して、行事に向けてのリハーサルを行う。
- 友達の動きを見て、自分の動きを考えたり、声の出し方を工夫したりする。

● 主な活動内容 ●
「ブレーメンの音楽隊」のリハーサルを行う。

● 環境構成／保育者の援助・配慮点 ●
劇の役になりきって探検遊びを行う子どもが見られるようになってきた。本番までの楽しみが広がるように声かけし、思いを引き出していく。

時間	晴天時／雨天時
8:50	登園
	戸外遊び／室内遊び
9:40	片付け
	リハーサル準備
10:00	リハーサル
10:50	片付け
11:10	室内遊び
11:45	弁当
12:45	リズム遊び
	歌、絵本
13:30	降園

〈楽器の用意〉
泥棒の家の裏にタンバリン、カスタネット、鈴、マラカスを準備し、楽器別に箱に入れて置く。混乱しないように位置を確認しておく。

〈泥棒の家〉
- 11月から子どもと作成した家。
- 第1幕は、森の絵が泥棒の家の前にある。泥棒の家の裏側に犬、猫、鶏が隠れている。
- 自分の出番と立ち位置の確認をする。友達同士で教え合えるように声かけする。床面に貼ってあるビニールテープの色と形で立ち位置が分かるようにしておく。
- 練習が苦痛にならないように、リハーサルを楽しめるような声かけをしていく。

● 評価と反省 ●

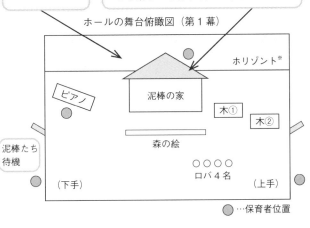

ホールの舞台俯瞰図（第1幕）

※舞台の背景になる幕や壁

第6章　指導計画の実際

8. 指導計画をもとにした模擬保育の展開

部分実習指導計画案

実施日：（7）月（○）日（○）曜日

対象児：（3）歳児（12）名（男○名／女○名）

テーマ：季節の歌を用いた身体表現遊び

● 主な活動内容 ●
- 「うみ」の歌を歌い、舟こぎの身体表現をする。
- 「南の島のハメハメハ大王」を歌い、大王に変身して踊る。

● 子どもの実態 ●
- 季節の歌「南の島のハメハメハ大王」の歌を喜んで歌っている。
- 音楽に合わせて身体全体で表現することを好んでいる。
- 擬音語や擬態語を唱えて楽しんでいる。
- ごっこ遊びを楽しみ、そのなかでも自分なりの表現をする。
- 少しずつ友達と一緒に遊ぶことを楽しむようになっている。

● ねらい ●
- イメージを膨らませて遊ぶ。
- 歌の歌詞や擬態語からイメージを広げて身体表現遊びを楽しむ。
- 音楽を感じながら友達と一緒に表現をすることを楽しむ。

時間	環境構成	予想される子どもの活動	保育者（実習生）の援助・配慮点
10：00	◎実習生 ○子ども	・集合する。 ・着座して実習生の話が始まるのを待つ。 ・何の話か楽しみにしている。 ・話をしたり、じっとしていられない子どももいる。 ・質問について答える。 ・「行ったことがある」等、口々に話す。	・一緒に楽しむよう笑顔で子どもの前に立つ。 ・「先生の前に座りましょう」と活動が始まることを意識できる声かけをする。 ・自分の体験を話しながら、「この夏海に行ったか」をたずねる。 ・個々の子どもの反応に応じる。
	〈教材〉 「うみ」 （文部省唱歌） 林 柳波（作詞） 井上武士（作曲）	○ 歌を歌う（「うみ」）。 ・歌わない子や、身体をゆらしながら歌う子もいる。 ・歌詞の内容についての質問に答える。 ・「車」「舟」等、様々に答える。	○ 歌を歌う（「うみ」）。 ・「うみ」の歌詞にでてくる乗り物に注意して歌うよう促す。 ・歌わない子どもには声を出すよう促し、よく歌えた子どもには「身体で感じて歌えたね」と声かけをする。 ・「うみ」の歌詞にでてくる乗り物は何かたずね、個々の答えに応じる。

部分実習指導計画案は、子どもの実態を踏まえた実習生の子どもの育ちへの願いと、幼児期までに育ってほしい姿を基本にした園の教育課程や全体的な計画、領域「表現」のねらいや内容を合わせて考えて作成する。

「子どもの実態」については、日頃の子どもの音楽活動や遊びの様子、3歳児のこの時期の発達などを把握して書く。

隊形は活動内容によって、横2列や2人組、円形と、活動しやすいように変えていくとよい。

導入では、「海」を題材に、保育者と子どもとの会話から始まり、「うみ」の歌唱へと展開する。

遊びの計画では、ごっこ遊びを好み、自分なりの表現をするようになる3歳児ごろの発達に合わせて、お話仕立てで遊びを進め、子どもから好きな動きを引き出すなどの遊びの展開に工夫を凝らしている。

166

8. 指導計画をもとにした模擬保育の展開

時間	環境構成	予想される子どもの活動	保育者(実習生)の援助・配慮点
10:07	• 活動がしやすいように広いスペースを設ける。 （○○○ ○○／○○ ○○／○○ ○○／○） • 弾き歌いは3拍子を意識しながら強弱や速さを変化させて表現する。	◎ 舟こぎをする（「うみ」）。 • 「うみ」を歌いながら舟こぎをして遊ぶ話を聞く。 • 2人組になって音楽に合わせて舟をこぐ。 • 歩き回る子や座ったままの子どもがいる。 • 大きな輪になって大きな舟をつくり、音楽に合わせて舟をこぐ。 • 小さな舟や大きな舟をつくって舟こぎができたか、舟でどこへ行きたいか等を話す。	◎ 舟こぎをする（「うみ」）。 • 「うみ」の歌に合わせて舟こぎをすることを伝える。 • 2人組になって、実習生の「うみ」の弾き歌いに合わせて舟をこぐよう、モデルを示しながら伝える。 • 歩き回る子や座ったままの子どもに、2人組になるよう促す。 • 大きな輪になって大きな舟をつくり、実習生の「うみ」の弾き歌いに合わせて舟をこぐことを、モデルを示しながら伝える。 • 子どもの感想を聞きながら、小さな舟や大きな舟で舟こぎができ、楽しかったことを伝える。
10:14	〈教材〉 「南の島のハメハメハ大王」 伊藤アキラ(作詞) 森田公一 (作曲) 〈準備するもの〉 手づくり紙芝居 「南の島のハメハメハ大王」	◎ 身体表現遊びをする（「南の島のハメハメハ大王」）。 • 「南の島のハメハメハ大王」になって身体表現遊びをすることを聞く。 • 紙芝居が見えるように前方に集まって座る。 • 「南の島のハメハメハ大王」の手づくり紙芝居を見て、南の島のハメハメハ大王のイメージを広げる。 • 座らない子や、話をする子どもがいる。 • 手づくり紙芝居からイメージを広げた「南の島のハメハメハ大王」を歌う。	◎ 身体表現遊びをする（「南の島のハメハメハ大王」）。 • 舟をこいで南の島へ着いたことを伝え、「南の島のハメハメハ大王」になって身体表現遊びをすることを伝える。 • 紙芝居が見えるように前方に集まって座るよう伝える。 • 南の島のハメハメハ大王のイメージを広げるために、「南の島のハメハメハ大王」の手づくり紙芝居を見るよう伝える。 • 座らない子や、話をする子どもに、座るよう、話をしないように促す。 • 手づくり紙芝居からイメージを広げて、「南の島のハメハメハ大王」を歌うよう促す。

> ここでは、「うみ」の曲に合わせて2人で、次に全員で「舟をこぐ」といった身体表現になっていく。

> ここは、海を渡って南の島にたどりついた場面となる。手づくり紙芝居の読み聞かせでハメハメハ大王のイメージを広げ、歌唱表現につなげる。
> その後、擬態語的な歌詞に合わせて、子どもが簡単な動きを考えるよう促す。

第6章　指導計画の実際

時間	環境構成	予想される子どもの活動	保育者(実習生)の援助・配慮点
		• 「南の島のハメハメハ大王」の歌に合わせて、ハメハメハ大王に変身して踊ることを聞く。	• 「南の島のハメハメハ大王」の歌に合わせて、ハメハメハ大王に変身して踊ることを伝える。
		• 遊びに参加しない子どもがいる。	• 遊びに参加にしない子どもには、参加を促す言葉がけをする。
	〈身体表現例〉 「南の島の」 →手をウェーブ 「大王は」「王様」 →腰に手をあてて偉そうなポーズ 「ハメハメハ」 →手を前後 「風のすべて」 →全身で一回り 「星のすべて」 →手を上で揺らす	• 「大王」「ハメハメハ」等の歌詞に合わせて踊りたい動きを話す。	• 「大王」「ハメハメハ」等の歌詞に合わせて、どんな踊りにしたいかたずねる。
		• 各歌詞に合わせてつくった動きを表現する。	• 各歌詞に合わせてつくった動きを表現するよう伝える。
		• 「南の島のハメハメハ大王」の歌に合わせて、皆でつくったダンスをして楽しむ。	• 「南の島のハメハメハ大王」の歌に合わせて、皆で一緒につくったダンスをするよう促す。
10:28		○ 感想を言う。 • 踊りで大王に変身できたか感想を述べる。	○ 感想を聞く。 • 踊りで大王に変身できたか等感想をたずねる。 • 次回、また音楽を用いて遊ぶことを話す。

まとめとして、楽しかった遊びの感想を述べ合い、次回の遊びについての話をする。

（1）模擬保育を実施するまでの準備

　まず、指導計画案の「歌う」や「手づくり紙芝居を見る」「舟をこぐ」「ダンスをする」の各遊びが、安全に楽しく展開できるような物的環境を確認します。

　第2に、「南の島のハメハメハ大王」の歌の内容をイメージした紙芝居を作成し、子どもが前にいることを想定した読み聞かせの練習をします。

　第3に、子どもの様々な表現を引き出すための「うみ」や「南の島のハメハメハ大王」の歌唱や弾き歌いを、歌詞や伴奏を間違えることなく、子どもの様子を見ながら、豊かな曲想を表現できるように、しっかり練習しておきます。

　第4に、子どもが興味や意欲をもって遊びに入れるように、子どもの日常生活や遊びと本遊びに関連する導入部分の話を考え、子どもが前にいることを想定した話の練習をします。

　第5に、「2人で舟をこぐ」「全員で輪になって舟をこぐ」などの説明時のモデルの見せ方を考え、子どもに理解しやすいかを確認しながら実際に演じてみます。

　第6に、「南の島のハメハメハ大王」の歌詞から、擬態語的なところなど、子どもが音やリズムの面白さを感じて動きで表現しやすいところを選び、それらに合った動

168

きを考えて実際に表現してみます。

　最後に、子どもが前にいることを想定して時間配分も考慮しながら、指導計画案に沿って初めから最後まで通してリハーサルをして、実践に備えます。

（2）指導計画をもとにした模擬保育の展開の留意点

　模擬保育の実践においては、遊びのねらいを基盤に置き、ねらいがずれないように実践することが重要になります。

　実践前には教室等の物的環境の整備をし、手づくり紙芝居や「うみ」「南の島のハメハメハ大王」の楽譜を鍵盤楽器のそばに用意しておきます。また、お話仕立ての流れで遊びを展開することを意識し、子どもの気持ちに寄り添って、表現遊びを一緒に楽しんでいく意識や、子どもの一つ一つの表現の過程を大切に見守る意識をもち、遊びを進めることが大切です。

　導入では、「夏」や「海」を話題にして子どもとの会話を楽しみましょう。これによって子どもが興味や意欲をもって遊びに入れるような雰囲気をつくります。これにより「うみ」の歌唱へと展開していきます。

　「舟こぎをする」場面では「うみ」の歌に合わせて、小さな舟、大きな舟をこぐといった身体表現遊びをします。子どもは「うみ」の歌から広々とした海をイメージし、さらに音楽の速さや音高、強弱の変化を聞き分けることで、横波や縦波、大波を受けながら舟をこいでいる主人公になりきり、大小の舟の船乗りを楽しむことが期待されます。そのためには、実習生の速さや音高、強弱を変化させて表現できる弾き歌いや歌唱が重要になってきます。しっかりそれらの準備をしておきましょう。

　「身体表現遊びをする」は、南の島にたどり着いた場面です。ここではまず、「南の島ってどんな所だろう。ハメハメハ大王ってどんな人だろう」と子どもが様々な興味をもって「南の島のハメハメハ大王」の手づくり紙芝居の読み聞かせを楽しむことになります。この視覚的教材によってこの歌のイメージを広げることも期待されます。実習生は豊かな読み聞かせを心がけましょう。これにより次の歌唱表現がさらに豊かになることでしょう。その後、「大王」や擬態語的響きのする名前「ハメハメハ」等の主な歌詞を題材に、子どもが意見を出し合って簡単な動きを考えます。実習生は、子どもが互いの考えや表現に共感できるような声かけをし、実習生自身も表現の過程を見守りながら、それらの表現に共感するよう心がけましょう。これらにより子どもは「楽しかった」「面白かった」「面白いダンスがつくれた」等、楽しさや達成感を感じながら表現の幅を広げていくことになるでしょう。遊びの最後では、「南の島のハメハメハ大王」の弾き歌いに合わせて、皆で意見を出し合ってつくったダンスを楽しみます。実習生も一緒になって、子どもがつくったダンスを楽しみましょう。

　最後に、子どもからの感想を促し、それに対して実習生の共感的な声かけや、次回の遊びへの期待や興味につなげる話をするとよいでしょう。この遊びが楽しく有意義な表現遊びとして子どもの心に残り、今後の日常の遊びにつながっていくことでしょう。

第6章　指導計画の実際

（3）模擬保育の実施後の指導計画案の精査

　活動時の、「舟こぎが楽しかった」「ダンスの動きが面白かった」「みんなで踊って楽しかった」「ダンスの動きを考えるのが難しかった」等の子どものつぶやきの声や、2人組になかなかなれなかった等の子どもの活動の様子から、子どもがその活動を楽しめたか、達成感が得られたか等の視点で、ねらいを達成できた遊びだったか、課題はなかったかを振り返ります。

　その際、ねらい、題材、内容、遊びの流れ（導入・展開・まとめ）、環境構成、用いる教材、予想される子どもの活動、保育者（実習生）の援助・配慮点、時間配分等の項目を、それらに重ねて振り返ります。これにより、子どもにとって有意義な遊びとなった要因があきらかになります。

　また、課題が生じた内容については、なぜそのような結果になったか、その原因を前述の項目によって分析しておきましょう。これにより、今後どのように改善すればよいかが分かります。

　さらに、指導計画案の遊びを日常の遊びの中にどのようにつなげていくかも再度考えるとよいでしょう。その中で、子どもの実態をとらえ、今後の指導計画の作成に生かしていくことが、園全体のねらいの達成につながっていくことになります。

第7章
教育・保育の記録と省察

学習のねらい

　前章まで述べてきた教育・保育の計画を踏まえ、ここで
は実践後の記録と省察について学びます。

　記録には、日々の保育日誌から小学校との接続のための
要録まで様々あります。各記録の要点をおさえて記入して
いくことで、園内の共有情報となって蓄積されます。

　保育者の視点や感じたことを記録として残し、それをも
とにいろいろな視点から省察することで、保育の目標をど
のくらい達成できたのかという評価につながり、今後の保
育で改善すべき点が見えてきます。

第 7 章　教育・保育の記録と省察

1. 保育の記録とは

（1）記録の意味

　園の特徴によって書類の種類や量などは違いますが、保育の計画、週日案等をはじめとして、毎日書く保育日誌、午睡表、保護者とやりとりする連絡帳、職員会議の記録、研修報告、事故報告書等、幼稚園、保育所、認定こども園では、書類や書くものがたくさんあります。

　なぜ、保育を記録するのでしょうか？　幼稚園教諭免許や保育士資格をもつ専門職として、記録することは保育の実践と評価・改善につながる大切な業務です。保育の記録は、単に出来事を情報として残していくものでなく、省察の方法の一つです。今日 1 日、安全安心な保育が行われたか、子どもの発達を保障する保育内容だったのか、子どもの活動を保育者が支えることができたのか、保育者同士が協力して保育に携わったか等を自己評価していくために必要なものです。

　保育という営みは、常に今ここで新しいことが起こっています。保育者はその中にあって、つまり当事者ですから、後から振り返るということになります。保育が終わり、その実践を言語化し、書くことを通して、保育の中で大切にしていることや重要なこと、チームの取り方などを考えます。

　また、園の記録は、教職員の共通理解を促すためのものです。基本の視点や姿勢を身に付け、書くことを通じて、園の保育の視点を学びましょう。また、書くことで自分の考えがまとまったり、新たな発見があります。保育の中で自分が大事にしたいこと、もつべき視点を確認できますから、「書く」ことで自分が育ちます。

（2）記録する視点

　ただ漠然と、今日の保育は楽しかった、○○ちゃんは遊びきって満足そうだった等思い出すのではなく、場面の意味や子ども理解ができたのかを考えることで、自分の保育の視点が定まってくると思われます。省察のスタート地点は、子どもの観察です。まず、起こった事実を書きますが、外から見える子どもの活動や行動だけではなく、子どもの気持ちの育ちや意欲など内面まで読みとる姿勢が必要です。

　記録をするときに、次のような視点をもつと書きやすいでしょう。

- 自分の保育を振り返る
- 子ども理解を進める。心に残ったエピソード[1]や、気になる行動など
- 子どもの成長過程を変化が分かるように書き残す
- 子どもの遊びの変化を集団活動の展開としてとらえる
- 記録を園で共有し、カンファレンスを通じて、保育実践や子ども理解を深める

1）　エピソード記録は、出来事をとらえる自分の視点に注目して、なぜその事項を取り上げようと思ったか考えることを重視します。

（3）子ども理解と記録

　就学前の教育・保育は「子ども理解に基づく指導計画の作成、環境の構成と活動の展開、子どもの活動に沿った必要な援助、反省や評価に基づいた新たな指導計画の作成」という循環の中で行われます。子どもの発達する姿、変化する姿を具体的に捉えることと、保育者が自身の保育が適切であったか、あるいは保育チームによる保育展開がよりよくなされるためにはどのようなことが必要なのかを考える手立てとして、記録が重要な役割を果たします。

　子どもは十分に自分を表現する力をもっていない場合もあります。外から見た行動だけではなく、行動を手がかりに心の動きを捉えて想像し、子ども理解を進めるためには記録をしていくことが必要です。記録をすることを通して、さらに新しい保育への工夫が生まれます。

　また、「教師の専門性の中核である幼児理解に基づき総合的に指導する力や具体的な保育を構想し、実践する力を向上させていくためには、お互いに学び合う教師集団の存在が不可欠」であり、園内研修や事例検討を通じて、子どもに関する共通理解をしたり、保育の質を高めていく際にも、日々の記録が重要です（文部科学省，2013）。

（4）指導計画と記録

　指導計画は「仮説」です。指導計画で考えられた子どもの経験、保育者の言葉や行動などの実際、予測しえない状況とその対応などを、省察して検証します。その際に手がかりとなるのは記録です。指導計画の評価欄や保育日誌等を手がかりに、自分の子ども理解や環境構成、保育者のチームの取り方など、次の実践に向けて、よりよい保育が展開できるように考えていきます。記録を生かしたカンファレンスなどができると、さらに充実した保育実践につながります。

2. 保育の省察とは

　保育の計画をもとに保育実践をした後、振り返りを行うことは、よりよい保育活動を展開するうえで欠かせません。

　倉橋惣三は「育ての心」の中の『子どもらが帰った後』で、掃除をしながら、今日の子どもの姿を思いめぐらす保育者の姿を描いています。また、津守 真は「保育の最中にはただ茫然と理解されていたことが、後で省察することによって明確に意識化されると同時に意味を与えられ次の日に続く保育実践の素地になる」と述べています（倉橋，2008）。

　毎日同じような日課が繰り返されているように見えても、ひと時ひと時の出来事は異なり、同じ場面にいても一人一人の子どもにとっては意味が違うということが保育においては当たり前です。保育者は今日の保育を振り返り、保育日誌を書いたり、園の保育者・職員同士で「今日の○○ちゃんの表情は…、行動は…」と印象に残った出

第7章　教育・保育の記録と省察

来事を語り合ったりします。

その中で、「あのとき、こうすれば」というようなうまくいかなかったこと、計画での予想と異なり焦ってしまったこと、保育者同士でチームを組みつつも、お互いの思いに違いがあった、気配りが足らなかったなど、気が付くこともあるでしょう。

保育の中でとらえた子どもの姿や育ち、友達との関係や遊び方の面白さなど、また、保育者としての自分の関わり方や保育内容の是非など、感じたことや考えたこと、様々な発見や反省などが書かれたり、語られたりします。

しかし、単なる事実の記述や情報の共有だけでは、次につながりません。そこにある保育者の発見・疑問の意味を考えましょう。なぜそのことが気になったのか、なぜそのことを面白いと思ったのか、そこに自分の求める保育の意味や、好ましいと思う子どもの姿があるはずです。それらを記憶にとどめるだけではなく、省察的な姿勢をもって自らの保育について振り返り続けることが、反省的実践家[2]として育つための基本の姿勢です。

図表7-1の保育日誌の記入例では、指導計画における保育のねらいを意識しながら、今日の保育内容、子どもの実態など保育の展開を記録するとともに、④保育の省察において、保育者としての関わりや環境構成などを振り返っています。

このように、環境設定や子ども理解といった保育内容や、保育活動に保育者がどのように取り組んだかという保育の姿勢を記録から省察し、次の保育に役立てていくことが、保育の改善にもつながるのです。

3.　保育日誌

保育の現場に立って最初に書くことを求められるのが「保育日誌」です。保育日誌は、保育の記録の入り口と言えます。日誌は起きた事柄、事実を書くということが大切ですが、では、どのような出来事を書くのでしょうか？　まず、日案（週案、週日案）のねらいと内容を確認します。そして、次のような項目に沿って書いていきます。

① クラス全体の様子
② 今日の保育内容について（活動の取り組み方や、意図的に行った環境構成など）
③ 個々の子どもについて（印象に残った場面と、なぜ印象に残ったかを考えるとエピソード記録になっていく）
④ 保育者の関わりの省察（保育の評価、環境構成や保育チームの取り方等）

図表7-1の事例では、「異年齢で散歩に行った活動」について、①～④の項目が記録されています。

このように、保育日誌を書き続けると、一人一人の子どもの体験や成長の姿が実感できたり、子ども同士の関係、遊びが発展していく様子、そこでの保育者のよりよい援助などが分かってきます。子どもの実態に沿った適切な援助がなされたかどうかな

---

2)　ショーン（Schön, D. A.）の提唱した、実践知と実践的思考様式を備える専門家のこと。

3. 保育日誌

図表 7-1　保育日誌の記入例

保育日誌

M 保育園　平成○年度

11 月 ○ 日 (○)　　　　3 歳児 (○) 名 (男 ○ 名 ／ 女 ○ 名)

担任　　＿＿＿○○○○＿＿＿＿＿＿＿

《 週のねらい 》
• 季節の変化に気付きながら、外遊びを楽しむ
• 体を十分に生かして遊ぶ
• 行事（消防車体験）に向けて、期待を高める

〈 今日のねらい 〉
　自然の変化に気付き、異年齢での散歩を楽しむ。

〈 今日の内容 〉
• 散歩を楽しむ
• 金曜日の消防車体験に関する絵本を楽しむ（「ぼくのしょうぼうしゃ」「いそげ！きゅうきゅうしゃ」）

① クラス全体の様子（雰囲気など）
　今日はひさしぶりの青空で、クラスの皆が散歩に行くことを朝から楽しみにしていた。

② 今日の保育内容について（具体的に）
　2・3 歳児の異年齢の組み合わせで手をつないで歩き、3 歳児が 2 歳児に「○ちゃん、こっちだよ」と声をかけたり、「あ、赤い葉っぱだ」と気付き、一緒に拾ったりする姿があった。A 太が「葉っぱを持って帰ろう」と提案し、午後は拾った葉っぱを使って造形遊びを行った。今月はハサミを使おうという課題もあり、葉っぱを貼ると同時に、色紙を切る活動も行った。

③ 個々の子どもについて（例として 1 人について書く）
　クラスで散歩に行くときには、すぐに疲れる B 子が C 美と手をつなぎ、「もうすぐ公園だよ」などと声をかけ、はりきってサポートしている様子があった。

④ 保育の省察
• 葉っぱなどを拾いながら、今日のねらいに沿った活動ができた。葉っぱなどを入れる袋や図鑑なども用意したので、モミジ、カシなど、保育者が名前を教えることができた。子どもは葉っぱなどを自分の手に持って歩きたかったようで、「自分で」という気持ちが育っていることを実感した。
• 午後の製作は雨天用に用意した活動だったため、葉っぱを使うという準備ができなかった。チームの中でいろいろな可能性を考えておくべきだった。子どもの意欲や興味が沸いたときにそのことを生かしていけるよう、物の準備や用具の提供などを行っていきたい。

第7章　教育・保育の記録と省察

ど、記録があることで、様々な観点から子ども理解を行い、次の保育につなげていけると考えられます。

　また、事実をたくさん集めた記録をもとに、「なぜ子どもがそのような行動をしたのか」「なぜ遊びが変化したのか」「どうして、保育者はそこで別の環境を用意したのか」など考察していくと、エピソード記録になっていきます。

　第6章の部分実習指導計画案のいずれかを選び、実習後を想定して保育日誌を記入してみましょう。

4. 生活と発達の連続性を踏まえた要録

　幼稚園、保育所、認定こども園では、子どもの発達や学びの連続性と小学校の指導の継続性をはかるために、子どもに関する記録の抄本または写しを小学校に送付するように定められています。

　「幼稚園幼児指導要録」は、学校教育法施行規則 第24条および第28条に基づき、幼稚園に作成、送付および保存等を義務付けられた公簿です。「学籍に関する記録」と「指導に関する記録」に分かれており、「学籍に関する記録」は幼児が確かにその幼稚園で教育を受けたことを示すものです。「指導に関する記録」は、1年間の指導の過程とその成果を要約し、次の年度の適切な指導を資するための資料となるので、毎年記入し、次の担任に引き継ぎ、小学校に送付します[3]（p.180　図表7-3参照）。

　「保育所児童保育要録」は、2008（平成20）年の保育所保育指針の改定で、子どもの生活と発達の連続性を図るため、保育所から小学校へ子どもの育ちを伝える資料を作成し、小学校へ送付することが義務付けられました。また、2018（平成30）年には、「養護及び教育が一体的に行われるという保育所保育の特性を踏まえた記載事項」について要録の見直しが行われ、「入所に関する記録」と「保育に関する記録」に様式が分かれました[4]（p.183　図表7-4参照）。

　「幼保連携型認定こども園園児指導要録」は、幼保連携型認定こども園で作成されます。幼保連携型以外の認定こども園では、主に学級を編制している満3歳以上の子どもについて「認定こども園こども要録」を作成します。幼稚園型認定こども園は

---

[3]　文部科学省（2018）幼稚園及び特別支援学校幼稚部における指導要録の改善について（通知）
　　http://www.mext.go.jp/a_menu/shotou/youchien/1403169.htm（2023/11/21）
[4]　厚生労働省　保育所児童保育要録（入所に関する記録）
　　https://www.mhlw.go.jp/file/06-Seisakujouhou-11900000-Koyoukintoujidoukateikyoku/0000202912.pdf（2023/11/21）

「幼稚園幼児指導要録」を、保育所型認定こども園は「保育所児童保育要録」を作成することが可能ですが、その場合「認定こども園こども要録」を重複して作成する必要はありません。また、2018（平成30）年の園児指導要録の見直しでは、従前の「指導上参考となる事項」に満3歳以上児の養護に関わる事項を記入し、「園児の育ちに関わる事項」には満3歳未満児の養護に関する事項を記入することになりました[5]（p.186　図表7-5参照）。

　幼稚園、保育所、認定こども園に共通して、2018（平成30）年の要録の見直しにより、小学校との接続にあたって「幼児期の終わりまでに育ってほしい姿」を活用した子どもの育ちを記入することが求められています。幼稚園、認定こども園では、「最終学年の指導に関する記録」の様式が加わり、保育所では「保育に関する記録」の様式に含まれます。これは、2017（平成29）年の要領・指針の改訂（定）において、幼児期において「育みたい資質・能力」および「幼児期の終わりまでに育ってほしい姿」が盛り込まれたこと、「幼児期の終わりまでに育ってほしい姿」が、保育のねらい及び内容に基づく活動全体を通して資質・能力が育まれている子どもの小学校就学時の具体的な姿であり、保育者が指導を行う際に考慮するものとされたことに基づいています。

　ところで、そもそも子どもの発達は、5歳だから○○とひとくくりにできるものではありません。0歳のころから様々な経験を積み重ね、結果として「自分の気持ちを言葉で表す」ようになったり「自分のことは自分でしようとする」ようになったりしていくものです。ですから、年長児になって急に育つものではありません。それぞれの年齢やクラスでの体験が、社会を生きるための力の基礎となっていきます。子どもの成長の過程を丁寧に拾うことのほか、その際の配慮や援助、育ちの変化を書くことが大切です。つまり、遊びの中で個々の発達に応じた必要な体験を得られるような援助等を意識したうえで、一人一人のよさや育ちの過程を記入していくことが重要になります。保育者の保育実践を振り返りつつ、その子どもの特徴が簡潔に伝わるような、エピソードを交えた記載ができるとよいですね。

（1）要録を記入する際の注意事項

　ここでは、幼稚園幼児指導要録を手がかりに、記入する際の注意事項について考えていきましょう。2018（平成30）年の「幼稚園及び特別支援学校幼稚部における指導要録の改善について（通知）」では、幼稚園幼児指導要録は、幼児の学籍並びに指導の過程及びその結果の要約を記録し、その後の指導及び外部に対する証明等に役立たせるための原簿である、と示されています。

　幼稚園等における評価の基本的な考え方として、次のよう留意点が記されました。

5）　内閣府（2018）幼保連携型認定こども園園児指導要録の改善及び認定こども園こども要録の作成等に関する留意事項等について（通知）
　　http://www8.cao.go.jp/shoushi/kodomoen/kokuji.html（2023/11/21）

第7章　教育・保育の記録と省察

> 「幼児一人一人の発達の理解に基づいた評価の実施に当たっては、次の事項に
> 配慮すること」
> (1)　指導の過程を振り返りながら幼児の理解を進め、幼児一人一人のよさや可能
> 　　性などを把握し、指導の改善に生かすようにすること。その際、他の幼児との
> 　　比較や一定の基準に対する達成度についての評定によって捉えるものではない
> 　　ことに留意すること。
> (2)　評価の妥当性や信頼性が高められるよう創意工夫を行い、組織的かつ計画的
> 　　な取組を推進するとともに、次年度又は小学校等にその内容が適切に引き継が
> 　　れるようにすること。

　同通知の様式の参考例によれば、保存や管理、利用上の観点などから、「学籍に関
する記録」「指導に関する記録」「最終学年の指導に関する記録」を、それぞれ別の用
紙に記入することになっています。一人一人の指導の連続性を図るために小学校に送
付しますが、在籍中は幼児の指導を適切なものにするために、保育期間全体を通して
記入することになっています。毎年担任が書き、次の年の担任に引き継ぎます。日常
の保育の延長上にあり、幼児の生活を振り返り、指導や援助の手立てを考え、幼児理
解を深めるうえでも有用な記録です。次のような事柄に注意しましょう。

①　1年間の具体的な幼児の発達の姿であり、その幼児に対する教師の指導につい
　　ての反省・評価が示される。指導要録の記入を通して教師が自分の保育を振り
　　返り、自らの指導とその幼児の発達する姿の関係に気付くこと、そして、その
　　ことを手がかりにして指導を改善していくことの中で、よりよい保育を生み出
　　すための資料として生かす

②　一人一人のよさや可能性を積極的に肯定的に評価し、個性を大切にして発達を
　　うながすという観点から、5つの領域にまとめられている「ねらい」を手がかり
　　に、幼児の生活する姿をとらえる

③　小学校へ送付することで、一人一人の幼児がどのような幼稚園生活を送ってき
　　たか、その幼児のよさや可能性を受け止めて1年生の担任に引き継いでいける
　　よう、幼児の姿が具体的に読み取れるように記入する

(2) 要録の具体的な記入の仕方

① 指導の重点（学年の重点、個人の重点）の書き方

　学年の重点は、幼稚園教育要領のねらいや内容に沿って、各幼稚園の教育課程や年
間の指導計画などの中で、学年のどの幼児に対しても指導の重点として目指してきた
ものです。この重点は、年度の初めに長期の見通しとして設定されたもので、どの幼
児にも同じものを記入することになります。個人の重点は、1年間の指導の過程を振
り返って、その個々の幼児の指導に当たって、実際に何を重視してきたかを記入する
ものです。注意したいのは、個々に対する指導の重点は、あくまでも1年間の指導を
振り返ってみて、はじめてとらえられるものだということです。日頃から累積してき

4. 生活と発達の連続性を踏まえた要録

図表 7 - 2　要録の「指導上参考となる事項」記入例

・自分でも「みんなの前は恥ずかしい」と言っているように、大勢の前であると緊張して力を発揮できない場面も多かったが、当番活動や異年齢のクラスとの交流で自分のするべきことを考えて行動する様子が見られた。自分のすることに自信をもって行動し、自ら判断し考えるようになっている。得意な折り紙を年下の子どもに教えるときには、相手の気持ちを考えてじっくり待ち、丁寧に声かけする姿が見られる。

・豊かな感性をもち、想像力が豊かで、自分のイメージをもって遊んでいるが、言葉で伝えることが苦手であった。七夕のゲームつくりを通じて、アイディアを身振り手振りで伝えることから始めて、言葉による伝え合いを楽しめるようになった。共通の目的をもち、表現力を付け、友達と協同・協力する姿が見られるようになった。

た保育の記録などを活用して、その幼児に対しての指導の重点を探ってみることは、その指導が適切であったかどうかを反省・評価することにつながります。

② 指導上参考となる事項

「ねらい」（発達をとらえる視点）と「指導の重点等」に照らして、1 年間の指導のよりよい指導に必要と考えられる配慮事項等について記入します。具体的な興味や関心、遊びの傾向、生活への取り組み方などによって、発達する姿を記述することが適当です。できないことや問題点を指摘するのではなく、年度の初めと比較してその幼児の伸びようとしている面、よさや可能性を中心に記述することが大切で、変化の過程を書きます。1 年間の保育記録を読み直し、各領域のねらいを視点として、幼児の発達の実情から、向上が著しいと思われるものをとらえます。それは、他の幼児との比較や、一定の基準に対する達成度についての評定によってとらえるものではありません。常に、どのように変化したかをとらえ、幼稚園生活を通して全体的、総合的に評価し、全体的な発達の状況が分かるように記入します。

「幼児期の終りまでに育ってほしい姿」では 10 の姿が示されましたが、日々の保育の中に、このような子どもの姿は様々な場面で見付けることができます。10 の姿は到達目標ではありませんが、子どもの育ちの評価をするときには、子どもの育ちを見て、書くポイントとして頭に入れておきたい内容かもしれません。

具体的な書き方として、以下の様な事柄があります。

〈1〉各領域のねらいをもとに、「発達」をとらえる

〈2〉子どもの気持ちに寄り添い、その子らしさやよさ、可能性を見出す

〈3〉生活への取り組みや、遊びの内容の変化をとらえる

〈4〉興味や関心のあることやその変化をとらえる

〈5〉友達との関係をとらえる

第7章　教育・保育の記録と省察

図表7-3　幼稚園幼児指導要録の様式の参考例

幼稚園幼児指導要録（学籍に関する記録）

区分 ＼ 年度	平成　　年度	平成　　年度	平成　　年度	平成　　年度
学　　級				
整理番号				

幼　児	ふりがな 氏　名		性　別	
	生年月日	平成　　年　　月　　日生		
	現住所			

保護者	ふりがな 氏　名	
	現住所	

入　　園	平成　　年　　月　　日	入園前の 状　況	
転 入 園	平成　　年　　月　　日		
転・退園	平成　　年　　月　　日	進学先等	
修　　了	平成　　年　　月　　日		

幼稚園名 及び所在地	

年度及び入園(転入園) 進級時の幼児の年齢	平成　　年度 歳　　か月	平成　　年度 歳　　か月	平成　　年度 歳　　か月	平成　　年度 歳　　か月
園　長 氏名　印				
学級担任者 氏名　印				

2017（平成29）年改訂の幼稚園教育要領に準拠

180

4. 生活と発達の連続性を踏まえた要録

図表 7 - 3　幼稚園幼児指導要録の様式の参考例（続き）

幼稚園幼児指導要録（指導に関する記録）

ふりがな 氏名		指導の重点等	平成　　年度	平成　　年度	平成　　年度
			（学年の重点）	（学年の重点）	（学年の重点）
平成　　年　　月　　日生					
性別			（個人の重点）	（個人の重点）	（個人の重点）

ねらい （発達を捉える視点）		指導上参考となる事項			
健康	明るく伸び伸びと行動し、充実感を味わう。				
	自分の体を十分に動かし、進んで運動しようとする。				
	健康、安全な生活に必要な習慣や態度を身に付け、見通しをもって行動する。				
人間関係	幼稚園生活を楽しみ、自分の力で行動することの充実感を味わう。				
	身近な人と親しみ、関わりを深め、工夫したり、協力したりして一緒に活動する楽しさを味わい、愛情や信頼感をもつ。				
	社会生活における望ましい習慣や態度を身に付ける。				
環境	身近な環境に親しみ、自然と触れ合う中で様々な事象に興味や関心をもつ。				
	身近な環境に自分から関わり、発見を楽しんだり、考えたりし、それを生活に取り入れようとする。				
	身近な事象を見たり、考えたり、扱ったりする中で、物の性質や数量、文字などに対する感覚を豊かにする。				
言葉	自分の気持ちを言葉で表現する楽しさを味わう。				
	人の言葉や話などをよく聞き、自分の経験したことや考えたことを話し、伝え合う喜びを味わう。				
	日常生活に必要な言葉が分かるようになるとともに、絵本や物語などに親しみ、先生や友達と心を通わせる。				
表現	いろいろなものの美しさなどに対する豊かな感性をもつ。				
	感じたことや考えたことを自分なりに表現して楽しむ。				
	生活の中でイメージを豊かにし、様々な表現を楽しむ。				

出欠状況		年度	年度	年度	備考		
	教育日数						
	出席日数						

学年の重点：年度当初に、教育課程に基づき長期的な見通しとして設定したものを記入
個人の重点：1年間を振り返って、当該幼児の指導について特に重視してきた点を記入
指導上参考となる事項：
　(1) 次の事項について記入すること。
　　① 1年間の指導の過程と幼児の発達の姿について以下の事項を踏まえ記入すること。
　　　・幼稚園教育要領 第2章「ねらい及び内容」に示された各領域のねらいを視点として、当該幼児の発達の実情から向上が著しいと思われるもの。その際、他の幼児との比較や一定の基準に対する達成度についての評定によって捉えるものではないことに留意すること。
　　　・幼稚園生活を通して全体的、総合的に捉えた幼児の発達の姿。
　　② 次の年度の指導に必要と考えられる配慮事項等について記入すること。
　(2) 幼児の健康の状況等指導上特に留意する必要がある場合等について記入すること。
備考：教育課程に係る教育時間の終了後等に行う教育活動を行っている場合には、必要に応じて当該教育活動を通した幼児の発達の姿を記入すること。

第7章　教育・保育の記録と省察

図表7-3　幼稚園幼児指導要録の様式の参考例（続き）

幼稚園幼児指導要録（最終学年の指導に関する記録）

ふりがな 氏名		平成　　　年度		幼児期の終わりまでに育ってほしい姿	
		指導の重点等	（学年の重点）	「幼児期の終わりまでに育ってほしい姿」は、幼稚園教育要領 第2章に示すねらい及び内容に基づいて、各幼稚園で、幼児期にふさわしい遊びや生活を積み重ねることにより、幼稚園教育において育みたい資質・能力が育まれていく幼児の具体的な姿であり、特に5歳児後半に見られるようになる姿である。「幼児期の終わりまでに育ってほしい姿」は、とりわけ幼児の自発的な活動としての遊びを通して、一人一人の発達の特性に応じて、これらの姿が育っていくものであり、全ての幼児に同じように見られるものではないことに留意すること。	
平成　　　年　　月　　日生			（個人の重点）		
性別					
ねらい （発達を捉える視点）				健康な心と体	幼稚園生活の中で、充実感をもって自分のやりたいことに向かって心と体を十分に働かせ、見通しをもって行動し、自ら健康で安全な生活をつくり出すようになる。
健康	明るく伸び伸びと行動し、充実感を味わう。	指導上参考となる事項		自立心	身近な環境に主体的に関わり様々な活動を楽しむ中で、しなければならないことを自覚し、自分の力で行うために考えたり、工夫したりしながら、諦めずにやり遂げることで達成感を味わい、自信をもって行動するようになる。
	自分の体を十分に動かし、進んで運動しようとする。				
	健康、安全な生活に必要な習慣や態度を身に付け、見通しをもって行動する。			協同性	友達と関わる中で、互いの思いや考えなどを共有し、共通の目的の実現に向けて、考えたり、工夫したり、協力したりし、充実感をもってやり遂げるようになる。
人間関係	幼稚園生活を楽しみ、自分の力で行動することの充実感を味わう。			道徳性・規範意識の芽生え	友達と様々な体験を重ねる中で、してよいことや悪いことが分かり、自分の行動を振り返ったり、友達の気持ちに共感したりし、相手の立場に立って行動するようになる。また、きまりを守る必要性が分かり、自分の気持ちを調整し、友達と折り合いを付けながら、きまりをつくったり、守ったりするようになる。
	身近な人と親しみ、関わりを深め、工夫したり、協力したりして一緒に活動する楽しさを味わい、愛情や信頼感をもつ。				
	社会生活における望ましい習慣や態度を身に付ける。			社会生活との関わり	家族を大切にしようとする気持ちをもつとともに、地域の身近な人と触れ合う中で、人との様々な関わり方に気付き、相手の気持ちを考えて関わり、自分が役に立つ喜びを感じ、地域に親しみをもつようになる。また、幼稚園内外の様々な環境に関わる中で、遊びや生活に必要な情報を取り入れ、情報に基づき判断したり、情報を伝え合ったり、活用したりするなど、情報を役立てながら活動するようになるとともに、公共の施設を大切に利用するなどして、社会とのつながりなどを意識するようになる。
環境	身近な環境に親しみ、自然と触れ合う中で様々な事象に興味や関心をもつ。				
	身近な環境に自分から関わり、発見を楽しんだり、考えたり、それを生活に取り入れようとする。				
	身近な事象を見たり、考えたり、扱ったりする中で、物の性質や数量、文字などに対する感覚を豊かにする。			思考力の芽生え	身近な事象に積極的に関わる中で、物の性質や仕組みなどを感じ取ったり、気付いたり、考えたり、予想したり、工夫したりするなど、多様な関わりを楽しむようになる。また、友達の様々な考えに触れる中で、自分と異なる考えがあることに気付き、自ら判断したり、考え直したりするなど、新しい考えを生み出す喜びを味わいながら、自分の考えをよりよいものにするようになる。
言葉	自分の気持ちを言葉で表現する楽しさを味わう。				
	人の言葉や話などをよく聞き、自分の経験したことや考えたことを話し、伝え合う喜びを味わう。			自然との関わり・生命尊重	自然に触れて感動する体験を通して、自然の変化などを感じ取り、好奇心や探究心をもって考え言葉などで表現しながら、身近な事象への関心が高まるとともに、自然への愛情や畏敬の念をもつようになる。また、身近な動植物に心を動かされる中で、生命の不思議さや尊さに気付き、身近な動植物への接し方を考え、命あるものとしていたわり、大切にする気持ちをもって関わるようになる。
	日常生活に必要な言葉が分かるようになるとともに、絵本や物語などに親しみ、先生や友達と心を通わせる。				
表現	いろいろなものの美しさなどに対する豊かな感性をもつ。			数量や図形、標識や文字などへの関心・感覚	遊びや生活の中で、数量や図形、標識や文字などに親しむ体験を重ねたり、標識や文字の役割に気付いたりし、自らの必要感に基づきこれらを活用し、興味や関心、感覚をもつようになる。
	感じたことや考えたことを自分なりに表現して楽しむ。			言葉による伝え合い	先生や友達と心を通わせる中で、絵本や物語などに親しみながら、豊かな言葉や表現を身に付け、経験したことや考えたことなどを言葉で伝えたり、相手の話を注意して聞いたりし、言葉による伝え合いを楽しむようになる。
	生活の中でイメージを豊かにし、様々な表現を楽しむ。				
出欠状況		年度	備考	豊かな感性と表現	心を動かす出来事などに触れ感性を働かせる中で、様々な素材の特徴や表現の仕方などに気付き、感じたことや考えたことを自分で表現したり、友達同士で表現する過程を楽しんだりし、表現する喜びを味わい、意欲をもつようになる。
	教育日数				
	出席日数				

学年の重点：年度当初に、教育課程に基づき長期の見通しとして設定したものを記入
個人の重点：1年間を振り返って、当該幼児の指導について特に重視してきた点を記入
指導上参考となる事項：
(1) 次の事項について記入すること。
　① 1年間の指導の過程と幼児の発達の姿について以下の事項を踏まえ記入すること。
　　・幼稚園教育要領 第2章「ねらい及び内容」に示された各領域のねらいを視点として、当該幼児の発達の実情から向上が著しいと思われるもの。その際、他の幼児との比較や一定の基準に対する達成度についての評定によって捉えるものではないことに留意すること。
　　・幼稚園生活を通して全体的、総合的に捉えた幼児の発達の姿。
　② 次の年度の指導に必要と考えられる配慮事項等について記入すること。
　③ 最終学年の記入に当たっては、特に小学校における児童の指導に生かされるよう、幼稚園教育要領 第1章 総則に示された「幼児期の終わりまでに育ってほしい姿」を活用して幼児に育まれている資質・能力を捉え、指導の過程と育ちつつある姿を分かりやすく記入するように留意すること。また、「幼児期の終わりまでに育ってほしい姿」が到達すべき目標ではないことに留意し、項目別に幼児の育ちつつある姿を記入するのではなく、全体的、総合的に捉えて記入すること。
(2) 幼児の健康の状況等指導上特に留意する必要がある場合等について記入すること。
備考：教育課程に係る教育時間の終了後等に行う教育活動を行っている場合には、必要に応じて当該教育活動を通した幼児の発達の姿を記入すること。

4. 生活と発達の連続性を踏まえた要録

図表 7 - 4　保育所児童保育要録の様式の参考例

保育所児童保育要録（入所に関する記録）

児　童	ふりがな 氏名		性別	
		年　　　　月　　　　日生		
	現住所			

| 保護者 | ふりがな 氏名 | |
| | 現住所 | |

| 入　所 | 年　　　月　　　日 | 卒　所 | 年　　　月　　　日 |

| 就学先 | |

| 保育所名 及び所在地 | |

| 施設長 氏名 | |
| 担当保育士 氏名 | |

2017（平成 29）年改定の保育所保育指針に準拠

第7章　教育・保育の記録と省察

図表7-4　保育所児童保育要録の様式の参考例（続き）

保育所児童保育要録（保育に関する記録）

ふりがな 氏名		保育の過程と子どもの育ちに関する事項	最終年度に至るまでの育ちに関する事項
		（最終年度の重点）	
生年月日	年　　月　　日		
性別		（個人の重点）	
ねらい （発達を捉える視点）		（保育の展開と子どもの育ち）	
健康	明るく伸び伸びと行動し、充実感を味わう。		
	自分の体を十分に動かし、進んで運動しようとする。		
	健康、安全な生活に必要な習慣や態度を身に付け、見通しをもって行動する。		
人間関係	保育所の生活を楽しみ、自分の力で行動することの充実感を味わう。		
	身近な人と親しみ、関わりを深め、工夫したり、協力したりして一緒に活動する楽しさを味わい、愛情や信頼感をもつ。		
	社会生活における望ましい習慣や態度を身に付ける。		
環境	身近な環境に親しみ、自然と触れ合う中で様々な事象に興味や関心をもつ。		
	身近な環境に自分から関わり、発見を楽しんだり、考えたりし、それを生活に取り入れようとする。		
	身近な事象を見たり、考えたり、扱ったりする中で、物の性質や数量、文字などに対する感覚を豊かにする。		
言葉	自分の気持ちを言葉で表現する楽しさを味わう。		
	人の言葉や話などをよく聞き、自分の経験したことや考えたことを話し、伝え合う喜びを味わう。		
	日常生活に必要な言葉が分かるようになるとともに、絵本や物語などに親しみ、言葉に対する感覚を豊かにし、保育士等や友達と心を通わせる。		
表現	いろいろなものの美しさなどに対する豊かな感性をもつ。	（特に配慮すべき事項）	
	感じたことや考えたことを自分なりに表現して楽しむ。		
	生活の中でイメージを豊かにし、様々な表現を楽しむ。		

幼児期の終わりまでに育ってほしい姿

各項目の内容等については、別紙＊に示す「幼児期の終わりまでに育ってほしい姿について」を参照すること

健康な心と体
自立心
協同性
道徳性・規範意識の芽生え
社会生活との関わり
思考力の芽生え
自然との関わり・生命尊重
数量や図形、標識や文字などへの関心・感覚
言葉による伝え合い
豊かな感性と表現

　保育所における保育は、養護及び教育を一体的に行うことをその特性とするものであり、保育所における保育全体を通じて、養護に関するねらい及び内容を踏まえた保育が展開されることを念頭に置き、次の各事項を記入すること。
○保育の過程と子どもの育ちに関する事項
　＊最終年度の重点：年度当初に、全体的な計画に基づき長期の見通しとして設定したものを記入すること。
　＊個人の重点：1年間を振り返って、子どもの指導について特に重視してきた点を記入すること。
　＊保育の展開と子どもの育ち：最終年度の1年間の保育における指導の過程と子どもの発達の姿（保育所保育指針 第2章「保育の内容」に示された各領域のねらいを視点として、子ども発達の実情から向上が著しいと思われるもの）を、保育所の生活を通して全体的、総合的に捉えて記入すること。その際、他の子どもとの比較や一定の基準に対する達成度についての評定によって捉えるものではないことに留意すること。あわせて、就学後の指導に必要と考えられる配慮事項等について記入すること。別紙を参照し、「幼児期の終わりまでに育ってほしい姿」を活用して子どもに育まれている資質・能力を捉え、指導の過程と育ちつつある姿をわかりやすく記入するように留意すること。
　＊特に配慮すべき事項：子どもの健康の状況等、就学後の指導において配慮が必要なこととして、特記すべき事項がある場合に記入すること。
○最終年度に至るまでの育ちに関する事項
　子どもの入所時から最終年度に至るまでの育ちに関し、最終年度における保育の過程と子どもの育ちの姿を理解する上で、特に重要と考えられることを記入すること。

※別紙は省略

4. 生活と発達の連続性を踏まえた要録

図表7-5　幼保連携型認定こども園園児指導要録の様式の参考例

幼保連携型認定こども園園児指導要録（学籍等に関する記録）

年度 区分	平成　　年度	平成　　年度	平成　　年度	平成　　年度
学　　級				
整理番号				

園児	ふりがな 氏　名		性　別	
	平成　　年　　月　　日生			
	現住所			

保護者	ふりがな 氏　名	
	現住所	

入　　園	平成　年　月　日	入園前の 状　況	
転 入 園	平成　年　月　日		
転・退園	平成　年　月　日	進学・ 就学先等	
修　　了	平成　年　月　日		

園　名 及び所在地	

年度及び入園(転入園)	平成　　年度	平成　　年度	平成　　年度	平成　　年度
進級時等の園児の年齢	歳　　か月	歳　　か月	歳　　か月	歳　　か月
園　長 氏名　印				
担任者 氏名　印				
年度及び入園(転入園)	平成　　年度	平成　　年度	平成　　年度	平成　　年度
進級時の園児の年齢	歳　　か月	歳　　か月	歳　　か月	歳　　か月
園　長 氏名　印				
担任者 氏名　印				

2017（平成29）年改訂の幼保連携型認定こども園教育・保育要領に準拠

第7章　教育・保育の記録と省察

図表7-5　幼保連携型認定こども園園児指導要録の様式の参考例（続き）

幼保連携型認定こども園園児指導要録（指導等に関する記録）

ふりがな 氏名		性別		指導の重点等	平成　　　年度	平成　　　年度	平成　　　年度
					（学年の重点）	（学年の重点）	（学年の重点）
平成　　　年　　　月　　　日生					（個人の重点）	（個人の重点）	（個人の重点）

	ねらい（発達を捉える視点）	指導上参考となる事項		
健康	明るく伸び伸びと行動し、充実感を味わう。			
	自分の体を十分に動かし、進んで運動しようとする。			
	健康、安全な生活に必要な習慣や態度を身に付け、見通しをもって行動する。			
人間関係	幼保連携型認定こども園の生活を楽しみ、自分の力で行動することの充実感を味わう。			
	身近な人と親しみ、関わりを深め、工夫したり、協力したりして一緒に活動する楽しさを味わい、愛情や信頼感をもつ。			
	社会生活における望ましい習慣や態度を身に付ける。			
環境	身近な環境に親しみ、自然と触れ合う中で様々な事象に興味や関心をもつ。			
	身近な環境に自分から関わり、発見を楽しんだり、考えたりし、それを生活に取り入れようとする。			
	身近な事象を見たり、考えたり、扱ったりする中で、物の性質や数量、文字などに対する感覚を豊かにする。			
言葉	自分の気持ちを言葉で表現する楽しさを味わう。			
	人の言葉や話などをよく聞き、自分の経験したことや考えたことを話し、伝え合う喜びを味わう。			
	日常生活に必要な言葉が分かるようになるとともに、絵本や物語などに親しみ、言葉に対する感覚を豊かにし、保育教諭等や友達と心を通わせる。			
表現	いろいろなものの美しさなどに対する豊かな感性をもつ。			
	感じたことや考えたことを自分なりに表現して楽しむ。			
	生活の中でイメージを豊かにし、様々な表現を楽しむ。			

出欠状況		年度	年度	年度	（特に配慮すべき事項）	（特に配慮すべき事項）	（特に配慮すべき事項）
	教育日数						
	出席日数						

【満3歳未満の園児に関する記録】

園児の育ちに関する事項	平成　　　年度	平成　　　年度	平成　　　年度	平成　　　年度

学年の重点：年度当初に、教育課程に基づき長期の見通しとして設定したものを記入
個人の重点：1年間を振り返って、当該園児の指導について特に重視してきた点を記入
指導上参考となる事項：
(1) 次の事項について記入
　①1年間の指導の過程と園児の発達の姿について以下の事項を踏まえ記入すること。
　・幼保連携型認定こども園教育・保育要領に示された養護に関する事項を踏まえ、第2章第3の「ねらい及び内容」に示された各領域のねらいを視点として、当該園児の発達の実情から向上が著しいと思われるもの。その際、他の園児との比較や一定の基準に対する達成度についての評定によって捉えるものではないことに留意すること。
　・園生活を通して全体的、総合的に捉えた園児の発達の姿。
　②次の年度の指導に必要と考えられる配慮事項等について記入すること。
(2)「特に配慮すべき事項」には、園児の健康の状況等、指導上特記すべき事項がある場合に記入
　園児の育ちに関する事項：当該園児の、次の年度の指導に特に必要と考えられる育ちに関する事項や配慮事項、健康の状況等の留意事項等について記入

4. 生活と発達の連続性を踏まえた要録

図表 7 - 5　幼保連携型認定こども園園児指導要録の様式の参考例（続き）

幼保連携型認定こども園園児指導要録（最終学年の指導に関する記録）

ふりがな 氏名		指導の重点等	平成　　　　年度
			（学年の重点）
平成　　年　　月　　日生			
性別			（個人の重点）

ねらい（発達を捉える視点）

健康	明るく伸び伸びと行動し、充実感を味わう。
	自分の体を十分に動かし、進んで運動しようとする。
	健康、安全な生活に必要な習慣や態度を身に付け、見通しをもって行動する。
人間関係	幼保連携型認定こども園の生活を楽しみ、自分の力で行動することの充実感を味わう。
	身近な人と親しみ、関わりを深め、工夫したり、協力したりして一緒に活動する楽しさを味わい、愛情や信頼感をもつ。
	社会生活における望ましい習慣や態度を身に付ける。
環境	身近な環境に親しみ、自然と触れ合う中で様々な事象に興味や関心をもつ。
	身近な環境に自分から関わり、発見を楽しんだり、考えたりし、それを生活に取り入れようとする。
	身近な事象を見たり、考えたり、扱ったりする中で、物の性質や数量、文字などに対する感覚を豊かにする。
言葉	自分の気持ちを言葉で表現する楽しさを味わう。
	人の言葉や話などをよく聞き、自分の経験したことや考えたことを話し、伝え合う喜びを味わう。
	日常生活に必要な言葉が分かるようになるとともに、絵本や物語などに親しみ、言葉に対する感覚を豊かにし、保育教諭等や友達と心を通わせる。
表現	いろいろなものの美しさなどに対する豊かな感性をもつ。
	感じたことや考えたことを自分なりに表現して楽しむ。
	生活の中でイメージを豊かにし、様々な表現を楽しむ。

指導上参考となる事項

出欠状況		年度
	教育日数	
	出席日数	

（特に配慮すべき事項）

幼児期の終わりまでに育ってほしい姿

「幼児期の終わりまでに育ってほしい姿」は、幼保連携型認定こども園教育・保育要領 第2章に示すねらい及び内容に基づいて、各園で、幼児にふさわしい遊びや生活を積み重ねることにより、幼保連携型認定こども園の教育及び保育において育みたい資質・能力が育まれている園児の具体的な姿であり、特に5歳児後半に見られるようになる姿である。「幼児期の終わりまでに育ってほしい姿」は、とりわけ園児の自発的な活動としての遊びを通して、一人一人の発達の特性に応じて、これらの姿が育っていくものであり、全ての園児に同じように見られるものではないことに留意すること。

健康な心と体	幼保連携型認定こども園における生活の中で、充実感をもって自分のやりたいことに向かって心と体を十分に働かせ、見通しをもって行動し、自ら健康で安全な生活をつくり出すようになる。
自立心	身近な環境に主体的に関わり様々な活動を楽しむ中で、しなければならないことを自覚し、自分の力で行うために考えたり、工夫したりしながら、諦めずにやり遂げることで達成感を味わい、自信をもって行動するようになる。
協同性	友達と関わる中で、互いの思いや考えなどを共有し、共通の目的の実現に向けて、考えたり、工夫したり、協力したりし、充実感をもってやり遂げるようになる。
道徳性・規範意識の芽生え	友達と様々な体験を重ねる中で、してよいことや悪いことが分かり、自分の行動を振り返ったり、友達の気持ちに共感したりし、相手の立場に立って行動するようになる。また、きまりを守る必要性が分かり、自分の気持ちを調整し、友達と折り合いを付けながら、きまりをつくったり、守ったりするようになる。
社会生活との関わり	家族を大切にしようとする気持ちをもつとともに、地域の身近な人と触れ合う中で、人との様々な関わり方に気付き、相手の気持ちを考えて関わり、自分が役に立つ喜びを感じ、地域に親しみをもつようになる。また、幼保連携型認定こども園内外の様々な環境に関わる中で、遊びや生活に必要な情報を取り入れ、情報に基づき判断したり、情報を伝え合ったり、活用したりするなど、情報を役立てながら活動するようになるとともに、公共の施設を大切に利用するなどして、社会とのつながりなどを意識するようになる。
思考力の芽生え	身近な事象に積極的に関わる中で、物の性質や仕組みなどを感じ取ったり、気付いたりし、考えたり、予想したり、工夫したりするなど、多様な関わりを楽しむようになる。また、友達の様々な考えに触れる中で、自分と異なる考えがあることに気付き、自ら判断したり、考え直したりするなど、新しい考えを生み出す喜びを味わいながら、自分の考えをよりよいものにするようになる。
自然との関わり・生命尊重	自然に触れて感動する体験を通して、自然の変化などを感じ取り、好奇心や探究心をもって考え言葉などで表現しながら、身近な事象への関心が高まるとともに、自然への愛情や畏敬の念をもつようになる。また、身近な動植物に心を動かされる中で、生命の不思議さや尊さに気付き、身近な動植物への接し方を考え、命あるものとしていたわり、大切にする気持ちをもって関わるようになる。
数量や図形、標識や文字などへの関心・感覚	遊びや生活の中で、数量や図形、標識や文字などに親しむ体験を重ねたり、標識や文字の役割に気付いたりし、自らの必要感に基づきこれらを活用し、興味や関心、感覚をもつようになる。
言葉による伝え合い	保育教諭等や友達と心を通わせる中で、絵本や物語などに親しみながら、豊かな言葉や表現を身に付け、経験したことや考えたことなどを言葉で伝えたり、相手の話を注意して聞いたりし、言葉による伝え合いを楽しむようになる。
豊かな感性と表現	心を動かす出来事などに触れ感性を働かせる中で、様々な素材の特徴や表現の仕方などに気付き、感じたことや考えたことを自分で表現したり、友達同士で表現する過程を楽しんだりし、表現する喜びを味わい、意欲をもつようになる。

学年の重点：年度当初に、教育課程に基づき長期の見通しとして設定したものを記入
個人の重点：1年間を振り返って、当該園児の指導について特に重視してきた点を記入
指導上参考となる事項
(1) 次の事項について記入
　①1年間の指導の過程と園児の発達の姿について以下の事項を踏まえ記入すること。
　・幼保連携型認定こども園教育・保育要領に示された養護に関する事項を踏まえ、第2章第3の「ねらい及び内容」に示された各領域のねらいを視点として、当該園児の発達の実情から向上が著しいと思われるもの。その際、他の園児との比較や一定の基準に対する達成度についての評定によって捉えるものではないことに留意すること。
　・園生活を通して全体的、総合的に捉えた園児の発達の姿。
　②次の年度の指導に必要と考えられる配慮事項等について記入すること。
　③最終年度の記入に当たっては、特に小学校等における児童の指導に生かされるよう、幼保連携型認定こども園教育・保育要領 第1章 総則に示された「幼児期の終わりまでに育ってほしい姿」を活用して園児に育まれている資質・能力を捉え、指導の過程と育ちつつある姿を分かりやすく記入するように留意すること。その際、「幼児期の終わりまでに育ってほしい姿」が到達すべき目標ではないことに留意し、項目別に園児の育ちつつある姿を記入するのではなく、全体的、総合的に捉えて記入すること。
(2)「特に配慮すべき事項」には、園児の健康の状況等、指導上特記すべき事項がある場合に記入すること。

5. 記録のいろいろ

　記録は、何を目的としてその書類を書くのかが重要です。それぞれの園において、行政などに提出が求められているものは書式があるので、書式に沿い、文言も選んで書きます。出席表や午睡表、健康カード、食物アレルギーに関する調査票などは、子どもの命や成長に関わる書類です。子どもたちの育ちを保障し、安全な生活を送るために、毎日記入する必要があります。

　最近では、保育現場でICT化が進み、システムを導入する園も多くなりました。ICTの利用は、保育士の業務を軽減すると共に、健康や安全をチェックするアプリは便利で有効に使われているようです。

　また、クラスだよりやクラスボード6)（図表7-6）は子どもたちの生活や遊びの様子を家庭に伝えるツールですが、これも写真を導入したドキュメンテーションという方法が普及してきました（図表7-7）。その日の活動を写真とコメントで伝えることで、臨場感がでて、視覚的に伝わりやすいようです。子どもの遊びの場面で、「あら？」「へえー！」と思った場面はたくさんあるのに、書くことが「苦手だ」と記録に残すことをためらっているのはもったいないと思います。また、子どもたちの連続した遊びや活動が残せるのも写真や動画の良いところです。様々な記録の方法を使い、子ども理解を深めたり、保護者と喜びを共有したりして、記録を保育に生かしていくことで、保育の質の向上が期待できます。

　子どもの様子やエピソードを伝え、子どもの成長を一緒に喜べるようなクラスだよりは楽しいですね。

今日から夏季保育に入りました。4歳5歳児クラスが一緒に、さくら組で生活していきます。ロッカー等の場所が変わり戸惑った4歳児も、お姉さんお兄さんに教えてもらって、まずスタートは好調です。お互いを意識してか、給食のとき "お野菜" のお替わりが多く、頼もしい姿でした。異年齢で過ごす中で、ちょっと背伸びする気持ちや教える姿が見られるよう期待しています。

図表7-6　クラスボードの例

---

6)　降園時に迎えに来た保護者が見る、当日の活動の様子を伝えるもの。

5. 記録のいろいろ

今日は、地域の探検第2弾。散歩の途中で、今日お休みだったAさんの家の前を通り、「Aちゃん、明日は元気できてね」と声をかけました。お豆腐屋さんに「こんにちは」とあいさつ。「給食のお豆腐ありがとう」とBさん。おつゆが大好きなのです。

図表7-7　ドキュメンテーション記録を使ったクラスボードの例

　また、連絡帳（図表7-8参照）での家庭とのやりとりは、一緒に子育てをしている一体感が生まれます。ただ、けが等も伝えますし、悩みや質問に答えるときもあるでしょうから、そのような場合は園長・主任に必ず相談しましょう。

　園の記録は、教職員の共通理解を促すために共有し、園内研究やケーススタディの際に資料となります。お互いの考えを出しあう中で、新任の保育者も基本の視点や姿勢を身に付け、書くことを通じて、園の保育の視点を学べます。また、書くことで自分の考えがまとまったり、新たな発見があったりします。自分のもっている保育の中で大事にしたいこと、もつべき視点を確認できますから、「書く」ことで自分が育ちます。

〈文　献〉
・倉橋惣三（2008）．育ての心（上）　津守 真・森上史朗（編）倉橋惣三文庫3　フレーベル館
・文部科学省（2013）．指導と評価に生かす記録　平成25年7月　幼稚園教育指導資料第5集　チャイルド本社

第7章　教育・保育の記録と省察

図表7-8　乳児の連絡帳の例

月　　　日（　　）

	家庭から		園から	
食事の時刻と内容	前夜 　：ᅠ	食べたもの	午前 　：	
	今朝 　：	食べたもの	昼食 　：	主食 副菜 その他
	ミルク	時刻と量（㎖）	午後 　：	
睡眠	就寝　　　　　起床 　：　～　　：ᅠ		午睡 　：　～　　：ᅠ	
きげん				
排便	回（軟・普・　　　）		回（軟・普・　　　）	
検温	朝　　　： 　　　　　　　　　℃		昼　　　： 　　　　　　　　℃	
連絡事項			記入者（　　　　　）	
お迎え	お迎えの方（　　　　　） 予定時刻　　　：			

（三幸学園ぽけっとランドの「れんらくノート」を参考に筆者作成）

第8章
教育・保育の評価と改善

学習のねらい

　教育・保育における評価と改善、カリキュラム・マネジメントについて学びます。

　評価には、園内での自己評価と、外部機関による第三者評価があります。さらに自己評価には、計画・実践の評価、保育者個人の評価、園全体の評価などがあります。

　次に、省察や評価を踏まえた改善に関して、幼稚園の教育課程の再編成と、保育所の改善の取り組みを見ていきましょう。評価をすることで改善すべき点が明確となり、保育者個人が育ち、園の職員集団も組織として育つことで、保育の質が向上し、よりよい実践へとつながっていきます。その取り組み全体をカリキュラム・マネジメントといいます。

第8章　教育・保育の評価と改善

1. 計画、実践、記録、省察、評価、改善の過程の循環による保育の質の向上

　質の高い保育はどのように生まれるのでしょうか、保育をよりよいものにするとはどういうことなのでしょうか。

　幼稚園教育要領では「各幼稚園においては、園長の方針の下に、園務分掌に基づき教職員が適切に役割を分担しつつ、相互に連携しながら、教育課程や指導の改善を図るものとする」（第1章第6-1「幼稚園運営上の留意事項」）とされ、保育所保育指針では「保育所は、評価の結果を踏まえ、当該保育所の保育の内容等の改善を図ること」（第1章3-(5)「評価を踏まえた計画の改善」）とされています。

　こうした保育の改善について、幼稚園教育要領および幼保連携型認定こども園教育・保育要領では「カリキュラム・マネジメント」という考え方が示されました。カリキュラム・マネジメントとは、一言でいえば、よりよい保育を目指し、質を高めていくための手法といってよいでしょう。「幼児期の終わりまでに育ってほしい姿」を踏まえてカリキュラムを編成し、保育の「実施に必要な人的又は物的な体制を確保するとともにその実施状況を評価してその改善を図っていくことなどを通して」「組織的かつ計画的に」園の「教育活動の質の向上を図っていく」こととなります。保育所保育指針にも同様の考え方が示されています。

　カリキュラム・マネジメントには具体的には大きく3つの柱があります。第1に目的・目標を踏まえたカリキュラムのデザイン、第2にPDCAサイクルによる改善、第3に資源の活用です。

　まず、園では、「幼児期の終わりまでに育ってほしい姿」や法令に定められた目的・目標を踏まえて保育をデザインします。つまり教育課程を編成し、全体的な計画を策定するということです。その際、園の建学の精神や目指す子ども像、子どもや地域の実態、保護者の願いなどを総合的に考慮して、教育・保育内容を決定していきます。

　適切なカリキュラムをデザインすることは大切ですが、それを改善していかなけれ

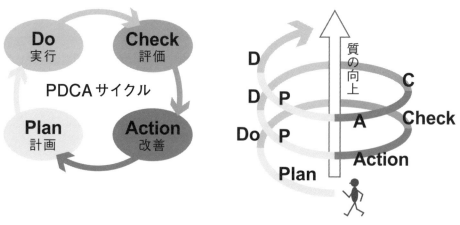

図表8-1　PDCAサイクル

1. 計画、実践、記録、省察、評価、改善の過程の循環による保育の質の向上

ば質を高めていくことはできません。子どもの活動は保育者の想定を超える場合も多く、その都度、修正が求められます。目の前の子どもの実態に応じたものにしていく必要があるのです。さらに、時代によって園に求められることも変化してきます。一度描いたデザインは変化に応じて描き直されなければなりません。このように改善を行っていくために重要なのが、PDCA サイクルです。

PDCA サイクルとは、製品の質を改善するために導入された考え方で、工場などにおける品質管理の分野で使われてきた手法です。P は Plan（計画）、D は Do（実行）、C は Check（点検、評価）、A は Action（見直し、改善）の頭文字で、一連のプロセスを継続することによって製品の質のばらつきをなくし、改善を図っていこうとするものです。これが企業経営（management）の分野から、さらには行政に広がり、福祉や教育など公的なサービスの分野でも浸透してきました。

このように園における保育は、子どもの実態や園の実態、地域の環境や社会の状況を踏まえた計画を立て（Plan）、実践をし（Do）、それを振り返って評価し（Check）、改善する（Action）というサイクルで進んでいきます。その繰り返しが保育の質の向上を促すのです。

PDCA の改善サイクルにも個人と組織（園全体）のサイクル、短期と長期のサイクルがあります。個人のレベルでは、日案や週案を立て、日々の保育を実践し、子どもの様子を記録するとともにその日の振り返りを行い、明日の保育へ生かすというサイクルが中心となります。年度末には、保育士は 1 年間の自らの保育を振り返る正式な自己評価も行います。加えて、他の教職員と一緒に保育を振り返り、改善することも行います。これは日常的な会話の中で行われることもあれば、会議や研究会などを通して行うこともあります。こうした個人や職員間でのサイクルを踏まえ、園全体のレベルで、計画から点検・評価、改善を行います。園全体の年間計画の作成や自己評価のプロセスがそれにあたります。個人のサイクルは毎日や毎週、毎月など比較的短期的なスパンで、園全体のサイクルは期や年度など長期的なサイクルとなっています。

マネジメントの役割の一つは、資源を有効に活用することです。資源とは「組織（人）、もの、財源（お金）、情報、時間」などを指します。「組織（人）」に関しては、例えば、よりよい保育を行うために、教職員の仕事を管理し、資質能力を高めたり、保護者や地域の方と連携したりすることがあげられます。「もの」に関しては、端的には環境を整えることといえます。施設・設備の点検や、玩具・遊具・素材を揃えたりすることなどが挙げられます。これは、カリキュラムをデザインする際や、PDCA サイクルの一連のプロセスの中で行われます。

このように、目標達成に向けて個人の改善サイクルを園全体の改善サイクルにつなげ、その過程で資源を効果的に使いながら、よりよい保育を行っていく活動が「カリキュラム・マネジメント」であるといえます。

カリキュラム・マネジメントは、園長など管理職のみが行うものではありません。「教職員が全員参加で、幼稚園等の特色を構築していく営み」であり、園長のリーダーシップの下、全ての教職員が参加することが重要であるとされています。カリキュラム・

マネジメントを園全体で実施していくために、一人一人の教職員が保育のカリキュラムをより適切なものにしていくという基本的な姿勢をもつことが重要です。

2. 保育の評価

　第1章で触れたように、園・施設における評価とその結果の公表は法令上義務付けられているものです（p.3参照）。組織的に評価を行うことによって、園・施設全体での保育の改善が可能となり、幼児教育・保育を行う施設として、教育・保育の質を高め、社会的責任を果たしていくことにつながります（カリキュラム・マネジメント）。

　何を評価するか（評価の内容・対象）という観点でみると、園・施設において行われる評価は、大きく保育実践の評価と園・施設の運営管理の評価に分けて捉えることができます。保育実践の評価は、幼稚園（幼稚園教育要領）においては「教育課程の実施状況の評価」、「指導の過程についての評価（幼児理解に基づく評価)」にあたります。保育所（保育所保育指針）においては「保育内容等の評価」、幼保連携型認定こども園（幼保連携型認定こども園教育・保育要領）においては「全体的な計画の実施状況の評価」、「各幼保連携型認定こども園が行う教育及び保育等に係る評価」、「指導の過程についての評価」と示されています。園・施設の運営管理の評価には、例えば、財務・労務管理の状況の評価や教職員の業務の遂行に関わる行動・能力に関する評価（人事考課）などがあります。

　以下では幼稚園、保育所の保育実践の評価について詳しく見ていきます。

（1）幼稚園における保育実践の評価

　幼稚園において行われる保育実践の評価は、法令上の「学校評価」の枠組みの中に位置付きます。学校評価は、学校として組織的・継続的な改善を図ることの他に、各学校が評価とその結果の公表・説明を行うことにより、適切に説明責任を果たし、保護者・地域住民等から理解と参画を得て、学校・家庭・地域の連携協力による学校づくりを進めること、各学校の設置者等が、学校評価の結果に応じて、学校に対する支援や条件整備等の改善措置を講じることにより、一定水準の教育の質を保証し、その向上を図ること、を目的として行われています（文部科学省 2011：2）。

　学校評価は、学校教育法第42条（同法第28条により幼稚園に準用）に基づくもので、自己評価（学校教育法施行規則第66条1項）と学校関係者評価（同施行規則第67条）から構成されます（同施行規則39条により幼稚園に準用）。

　自己評価は、「自己評価は、園長のリーダーシップの下で、当該学校の全教職員が参加し、設定した目標や具体的計画等に照らして、その達成状況や達成に向けた取組の適切さ等について評価を行うもの」です。文部科学省「幼稚園における学校評価ガイドライン〔平成23年改訂〕」（平成23年11月15日）（以下、学校評価ガイドライン）に示された自己評価の大まかな実施の流れは以下の通りです。

2. 保育の評価

図表 8-2　幼稚園における自己評価の大まかな実施の流れ

①重点的に取り組むことが必要な目標等の設定

②自己評価の評価項目の設定

③全方位的な点検・評価と日常的な点検

④自己評価の実施

⑤自己評価の結果の報告書の作成

⑥自己評価の結果の公表・報告書の設置者への提出

⑦評価の結果と改善方策に基づく取組

　各学校においては、目指す子ども像や園の教育目標、それを実現するための教育課程編成の重点その他の運営方針があります。これらを基に、園長・教職員の目指す理想、園の実情、前年度の学校評価の結果や、保護者等のアンケートの結果などを考慮し、その年度に重点的に取り組むことが必要な目標や計画を具体的かつ明確に定めます（①）。この重点目標は、園運営の全分野を網羅して設定するのではなく、園が伸ばそうとする特色や解決を目指す課題に応じて精選することが求められます。

　次に重点的に取り組むことが必要な目標や計画の達成に向けた取組などを評価項目として設定します（②）。評価項目等には、目標の達成状況を把握するための（成果に着目する）ものと、達成に向けた取組の状況を把握するための（取組に着目する）ものがあり、内容に応じて設定する必要があります。また、評価項目の達成状況や達成に向けた取組の状況を把握するために必要な指標や、指標の達成状況等を把握・評価するための基準を、必要に応じて設定していきます。

　例えば、教育課程や指導に関する評価項目・指標等を検討する際の視点となる例として以下のような内容があげられています（文部科学省 2011：13）[1]。

図表 8-3　教育課程や指導に関する評価項目・指標等を検討する際の視点となる例

○教育課程・指導

• 建学の精神や教育目標に基づいた幼稚園の運営状況

• 幼稚園の状況を踏まえた教育目標等の設定状況

• 幼稚園の教育課程の編成・実施の考え方についての教職員間の共通理解の状況

• 学校行事の管理・実施体制の状況

• 教育週数、1日の教育時間の状況

• 年間の指導計画や週案などの作成の状況

---

1)　文部科学省「幼稚園における学校評価ガイドライン〔平成 23 年改訂〕」（平成 23 年 11 月 15 日）では、教育課程・指導の他、評価の対象となる分野として、保健管理、安全管理、特別支援教育、組織運営、研修（資質向上の取組）、教育目標・学校評価、情報提供、保護者・地域住民との連携、子育て支援、預かり保育、教育環境整備が挙げられ、それぞれ評価項目・指標の設定における視点が示されました。

第8章　教育・保育の評価と改善

- 幼小の円滑な連携・接続に関する工夫の状況
- 遊具・用具の活用
- ティーム保育などにおける教員間の協力的な指導の状況
- 幼児に適した環境に整備されているかなど、学級経営の状況
- 幼稚園教育要領の内容に沿った幼児の発達に即した指導の状況
- 環境を通して行う幼稚園教育の実施の状況
- 幼児との信頼関係の構築の状況
- 幼児の主体的な活動の尊重
- 遊びを通しての総合的な指導の状況
- 一人一人の発達の特性に応じた指導の状況 など

文部科学省「幼稚園における学校評価ガイドライン〔平成23年改訂〕」2011, p.19

　また、園が抱える課題などを適切に把握するためには、定期的に、全方位的な点検・評価も重要です（③）。重点化された目標等を指向するだけでは、学校運営全体がバランスに欠ける場合があるためです。さらには、学校評価の取組とは別に、学校として当然に満たすべき法令上の諸基準等を満たしているかどうかのチェックも重要と考えられています。

　自己評価の実施にあたっては、学校評価委員会などの組織を設けるなど、工夫しながら園長のリーダーシップの下、全教職員が参加して取り組みます（④）。評価は年に1回に限らず、中間的な評価を実施し評価項目等をより適切なものに見直すことも重要です。自己評価を行う上では、保護者等から寄せられた具体的な意見や要望、アンケート等の結果も評価に活用します。

　評価を実施後、各園は、自己評価の結果を報告書に取りまとめます（⑤）。報告書には、評価結果や分析に加えて、それらを踏まえた今後の改善方策についても記載します。この自己評価の結果と今後の改善方策を、保護者や地域の方に公表します（⑥）。評価結果を公表することによって、各園の良さや課題について理解を得ることができ、園の教育の信頼性が高まります。それにより保護者や地域の方と連携・協力関係を築くことができます。

　さらに、園は、自己評価の結果と検討された今後の改善方策を、次年度の目標設定や具体的な取組に反映させていくことが求められます（⑦）。

　学校関係者評価は「保護者、地域住民などにより構成された委員会等が、その学校の教育活動の観察や意見交換等を通じて、自己評価の結果について評価することを基本として行うもの」（学校評価ガイドライン：8）です。実施は努力義務ですが、評価を実施した場合には自己評価同様に、報告書等を作成し、公開することが求められています。ここでいう「学校関係者」とは、園と関わりの深い在籍園児の保護者を基本として、その他、地域住民や地元企業関係者、子どもの健全育成・安全確保の観点から青少年健全育成関係団体や警察の関係者等を加えることが想定されています。また、

接続する小学校の教職員や大学の研究者等を評価者として加えることにより評価を受けることもあります。

具体的な評価の内容は、自己評価の結果の内容が適切かどうか、自己評価の結果を踏まえた今後の改善方策が適切かどうか、重点的に取り組むことが必要な目標や計画、評価項目等が適切かどうか、学校運営の改善に向けた取組が適切かどうか、などです。学校は、学校の状況や努力が評価者に理解されるよう十分な情報提供や学校の公開を行うことが必要とされています。事前に教育活動の参観や、園との十分な意見交換などを行って園の状況について共通理解が深められるようにします。また、評価者には学校訪問や評価の取りまとめの作成、幼児に関する個人情報の保護、守秘義務など、一定の負担や義務が生じることを説明し、理解を得ることも大切です。

幼稚園の多く（約7割）は私立幼稚園です。、子どもの健やかな成長のために、学校評価を通して、保護者を中心とする関係者が、それぞれの園の建学の精神や教育目標を理解し園との連携協力を促進することが望まれます。

なお、学校評価とは別に、第三者による評価を受けることも考えられます。第三者評価は、「学校運営に関する外部の専門、家を中心とした評価者により自己評価や学校関係者評価の実施状況も踏まえつつ教育活動その他の学校運営の状況について、専門的視点から評価を行うもの」（学校評価ガイドライン：11）です。法令に特段の定めはなく、実施は任意となっています。保護者や地域住民による評価とは異なる、幼児教育や学校のマネジメント等について専門性を有する者による専門的視点からの評価、園と直接の関係を有しない者による、園の教職員や保護者等とは異なる立場からの評価を受けることによって、園が自らの状況を客観的把握し、改善に踏み出すことができるなど、学校の活性化につながることが期待されます。

（2）保育所における保育実践の評価

保育所における保育実践の評価、すなわち「保育内容等の評価」は、幼稚園と同様に自己評価を基本としています。「保育士等の自己評価」と「保育所の自己評価」の実施が義務付けられています（保育所保育指針）。保育内容等の評価の意義として、①保育士等が子どもに対する理解を深め、保育の改善・充実を図ることができること、②保育士等の資質・専門性の向上と、職員間の相互理解や協働が図られること、③評価結果の公表により、保護者等の関係者との間で、子どもや保育についての理解が共有され、連携が促進されることが挙げられています。

評価は、保育活動の区切りとなるような時期に、一定期間（月・期・年）の保育の展開・経過について行いますが、日々の保育において保育者が行う省察と記録の延長線上に位置づいています。保育の過程の一環として継続的に実施されることが重要です。自己評価に加えて、第三者評価や公開保育、研修を通して多様な視点から保育内容等を多角的・客観的に捉え、改善につなげることも有効です。これは自己評価の妥当性や信頼性を高めることにもつながります。子どもと保育を捉える視点がより豊かなものになり、保育内容等の評価が全体として充実することになります（図表8-4）。

第8章　教育・保育の評価と改善

図表8-4　保育内容等の評価の全体像

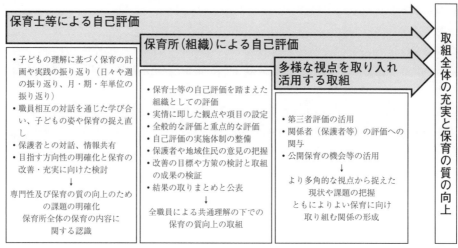

厚生労働省「保育所における自己評価ガイドライン（2020年改訂版）」2020, p.8

　保育内容等の評価において最も基礎にあるのは、保育士等による実践の振り返りです。保育所保育指針の示す保育の基本的な考え方と各保育所の保育の理念・方針に照らしながら、日々の保育もしくは一定期間の保育について、記録を手がかりにしながら、心に残った場面や、子どもの姿が変容してきた過程、そして、その背景にある保育の状況などを思い返し、良かったことや改善すべきことを考察します（図表8-5）。

図表8-5　保育の計画と実践に関する振り返りの内容（例）

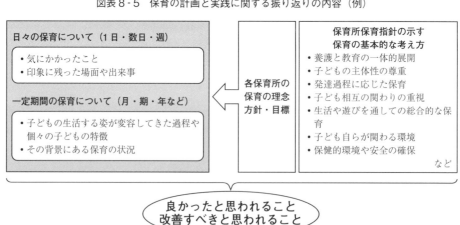

厚生労働省「保育所における自己評価ガイドライン（2020年改訂版）」2020, p.14

　振り返りを基礎とする保育士等による評価は一人で行うものではありません。他の職員との対話や保護者ととの情報交換を通じて、より多面的に子どもの姿や保育を捉えていくことが大切です。職員間の語り合いや学び合いによって、保育士個人の資質・能力の向上はもとより、組織の協働性を高め、組織としての保育実践の質の向上が可能になります。

保育所が組織として行う自己評価は、保育士等の自己評価、保護者アンケート、どの他外部からの意見・助言・指摘などを踏まえて全職員の共通理解の下で行われる必要があります。まずは「どのようなことについて評価を行うのか」を明確にし、適切な評価の観点・項目の設定を行い、現状と課題の把握を行います。同時に職員間での協議などを通じて自園の大切にしていることや目指していること、良さや特色についての理解を共有します。そのうえで、改善・充実に向けた見通しや具体的な方策、役割分担、職員体制など検討していきます。

「保育所における自己評価ガイドライン」では、保育所保育指針をもとに保育所における評価の観点の例を、「Ⅰ　保育の基本理念と実践」、「Ⅱ　家庭及び地域社会との連携や子育て支援」、「Ⅲ　保育の実施運営・体制全般」、という3つの事項に分けて示しています。以下は「Ⅰ　保育の基本理念と実践」の観点例です（図表8-6）。

図表8-6　Ⅰ　保育の基本的理念と実践に係る観点（例）

日々の保育について（1日・数日・週）
子どもの人権への配慮／一人一人の人格の尊重等

子どもの理解
育ち／内面／個性／生活の状況／他者との関係性／集団（グループ・クラス）の状況等

保育のねらい及び内容
発達過程に即したねらい及び内容／子どもの実態に即した保育の展開／健康・安全で心地よい生活／子どもの主体的な遊び・生活／体験の豊かさや広がり／子ども相互の関わりや関係づくり／集団における活動の充実等

保育の環境（人・物・場）の構成
健康、安全で情緒の安定した生活ができる環境／自己を十分に発揮できる環境／自発的・意欲的に関われるような環境／多様で豊かな環境／活動と休息、緊張感と解放感等の調和がとれる環境／自ら周囲の子どもや大人と関わっていくことができる環境／状況に即した柔軟な環境の再構成／子ども・保育士・保護者等の対話を促す環境／地域社会の様々な資源の活用等

保育士等の子どもへの関わり（援助・行動・言葉・位置・タイミング・配慮等）
養護と教育の一体的な展開（乳児保育・1歳以上3歳未満児の保育・3歳以上児の保育）／子どもが安心感や信頼感をもてる関わり／個人差への配慮／家庭での保護者との関係や生活への配慮／環境の変化や移行への配慮／子どもの変化に応じた活動の柔軟な展開とその援助／子どもの主体的な活動を促す多様で適切な援助／特別な支援や配慮を要する子どもへの関わり等

育ちの見通しに基づく保育
全体的な計画／指導計画（短期・長期）／保育の記録のあり方・活用／行事の時期と内容／職員間の役割分担及び協力体制等

厚生労働省「保育所における自己評価ガイドライン（2020年改訂版）」2020, p.38

保育所が社会的責任を果たすうえで、保育内容等の自己評価は適切に公表されなければなりません。児童福祉法48条の4では保育所の情報提供が努力義務として規定されています。またその結果に対して意見を聴くことも重要です。その際、公表する対象にとってわかりやすさを意識するとともに、個人情報の保護には十分配慮します。

第8章　教育・保育の評価と改善

（3）評価における子ども理解

　適切な教育・保育は適切な評価によって初めて実現できます。評価の最も基礎となるのが子ども理解です。子どもの姿から、自身の、そして園の保育実践が適切かどうか評価します。幼稚園教育要領では、「評価は幼児の発達の理解と教師の指導の改善という両面から行うことが大切である」として、子どもの発達する姿を捉えることとそれに照らして教師の指導が適切であったかどうかを振り返り、評価する必要があることを示しています。これは保育所における評価も同様です。

幼稚園教育要領　p.12
　指導の過程を振り返りながら、幼児の理解をすすめ、幼児の一人一人のよさや可能性などを把握し、指導の改善に生かすようにすること。その際、他の幼児との比較や一定の基準に対する達成度についての評定によって捉えるものでないことに留意すること。

保育所保育指針　p.31
　保育士等による自己評価に当たっては、次の事項に留意しなければならない。
　（ア）子どもの活動内容やその結果だけでなく、子どもの心の育ちや意欲、取り組む過程などにも十分配慮すること。

　「子どもの姿がどのように変容しているかを捉えながら、そのような姿が生み出されてきた様々な状況について適切かどうかを検討して、保育をよりよいものに改善するための手掛かりを求めることが評価」（文部科学省 2019：10）であるとされています。保育者は、子ども一人一人のよさや可能性、特徴的な姿や伸びつつあるものなどを把握し、次の援助や指導につなげる必要があります。保育者は日々子どもの表情、行動、言葉、遊び方、心身の状態、などを見取り、それに応じてかかわり、援助し、環境の再構成をおこなっているはずです。それを記録していくことで、さらに理解が深まっていきます。大切なのは、そのままでははっきりと意識されたり記憶に残ったりすることが難しい、ふとした気づきや考えを簡単にでも書き留めておくことです。また後日再び振り返ることができるようにすることが重要です。日々の保育とその記録の積み重ねを経た一定期間の記録により、その間に見られた子ども変化や、一人一人の個性・良さなどの「その子らしさ」を捉えることができます。こうして、保育が適切か否かを判断するデータベースができてきます。幼児理解を深めることはいわば評価の基礎となるデータベースをつくるプロセスです。

　子どもの姿（行動や心の動き）には、保育者の関わりが影響を与えています。子どもの姿はいわば、保育者の写し鏡です。子ども保育者自身の子どもに対する「まなざし」（見方、捉え方）を映し出していることに自覚的であることが求められています。

 保育日誌を活かしたカンファレンスによる
ミニ研修

　保育実践を評価していく方法として、カンファレンスがあります。情報共有ではなく、対話的な学びをしていく場です。事例検討をして子どもや保護者理解を進めたり、クラスの保育公開を行い、お互いに研鑽しあう方法などもありますが、短い時間でできる研修として、「保育日誌の相互添削」があります。毎日書く保育日誌は、実践して即、ほやほやの状態で考えられていますし、出来事と保育者の意図、子どもの変化等、時間空間を共有していますので、事例に入りやすいと思います。複数の保育者で関わっていると、子どもの行動や気持ちを多面的にとらえられます。また、保育者のありようや、チームでのやり方など、当事者では気が付きにくいことにも気が付いていけるでしょう。

3. 教育・保育の改善の実際

(1) 計画の再編成〜ある幼稚園の教育課程の再編成の例〜

　2017（平成29）年告示の新しい幼稚園教育要領を受けて、ある幼稚園では教育課程の改訂作業に追われていました。当時の様子をほんの少しだけここで紹介します。PDCAサイクルでいうところの、C（Check）→ A（Action）→ P（Plan）→ D（Do）の流れです。

① C（Check）→ A（Action）…現行の教育課程を評価・改善する

　教育課程の再編成にあたって、まずは現行の教育課程にこれまでの実践の成果を取り入れる作業を行いました。それが教育課程の評価・改善につながると考えたからです。教育課程そのものを机に置きながら、日頃の保育の振り返りを保育者同士で伝えあう様はまさに園の教育課程を評価し、それをより良いものへと改善しようとする姿そのものでした。それぞれの保育者が現行の教育課程にこの作業から得られた知見を思い思いに書き込んでいきます。

② P（Plan）…新しい教育課程へと再編成する

　C（Check）→ A（Action）の段階を経て得られた"教育課程（仮）〜C→A済〜"を教育課程（白）に書き込んでいきます。書き込んでいく中で気付きのあった部分についてはまた次回の会議で提案します。この時点で5回の会議（15時から16時30分の1時間半）が開かれました。後は園児の夏休み中の各保育者の宿題とし[2]、夏休

2）　園児は夏休みでも教職員は勤務しています。この園では夏休み中（お盆休みを除いて）預かり保育を行っていて教員1名以上がその職務にあたっています。

第8章　教育・保育の評価と改善

み明けの1回の会議でもって教育課程が再編成され、新しい教育課程へと姿を変えました。

③ D（Do）…新しい教育課程を実践する

このようにしてできあがった"新教育課程"は、平成30年度より実際に運用されることとなりました。運用しつつ、半期毎（夏休み前と後）に見直し・修正を、園長を中心とした園全体（教員・事務職員・運転手等）で行っていくこととなりました。

（2）保育所の保育の質の向上に向けた改善の取り組み

① 組織（園全体）で行う評価

A保育園では、保育の改善に向けてクラスごとに日々の保育の省察を行うとともに、定期的な職員会議で組織的に評価を行って改善につなげています。

そこでまず、活用されているのが保育日誌です。日誌には子どもがどのように過ごしたのか、どのような活動をしたのか、その際どのような気持ちや表情、思いがみられたのかの記録が中心なります。そこに子どもの姿を踏まえた保育の評価や反省を加えていきます。活動のねらいや内容、流れは適切だったのか、環境構成や準備は十分だったのか、声かけや見守り、促しなど保育者の動きや配慮はどうだったかなどです。初任者の場合は、園長や主任が話をしながら一緒に仕上げていきます。それにより OJT（On the Job Training）にもつながっています。

保育は日ごとに新たに考えたり行われたりするものではなく、連続性をもち、一定の期間の見通しをもって行われます。そのため、ある程度の期間に区切って評価することも重要です。A保育園では、週案や月案に評価の欄を設け、振り返りを記入します。また、月の初めに保護者に配布する、その月の保育のねらいや内容を記載した「クラスだより」を用いて、職員会議で振り返りを行います。クラスだよりに示した内容が実現できたかどうか、クラスごとに発表し職員全員で検討を行うのです。その際、記入する評価の様式が図表8-7（p.204）です。まず、今月の各クラスの様子と目標に対する反省を行い、それに基づいて来月の目標を検討します。その際、保護者からの要望やクレーム、その他気になることを考慮していきます。また、事故やヒヤリハットなどの安全面、給食についても評価を行い、改善につなげるようにしています。

② 個人で行う評価

A保育園では保育士個人の自己評価も行います。クラスや園全体の保育の改善だけでなく、あわせて保育士個人の力量形成、資質・能力の向上も必要とされるからです。まず、月の初めに個人の目標を立てます。それを月ごとに達成されたか否か振り返ります。加えて、職員全員が共通して取り組んだり意識したりすべきこととして、あらかじめ設定された項目についても、達成度を○×や点数等で振り返ります。

具体的には、「保育実践・保育内容」と「職務全般」とに分けて自己評価が行われています（p.205　図表8-8、p.207　図表8-9）。保育実践・保育内容に関する項目は、特に子どもに対しての必要な働きかけを中心に評価するものとなっています。昨年と比較することにより、改善を意識することができます。一方、職務全般に関する項目

は、保育場面だけでなく、職務の遂行にあたって必要な能力を評価するものとなっています。また、改善策を記入することで、具体的な行動に結びつけることができます。

　さらに、Ａ保育園独自の取り組みとして、メンタルヘルスのためのチェックシートがあります（p.209　図表8-10）。これは、保育者が健康な精神状態（幸せ）でなければ、子どもと笑顔で関わったり、子どもの成長を喜んだり、保護者の気持ちに寄り添ったりすることができないと考えられているからです。自分の気持ちを振り返り、保育者自身の生活の改善もしていくことで、よりよい保育を提供できるよう取り組んでいるのです。

　このようにＡ保育園では、「保育の評価」と「保育士の評価」をあわせて保育の質の向上につなげています。特に、月ごとの評価を翌月の改善につなげているのが特徴です。

　現在、評価・改善の方法に法的な枠組みやきまりはないため、各園がそれぞれの方法で保育の質の向上を図っています。そのため、いつ、何を、どのように評価し、どう改善につなげるのか、評価・改善の方法そのものを検討していくことも重要です。

〈文 献〉
・厚生労働省「保育所における自己評価ガイドライン（2020年改訂版）」2020
・中央教育審議会 初等中等教育分科会 教育課程部会幼児教育部会「幼児教育部会における審議の取りまとめについて（報告）」2016年08月
・文部科学省「幼児理解に基づいた評価」2019
・文部科学省（編）（2008）．幼稚園教育要領解説—平成20年10月—　フレーベル館
・文部科学省「幼稚園における学校評価ガイドライン〔平成23年改訂版〕」2011

第8章　教育・保育の評価と改善

図表8-7　クラスだよりをもとにした評価の例

今月の保育の評価

平成　　年　　月　　　（　　）歳児 ＿＿＿＿＿＿＿＿ 組

記入日：　　月　　日　　　担任： ＿＿＿＿＿＿＿＿＿＿＿＿

１．今月のクラスの様子

２．今月のクラスの目標は達成できたか

　今月のクラスの目標：

３．クラスだよりに載せた保育の内容は実現できたか（絵本、歌などもふくめて）

　　○○ 月 ○○ 日　**内容：**

４．来月のクラスの目標

５．保護者の要望・クレーム・気になること

６．事故・ヒヤリハット

７．給食

3. 教育・保育の改善の実際

図表 8-8　保育士の自己評価シート（保育実践・保育内容）

保育士の自己評価シート
（保育実践・保育内容）

平成 30 年 ○月 ○日

5　歳児　　　ひまわり　　組　　担任：　山田　花子

- 日頃の自分の保育場面を思い出して、できている項目には○を付けてください。
- 自分のレベルアップになる重点課題項目には、マーカーをしてください。

	項目	平成 29 年	平成 30 年
1	保育所保育指針の基本原則を踏まえ、保育所の実情に応じ、創意工夫を図り、保育の質の向上に努めている。		○
2	保育の目標を達成するために全体的な計画を編成し、それを具体化した指導計画に基づき、柔軟で発展的な、一貫した保育を行っている。		
3	養護と教育は、子どもの生活や遊びを通して相互の関係をもちながら、総合的に展開されることを理解している。	○	○
4	「養護」は保育士等が行う援助や関わりであり、「教育」は子どもの活動がより豊かに展開されるための発達援助であることを理解している。		○
5	子どもの発達過程やその連続性を踏まえ、保育や生活の中でねらいや内容が達成されるよう、必要な事項に配慮して保育を行っている。		○
6	乳児の心身の発達を理解し、適切な援助ができる。		
7	子どもの基本的な欲求を受け止め、触れ合い、満足させることができる。		○
8	好奇心や発達を促す環境を整えている。		○
9	子どもの気持ちを理解し、信頼関係を築ける。	○	○
10	生活に必要な基本的習慣や態度を身に付けさせることができる。		○
11	遊びの中で、やり遂げた喜びや自信がもてるような配慮ができる。	○	○
12	意欲的に人と関わり、ルールを守って活動する心地よさを味わわせることができる。		
13	自分の意見を主張したり、相手の意見を受け入れたり、譲り合ったりすることを身に付ける援助ができる。		

第 8 章　教育・保育の評価と改善

	項目	平成 29 年	平成 30 年
14	様々な人の存在に気付き、人はかけがえのない存在であることに気付かせることができる。	○	○
15	季節により自然や人間の生活に変化のあることに気付かせることができる。	○	○
16	身近な事象（行事、数量など）に関心をもたせることができる。		○
17	事故やけがのないように見守りながら、子どもを信頼し任せるように配慮している。		○
18	保育士自身が正しい言葉を使用して、日常生活に必要な会話や、人の話を聞く態度を身に付けさせることができる。		
19	感動や発見ができるような状況をつくり、子どもが様々な表現ができるよう配慮している。	○	○
20	子どもの個人差を理解し、能力・適性・興味に応じて、楽しく取り組めるように配慮している。	○	○
21	一人一人の健康状態や発達について把握し、異常に気付くことができる。	○	○
22	食が人間の生活と健康に深い関わりがあることを伝えている。		○
23	無理なく食を進めさせることができる。		○
24	体と食物の関係、身体の構造・機能を理解している。		○
25	献立や食育活動を利用して、食物への関心を高めることができる。	○	○

〈備考〉

3. 教育・保育の改善の実際

図表 8-9　保育士の自己評価シート（職務全般）

保育士の自己評価シート
（職務全般）

平成 ○年 ○月 ○日

5　歳児　　ひまわり　組　　担任：　山田　花子

・評価欄は、自己評価で〇△✕のいずれかを記入ください。
・点数欄は、行動に対する自己評価の点数を 100 点満点中の何点かで記入ください。

能力	方向	行動	評価	点数	改善策
責任感	職責を自覚したうえで自己が果たすべき役割を十分理解し、率先して最後までやりぬく	保育士、栄養士、調理担当のそれぞれの役割を理解し、責任感をもって職務を遂行している。	〇	80	やること、伝達事項など忘れてはいけないことはメモし、計画を立てる。
		困難な仕事についても、受けた仕事は最後まで遣り通す。	△	50	計画的に物事を考えて進める。
		保護者対応は親身に接し、上司に的確な報告、連絡、相談をするとともに、ほかの職員とも情報の共有を図る。	△	60	保護者の思いや気持ちを考えて対応し、分かりやすく簡潔に上司に報告する。
倫理	誰に対しても公平公正に接する	子ども、保護者に公平な態度で接している。	△	50	決め付けや思い込みをせず、相手の気持ちをくみながら接する。
		保育所の職員としての責務と倫理を意識して仕事をしている。	〇	80	子どもへの態度はめりはりをつけ、悪いことは悪いと伝える。
企画力・判断力	創意工夫し、状況を判断し適切に対応する	園の全体的な計画の目標を理解し、創意工夫して計画的に進めている。	✕	40	計画的に進められるよう意識する。
		クラス等運営上の問題の原因を究明し、解決に向けて助言等を受けながら、適切な判断ができる。	△	60	助言等を受け、自分でも物事を吟味しながら判断する。
		上位の職員からの指示を理解し、仕事の目的や優先順位を判断したうえで、速やかに業務をこなしている。	✕	40	指示の不明点は確認し、優先順で計画的に遂行する。
指導力	他者に対して必要な指導・助言を行う	得た知識をもとに、必要に応じてほかの職員に指導助言ができる。	✕	40	自信をもって助言できるよう学び続ける。
		園の目標に沿った保育活動ができる。	△	60	目標に近付くことを意識して保育を計画し、実践する。
		保育現場において、保育士同士で提案や助言をして励まし合う。	〇	90	もっと自分から発信できるよう技術を身に付ける。

207

第8章　教育・保育の評価と改善

能力	方向	行動	評価	点数	改善策
積極性	常に向上心をもち、意欲的に取り組む	進んで保育業務の改善や資質向上に取り組んでいる。	△	60	失敗はそのままにせず、改善策を考える。
		新しい課題や困難な目標に前向きに取り組んでいる。	△	50	気持ちを切り替えて取り組む。
		保育についての研修では知識・技術の向上に努めている。	△	60	学んだことを実践して確かめる。
コミュニケーション	意志、感情、情報、知識等を伝え合い、共有することで、対人関係を円滑に進める	相手を正しく理解判断するために、話を十分聞くように努めている。	○	80	よく理解できなかったことは確認する。
		相手に自分の意思を正確に伝え、理解や協力をしてもらえるように努めている。	△	70	一人で抱え込まない。要点を整理して話す。
		保護者に納得してもらえるよう、分かりやすく説明している。	△	60	保護者の気持ちを考える。保護者支援について学ぶ。
保育運営	子どもの発達を理解しながら、子どもが達成感を感じる保育ができる	子どもの発達や生活状況に応じた指導計画を立てている。	△	60	子どもをよく見て、よりよい計画を立てる。
		目標に沿った展開が行える。	△	60	失敗を生かし、計画時から工夫していく。
		子供が興味関心をもてるような保育実践を行っている。	○	80	楽しい雰囲気や子どもに合った環境設定にする。
協調性	職員相互の和を図り、目標の実現に向けて共に取り組む	職員相互の共通理解を図り、協力・協調して保育を推進し、自己主張に偏った行動をしない。	△	50	自分のクラス中心に考え過ぎず、もっと伝達・相談をする。
		ほかの職員の業務についても積極的に応援・協力をしている。	△	50	協力できるよう余裕をもつ。周囲の状況をよく見る。
職務遂行力	職務に必要な知識・技術を活用し、仕事を進める	保育に必要な専門知識・技術を身に付け、手順よく仕事を進めている。	×	40	遊び、製作に加えて、子どもの健康について学ぶ。
		計画的に仕事を進めている。	×	40	期限までに余裕をもって仕事を進める。
		把握・記録をして、自己を振り返り、保育の質の向上に努めている。	△	60	忙しいときも振り返りを怠らず、ミスを防ぐ。
		保育に関する情報を収集・分析して仕事に生かしている。	△	60	分析して実践に移せるようにする。
社会性	大人としての分別をもって子どもと接する	園のルールを理解している。	△	70	規則を確認し、不明点は相談する。
		社会の動向を整理し、理解する。	△	60	知識不足なことを中心に情報収集する。
		理不尽なことに対して、しっかりと対応する。	△	50	自分では気付かなかった指摘だと受け止める。
		成人としての見聞をもち、行動する。	○	80	他の職員に学び、気遣いをする。

3. 教育・保育の改善の実際

図表 8-10　保育士の自己評価シート（メンタルヘルス）

保育士の自己評価シート
（メンタルヘルス）

平成 ○年 ○月 ○日

　5 歳児　　　ひまわり　　組　　担任：　山田　花子

● 自分の気持ちに合うものにチェックをしましょう。

　　□　自分の感情を満たすために子どもを必要としていませんか？

　　□　特定の子どもだけをかわいがったり、自分が子どもをかわいいと思える時だけ
　　　　愛情を注いだりしていませんか？

　　☑　子どもが自分の思い通りにならないとき、イライラしてそれを子どもにぶつけ
　　　　てしまうことはありませんか？

　　☑　子どもに対する愛情、怒り、その他の自分の感情や言動を、冷静に見つめるこ
　　　　とができていますか？

　　□　自分は恵まれていない、運がないと思っていませんか？

　　□　過去と現在の自分に関わる周囲の人に対して、何か不満を抱いていませんか？

　　□　情報に感化されて、必要以上に不安や不満を抱いていることはないですか？

　　□　自分は幸せではないと思っていませんか？
　　　　（その原因は何なのか、自分の心に聞いてみましょう。）

　　☑　自ら幸せを見つけ、それに感謝することができますか？

● 自分の身の周りを振り返り、身近にある幸せを 3 つあげてみましょう。

　　• 毎日ごはんがおいしく食べられること。

　　• 休日に時間を気にせずゆっくり寝られること。

　　• いろいろなことを話せる家族、友人、同期がいること。

● そのほか、気になっていることがあれば何でも書いてみましょう。

　　時々、子どもの言動にイライラしてしまい、顔には出さないよう気を付け
　　ても、言葉を強めに言ってしまうことがあります。その都度、反省しては
　　していますが、自分の感情を上手にコントロールできるようにしたいです。

子どもや保護者、職員の幸福に喜びを感じられる人になるために、まずは自分自身を
幸せにしましょう!!

209

索　引

あ

預かり保育（教育課程に係る教育時間の終了後等に行う教育活動）の計画　16, 25, 39, 106, 112

え

園だより　41, 88, 94

延長保育　28, 31

お

音楽表現を教材にした部分実習指導計画案　119

か

学制　6

学校安全計画　16, 25, 39, 106

学校教育法　3, 22, 34

学校保健計画　16, 25, 39, 106

カリキュラム　4

カリキュラム・マネジメント　192

き

教育　2

教育課程　4, 6, 16, 22, 34, 38, 50, 201

教育課程に係る教育時間　24

教育課程に係る教育時間の終了後等に行う教育活動（預かり保育）の計画　16, 25, 39, 106, 112

教育時間　24, 32

　

教科カリキュラム　4

行事予定　88, 93

く

クラスだより　188, 202, 204

け

経験カリキュラム　4

月案（月の指導計画）　33, 34, 87, 92

言語表現を教材にした部分実習指導計画案　147

こ

子育て支援の計画　17, 105, 110

子ども・子育て支援新制度　11, 12

子どもの実態　17, 34, 41, 116

子ども理解　17, 173

個別の教育支援計画　17, 104, 107

個別の指導計画（特別な配慮を必要とする子ども）　17, 104

個別の指導計画（3歳未満児）　68, 101-103, 118

5領域の総合的な展開　73

さ

3歳以上児の指導計画　86, 118

3歳未満児の指導計画　86, 101-103, 118

し

自己評価　3, 193, 172, 194-199

指導計画　33, 34, 67, 85, 115

児童福祉施設の設備及び運営に関する基準　3, 8, 28

児童福祉施設最低基準　8

児童福祉法　2, 26, 27, 30, 34

週案（週の指導計画）　33, 34, 95, 96

就学前の子どもに関する教育、保育等の総合的な提供の推進に関する法律　30

食育活動の部分実習指導計画案　155

食育計画　29, 105, 108

身体表現を教材にした部分実習指導計画案　129

せ

潜在的カリキュラム（隠れたカリキュラム）　5

全体的な計画　15, 16, 25, 29, 32-34, 37

そ

造形表現を教材にした部分実習指導計画案　137

た

第三者評価　3, 197

短期的な指導計画（短期の指導計画）　33, 34, 95

ち

長期的な指導計画（長期の指導計画）　33, 34, 87

に

日案（日の指導計画）　33, 34, 95, 97, 98

認定こども園こども要録　176

ね

年間行事予定　87, 90

年間指導計画　33, 34, 87, 88

は

育みたい資質・能力　12, 14, 34, 39

ひ

避難訓練　100, 106, 114

非認知的能力　19

ふ

部分実習指導計画案　116

ほ

保育　2

保育課程　4, 11, 15

保育時間　28, 32

保育所運営要領　8

保育所児童保育要録　176, 183

保育所における自己評価ガイドライン　198, 199

保育所の目的　2, 26

保育所の目標　26

保育所保育指針　3, 6, 9, 12, 34

保育日誌　174, 175

索　引

保育要領　8

保健計画　16, 29, 39, 106

よ

養護　2

幼児期の終わりまでに育ってほしい姿
　12, 14, 34, 39, 177

幼児教育を行う施設　12, 27, 70

幼稚園教育要領　3, 6, 9, 13, 34

幼稚園設置基準　24

幼稚園における学校評価ガイドライン
　194-197

幼稚園の目的　2, 22

幼稚園の目標　22

幼稚園保育及設備規程　7

幼稚園幼児指導要録　176, 180

幼稚園令　7

幼保二元体制　8

幼保連携型認定こども園園児指導要録
　176, 185

幼保連携型認定こども園教育・保育要領　3,
　6, 11, 12, 34

幼保連携型認定こども園の学級の編制、職
　員、設備及び運営に関する基準　32

れ

連絡帳　189, 190

P

PDCA サイクル　192, 201

執筆分担

編著者 **宮川萬寿美** ／第3章，第4章，第5章，第7章
元 小田原短期大学 保育学科 特任教授

野津直樹 ／第3章，第4章，第5章，第8章
小田原短期大学 保育学科 教授
学校法人なかい学園 ぬるみず幼稚園，森の里幼稚園 学園長補佐

内山絵美子 ／第1章，第2章，第8章
小田原短期大学 保育学科 准教授

第6章（執筆順）

菊地篤子 ／1. 指導計画を立てるときの基本の考え
名古屋柳城女子大学 こども学部 こども学科 教授

東元りか ／2. 音楽表現を教材にした部分実習指導計画案
埼玉学園大学 人間学部 子ども発達学科 特任准教授

上野奈初美 ／3. 身体表現を教材にした部分実習指導計画案
小田原短期大学 保育学科 教授

吉田 收 ／4. 造形表現を教材にした部分実習指導計画案
小田原短期大学 保育学科 教授

馬見塚昭久 ／5. 言語表現を教材にした部分実習指導計画案
常葉大学 保育学部 准教授

内田由佳 ／6. 食育活動の部分実習指導計画案と展開
小田原短期大学 食物栄養学科 専任講師

望月たけ美 ／7. 総合的な展開 行事と指導計画
常葉大学 教育学部 准教授

今泉明美 ／8. 指導計画をもとにした模擬保育の展開
小田原短期大学 保育学科 教授

（2025年4月現在）

保育の計画と評価
―豊富な例で1からわかる

2018 年 3 月 26 日　初　版第 1 刷発行
2019 年 2 月 21 日　第 2 版第 1 刷発行
2023 年 4 月 1 日　第 2 版第 5 刷発行
2024 年 1 月 23 日　第 3 版第 1 刷発行
2025 年 4 月 1 日　第 3 版第 2 刷発行

編著者
（代表）　宮川萬寿美

発行者　服部直人

発行所　株式会社萌文書林

〒 113-0021　東京都文京区本駒込 6-15-11
TEL 03-3943-0576　FAX 03-3943-0567
https://www.houbun.com
E-mail: info@houbun.com

印刷所・製本所　中央精版印刷株式会社
組版所　株式会社 RUHIA
装　丁　高橋倫代
イラスト　西田ヒロコ
協　力　学校法人中井学園
　　　　箱根町立仙石原幼児学園
　　　　鎌倉市 鎌倉すこやか会 保育園みつばち
　　　　綾瀬市 さくらチャイルドセンター
　　　　三幸学園 ぽけっとランド

定価はカバーに表示してあります。
落丁・乱丁本は送料弊社負担でお取替えいたします。

© Masumi Miyakawa 2018, Printed in Japan
日本音楽著作権協会（出）許諾第 1715175-408 号
ISBN 978-4-89347-272-4　C3037